CÓMO VIVIR DE LA MÚSICA

Jesús Fernández

CÓMO VIVIR DE LA MÚSICA

Guía del músico independiente

Diseño de cubierta: Regina Richling

Diseño interior: Amanda Martínez

ISBN: 978-84-18703-07-2
Depósito legal: B-9.631-2021

Impreso por Reprográficas Malpe, S.A.
c/ Calidad, 34, bloque 2, nave 7
Pol. Ind. "Los Olivos" 28906 Getafe Madrid

Impreso en España - *Printed in Spain*

A Pilar, mi mujer, por acompañarme en lo bueno y lo malo de la ajetreada vida de un músico.

ÍNDICE

PRÓLOGO

Al comenzar a escribir este prólogo no he podido evitar que me viniera a la mente el coro final de la canción «Pedro Navaja», en la que el genial Rubén Blades canta: «la vida te da sorpresas, sorpresas te da la vida, ay Dios». Y es que eso es lo que me llevé hace unas semanas, una gran sorpresa, al recibir un correo de Jesús Fernández pidiéndome que prologara este libro. Sin apenas darnos cuenta habían pasado veintiocho años sin saber uno del otro ¡Qué barbaridad!

Corría el año 1993 cuando aparecí en un pueblo de la provincia de Cuenca llamado Las Pedroñeras. Me había desplazado desde Madrid hasta ese paraje manchego de la provincia de Cuenca tras haber contactado con Jesús a través de la revista *Segunda Mano*. Si alguien quería comprar o vender algún objeto usado en esa época, esa revista era la mejor forma de conseguirlo.

En aquel momento yo estaba buscando mejorar la mesa de mezclas con la que había abierto mi primer estudio de grabación en 1991, una Soundcraft Spirit de 16 canales. Era una buena mesa, pero se me quedaba pequeña, quería más; más canales, más botones, más entradas y salidas, más luces, más grande, más de todo… Este «querer más», es una especie de síndrome que padecemos todos los que nos dedicamos al sonido profesional. Nunca es suficiente, siempre necesitamos más y debido a ese afán di con un anuncio en la citada revista, en el que Jesús vendía una Mitec Jocker de veinticuatro canales con automatización midi. Es posible que para los lectores que no sean profesionales del sonido este último párrafo les suene un poco raro, pero les aseguro que para mí aquellas palabras me sonaban a «gloria bendita», pues suponían dar un salto en la mejora de mi equipo de grabación y además el precio me encajaba en el presupuesto. Así que no me lo pensé dos veces, contacté con Jesús y enseguida partí rumbo a Las Pedroñeras.

Normalmente, cuando se hacen este tipo de compra-ventas, la cosa suele ser muy rápida. Se comprueba que el equipo funciona bien y si todo está correcto se cierra el negocio y cada uno por su lado. Sin apenas darnos cuenta nos metimos en conversación y les aseguro que no necesité mucho tiempo para percibir que aquel hombre tenía

«ADN de emprendedor» y eso es algo que en el mundo de la música es un valor muy cotizado. Se notaba que, ya entonces, Jesús era una persona con muchísimo conocimiento sobre «cómo tenían que hacerse las cosas» en el mundo de la música. Me llamó mucho la atención, por una lado, que mostraba un profundo conocimiento sobre un gran número de cuestiones relacionadas con la música y por otro, que a pesar de su juventud, en aquel momento ya contaba con una empresa dedicada a la realización de espectáculos que funcionaba, nunca mejor dicho, «espectacularmente». Por eso y aunque me llevé una sorpresa al recibir un correo electrónico suyo después de haber pasado tantos años, al leer la información del mismo no me sorprendió que hubiera escrito un libro como este en el que está recogido a la perfección una gran parte de su conocimiento y experiencia profesional.

Mi andadura como productor profesional arrancó en 1987 y a lo largo de los años esta profesión me ha permitido trabajar con todo tipo de artistas y músicos. En mis principios, como es lógico, empecé trabajando con gente desconocida que buscaban su primera oportunidad. Con el paso de los años y al fortificar mi experiencia empecé a tener la oportunidad de trabajar con grandes artistas como Paco de Lucía, Alejandro Sanz, Roció Jurado, Mónica Naranjo, Bisbal, Chayanne, Paulina Rubio, Rosa López, Sergio Dalma, Manu Tenorio, por citar algunos de ellos. En algunas ocasiones he trabajado con artistas noveles desde sus inicios trabajando como coach en su formación, como productor musical en la grabación de sus primeros trabajos y como director artístico en el lanzamiento de su carrera artística, como fue en el caso de Malú, por ejemplo. En el año 2000 abrí en Madrid-Ciudalcampo la primera Escuela de Artistas de Jesús Yanes, la cual en pocos años empezaría a crecer abriendo sucursales en Madrid-Centro, Miami, Marbella, Barcelona y Almería, todas ellas dedicadas a la formación de cantantes, actores, músicos y bailarines. Todo este engranaje profesional-empresarial me ha dado una oportunidad única de compartir mi experiencia con artistas que han conseguido mucho éxito y al mismo tiempo con personas que aspiran a conseguirlo. Esto para mí ha tenido un valor incalculable pues me ha permitido transferir la experiencia de los primeros a los segundos. He de decir, que desde el primer momento me di cuenta de que en todos los casos de éxito se cumplía una condición, los artistas que lo conseguían demostraban tener una gran inteligencia, pues habían sido capaces de, en primer lugar, desarrollar una capacidad artística que les hacía únicos y, en segundo lugar y no menos importante, tenían los conocimientos y preparación suficientes para hacer que su «producto artístico» irrumpiera en el mercado con la fuerza suficiente como para captar la atención del público. Esta pequeña reflexión para mí fue muy importante pues hizo que tanto en mi desarrollo profesional como productor como en mi actividad como coach de artistas empezara a darle mucha importancia a todo lo relacionado con lo que suelo llamar la segunda parte del proceso, «el lanzamiento artístico». De nada sirve tener a un artista muy preparado o haber realizado la mejor producción de la historia si al final se va a quedar en el olvido porque nadie supo qué hacer con ella y no se le dio la oportunidad de llegar al público para que finalmente este decidiera. Una de las primeras medidas que tomé para mejorar este aspecto fue introducir en mis escuelas de artistas asignaturas relacionadas con el marketing y la promoción de artistas, la dirección artística, la producción de espectáculos, el *management* y las compañías discográficas, etc.

Es innegable que no es fácil abrirse camino en el mundo artístico cuando se está empezando a dar los primeros pasos. Obviamente la solución más rápida y más fácil es tener el suficiente dinero para invertir en profesionales de la dirección artística, del marketing o de la promoción y ponernos en manos de ellos, aunque esto no siempre es una garantía total de que la cosa va a salir bien. No debemos olvidarnos nunca de que estamos hablando de «arte» y eso va a implicar siempre un alto grado de incertidumbre sobre el futuro del lanzamiento. Si tuviéramos todos los datos y la seguridad absoluta de cómo van a suceder las cosas, la música dejaría de ser arte y se convertiría en otra cosa... Lo que quiero resaltar es que cuando un artista va a salir al mercado es muy importante que tenga los conocimientos y la preparación necesaria para sacarle el máximo partido a sus canciones, a sus grabaciones, a sus videoclips y para eso es imprescindible saber los pasos que debe seguir en cada momento.

En este libro, Jesús Fernández ha conseguido explicar de forma detallada y precisa todo lo que necesita saber cualquier persona que quiera dedicarse en serio a la música y vivir profesionalmente de ella. Es un libro imprescindible para todos aquellos músicos o cantantes que estén dando sus primeros pasos en el mundo profesional, pues la información que contiene y la forma en la que está explicada permitirán a los «iniciados» en el mundo del espectáculo dar los pasos necesarios en el orden requerido para facilitarles la consecución de sus objetivos. Toda la información que contiene es de un valor excepcional y es sin duda una «guía práctica» pensada para facilitar el camino hacia ese sueño maravilloso que es «vivir de la música».

Enhorabuena amigo, por tan excelente trabajo.

Jesús Yanes
Compositor y productor musical

▶ CAPÍTULO 1

INTRODUCCIÓN

- **Las cuatro fases de cualquier proyecto**
- Análisis, autoconocimiento y propuesta de valor
- Estructura previa y los contenidos
- Difusión, promoción, crecer y captar
- Monetizar y fidelizar a tus fans

1

INTRODUCCIÓN

El talento nunca es suficiente en el negocio de la música, esperar que nos descubran cansa y es frustrante.

> **«Sólo en el cielo se recompensa la virtud anónima.»**
>
> **Sonia Sotomayor**

Más allá del mérito, el talento necesita un plan para hacerlo visible, el músico de hoy en día debe tener actitud de empresario para llevar a buen término su carrera artística. Ha de ser competitivo, buscar alianzas de visibilidad estratégicas, aprender y desarrollar una serie de habilidades relacionadas con la comunicación, la gestión, las nuevas tecnologías y sobre todo el marketing.

Es muy importante saber hacia dónde te diriges y trazar un camino claro a seguir. Si no lo haces es muy probable que te alejes de tu objetivo sin darte cuenta y acabes frustrándote.

Para desarrollar una carrera artística no existe una fórmula estándar, es imposible predefinirla porque cada artista y su circunstancia es única, sin embargo, existen unos conocimientos que debes conocer, y una metodología que seguida paso a paso te va a permitir trazar las estrategias adecuadas para conseguirlo.

Tomarte tu carrera artística en serio no es diferente a emprender un negocio en cualquier otra industria, necesitaremos actitud, conocimiento, tiempo, dinero y, si es posible, disponer de un mentor o guía que te muestre el camino.

Esta guía es un libro sobre estrategia y su objetivo es precisamente ese, darte el conocimiento y mostrarte el camino paso a paso para desarrollar tu proyecto artístico.

Cómo está estructurada la guía

En mi vida siempre me he guiado por el sentido común y la creatividad, porque estoy convencido de que es la mejor manera de enfocar un proyecto de vida.

Un proyecto que incluya las relaciones sociales, el amor, y también por supuesto el trabajo y los negocios, en mi caso siempre dentro del mundo de la música. No concibo la existencia separando estos conceptos, para mí todo forma parte de la vida, y nuestra emocionante misión es disfrutarla en todos sus aspectos e inevitablemente también sufrirla cuando toca, pero siempre de una manera creativa que nos haga crecer y prosperar. Por esta razón la he estructurado en cuatro fases, haciendo un paralelismo entre la música, el mundo empresarial y el amor. Mi objetivo es que veas con claridad que siempre hay que aplicar el «sentido común a las cosas» y que la creatividad es fundamental en todos los ámbitos no solo en el artístico.

LAS CUATRO FASES DE CUALQUIER PROYECTO

Análisis, autoconocimiento y propuesta de valor

- **En la música:** Debemos hacer un análisis introspectivo de nuestra música, de nosotros mismo como artistas y desarrollar una marca personal que nos distinga del resto.
- **En la empresa:** Toda empresa que se precie tiene lo que llaman en el lenguaje empresarial: una Misión, una Visión y desarrollan un *branding* distintivo.
- **En el amor:** Es importante decidir cómo quieres vivir tu vida, tener perspectiva de ti mismo, y saber cómo te perciben los demás.

Estructura previa y los contenidos

- **En la música:** Tienes que crear una serie de contenidos como vídeos, audios, fotos, etc. para dar a conocer tu música, qué es tu producto y plantear una propuesta de valor que pueda ser atractiva para alguien.
- **En la empresa:** Un producto, por muy bueno que sea, si no le procuramos un buen envoltorio, no captará la atención del cliente.
- **En el amor:** Antes de salir de casa y exponerte a los demás hay que acicalarse, sacar lo mejor de nosotros mismos para causar una buena primera impresión.

Difusión, promoción, crecer y captar

- **En la música:** Publicamos y difundimos nuestro contenido para que el público tenga acceso a él, y después nos damos a conocer con lanzamientos y campañas promocionales con el objetivo de aumentar nuestra comunidad de seguidores fans.
- **En la empresa:** Se publicitan y dan a conocer los productos a través de distintos canales, ofreciendo soluciones a los deseos y problemas del consumidor.
- **En el amor:** Te dejas ver por los sitios donde hay gente predispuesta a conocerte y aprovechas cualquier situación para provocar una interacción social, aumentar o seleccionar nuestro círculo intentando cautivar exponiendo nuestro mejor atractivo, nos dejamos ver, hacemos amigos e intentamos ligar.

Monetizar y fidelizar a tus fans

- **En la música:** Enamoras, consolidas y validas al fan a base de aportarle cosas que le interesan (le aportas valor). Pones en marcha un plan de financiación y monetización de tu música con tus verdaderos y auténticos fans intentando que te sean fieles para siempre. Debes mantener el interés del fan con nuevos contenidos para mantener activo su interés por ti.
- **En la empresa:** Se consigue la confianza del cliente gracias a la calidad demostrada por el producto vendido. Cuando el cliente tiene confianza en nuestro producto o marca, la empresa intenta consolidar esa confianza ofreciéndole al cliente la venta de más productos, estableciendo una relación más estable y duradera. Se ponen en marcha técnicas de fidelización para que el cliente no vaya a la competencia.
- **En el amor:** Durante un tiempo cautivas a tu pareja intentando consolidar y validar tu relación, propones matrimonio, o vivir juntos diseñando una economía y un proyecto de vida juntos. Tienes que esforzarte en mantener la llama del amor, que de forma natural si no aportas nada interesante o de valor a tu pareja, se irá apagando.

Tras el análisis de estas cuatro fases, encontrarás tres secciones más:

- **Gestión y administración:** En la que te doy las pautas y conocimientos básicos que necesitarás para gestionar tu empresa musical una vez la tengas lista para poder monetizar.

- **Miscelánea**: Aquí se tratarán temas variados e inconexos que no tienen una ubicación concreta pero que son muy interesantes, útiles y en algunos casos necesarios conocer.
- **Diccionario de terminología**: Aquí explico el significado que en esta guía doy a algunas palabras, frases y conceptos que uso a lo largo del libro, te aconsejo que lo leas antes de comenzar.

▶ Cómo usar la guía

Tanto si partes de cero, como si ya tienes cierto bagaje y experiencia en la música, mi recomendación es que sigas el método cronológicamente fase a fase como si de un *check list* se tratase. Pues, con toda seguridad, te servirá para ordenar tus ideas y reflexionar sobre cosas que quizá no habías reparado. Pero sobre todo te ayudará a tener una visión global, con perspectiva, y menos sesgada de tu propio proyecto musical y de ti mismo como artista.

Esta guía tiene como misión mostrarte el camino a seguir y enseñarte a definir una estrategia para tu proyecto musical.

¡MANOS A LA OBRA!

▶ CAPÍTULO 2

ANÁLISIS Y AUTOCONOCIMIENTO

- Haz que la vida valga la pena
- Análisis de tu proyecto
- Comprueba tu «salud artística»
- ¿De qué vas en realidad?

2

ANÁLISIS Y AUTOCONOCIMIENTO

Antes de emprender una carrera como artista, vender un producto, o relacionarnos con otras personas, conviene hacer un ejercicio de autoanálisis sobre:

- Lo que somos.
- Qué queremos hacer.
- A quién nos dirigimos.
- Cómo nos ven los demás.
- Quiénes son nuestros competidores.
- Cómo está el mercado.
- En qué somos buenos.

Y sobre todo... si nos sentimos felices y cómodos haciéndolo.

HAZ QUE LA VIDA VALGA LA PENA

▶ Hazte un Ikigai

No te asustes por el título de esta sección. Esta guía no es un libro de automotivación, solo pretendo que empieces por el principio y con buen pie tu andadura.

Si vas a dedicar gran parte de tu tiempo a algo, vamos a intentar que ese «algo» verdaderamente te llene para que la vida valga la pena.

Y para ello vamos a utilizar una herramienta milenaria de la cultura japonesa, el Ikigai, que traducido al castellano es algo así como «buscar nuestro propósito, nuestra razón de ser y darle sentido a nuestra vida».

Suena muy transcendente y romántico, ¿verdad? Pues te aseguro que también es muy práctico y terrenal. Hacerte el Ikigai es una buena inversión y es tan sencillo como poner sobre la mesa básicamente dos cuestiones:

- **En qué eres bueno, y qué es lo que te gusta**. Ojo, porque estos dos conceptos, aunque lo normal es que estén muy asociados, no tienen por qué ser siempre así. Puede ser que seas muy bueno en algo pero que no sea lo que te gusta realmente hacer, y viceversa. Puede que algo te apasione, pero seas realmente malo haciéndolo. Piensa y anota todo lo que te gusta y en lo que eres bueno, esto será una gran fortaleza que tienes que aprovechar.
- **Lo que el mundo necesita y lo que la gente está a dispuesta a pagar por ello:** Estos dos factores son una oportunidad para ti, tu profesión y alrededor de los cuales tienes que desarrollar tu producto.

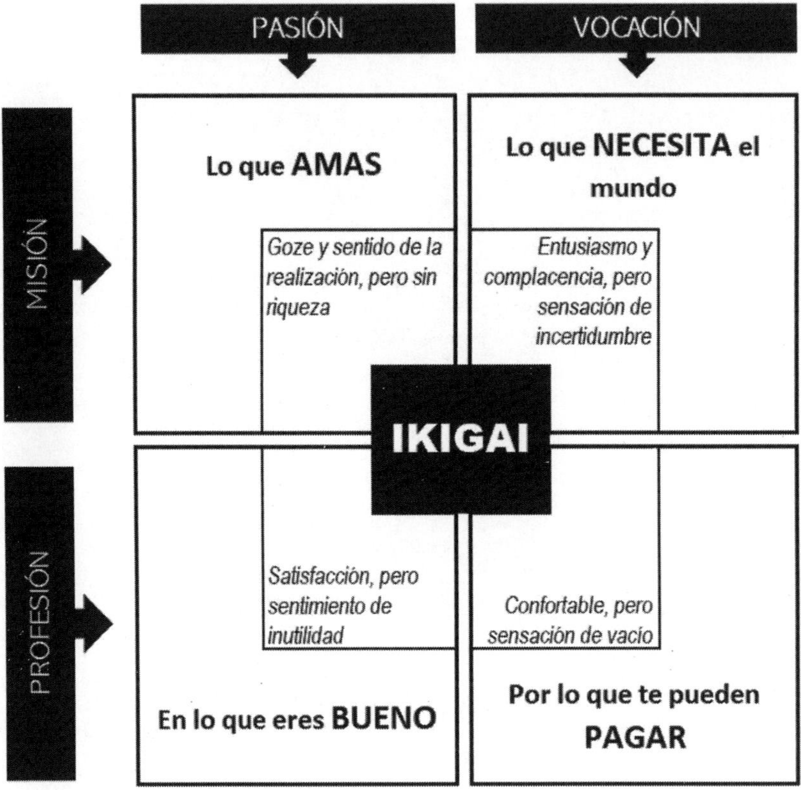

Con el análisis de estas dos cuestiones que en realidad son la intersección de cuatro elementos tienes que hallar tu Ikigai y averiguar:

> **«¿En qué puedo trabajar que sea bueno, disfrute haciéndolo y el mundo esté dispuesto a pagar por ello?»**

▶ Causas de un Ikigai desequilibrado

A continuación, te muestro las cuatro situaciones que pueden dar como resultado un Ikigai desequilibrado, y que si te encuentras en alguna de ellas deberías intentar solucionar en la medida de lo posible para tener un IKIGAI lo más equilibrado posible.

No te obsesiones con tener un Ikigai 100% equilibrado, en la práctica es prácticamente imposible, pero siempre hay que intentar acercarse lo más posible.

LAS 4 CAUSAS DE UN IKIGAI DESEQUILIBRADO

	CAUSA 1	CAUSA 2	CAUSA 3	CAUSA 4
4 POSIBLES DESEQUILIBRIOS EN EL IKIGAI	ME PAGAN MAL O POCO POR ELLO	ME PAGAN BIEN	ME PAGAN BIEN	ME PAGAN BIEN
	SOY BUENO EN ELLO	NO SOY REALMENTE BUENO	SOY BUENO EN ELLO	SOY BUENO EN ELLO
	HAGO LO QUE AMO	HAGO LO QUE AMO	NO ES LO QUE AMO REALMENTE	HAGO LO QUE AMO
	EL MUNDO LO NECESITA	EL MUNDO LO NECESITA	EL MUNDO LO NECESITA	NO HAY UN BENEFICIO PARA EL MUNDO
CONSECUENCIAS	**PODRÍA SER FELIZ PERO POBRE**	**SENSACIÓN DE FRACASO O DE IMPOSTOR**	**VIDA ABURRIDA: LOS DÍAS SE HACEN PESADOS A NIVEL LABORAL**	**ES UNA VIDA SIN PROPÓSITO, NO ESTÁS DEJANDO UN LEGADO AL MUNDO**
SOLUCIÓN	Optimizar la gestión: Algo estás haciendo mal a nivel puramente de administración y estrategia interna técnica	Tienes que cambiar y centrarte en lo que sí realmente eres bueno	Tienes que intentar dirigir tu estrategia más hacia lo que te gusta, o al menos la mayor parte de tus tareas diarias	Hay que intentar hacer algo que aparte de que te paguen sea una aportación positiva para el mundo que te haga estar orgulloso, como el legado que dejas en tu paso por la vida dentro de lo posible para conseguir un IKIGAI 100% equilibrado

▶ Ejemplos de Ikigai para distintos proyectos

Para muestra un botón, aquí te muestro mi IKIGAI personal para dos de mis proyectos https://ningunodevosotros.es/ y https://kalifornia.es/ te invito a que hagas el Ikigai de tus propios proyectos:

EJEMPLOS DE IKIGAI				
Proyectos	**Lo que amo**	**Por lo que me pagan**	**En lo que soy bueno**	**Lo que necesita el mundo**
Proyecto **ningunodevosotros.es**	Hacer canciones	Ayudar a otros a hacer sus canciones	Produciendo y arreglando canciones rápido	Sensación de realización cuando compones una canción, la plasmas en un vídeo y la muestras al mundo
Proyecto **kalifornia.es**	Tocar en directo	Animar eventos	Animando eventos y a la gente	La gente necesita pasárselo bien, divertirse y tener experiencias memorables que recordar y contar
Tu proyecto 1				
Tu proyecto 2				

ANÁLISIS DE TU PROYECTO

Es fundamental hacer un trabajo de introspección, dedicar un tiempo a pensar sobre lo que somos, lo que hacemos, por qué lo hacemos, y observar nuestro entorno.

Intenta responder a las preguntas que te propongo y medita bien las respuestas, te ayudará a posicionarte en un punto de partida claro, y también te servirá para establecer más adelante la estrategia **SEO.**

Anota las respuestas, no te lo tomes a la ligera pues será una información muy útil que nos servirá posteriormente de semilla perfecta para hacer un estudio de **palabras clave** y desarrollar nuestra estrategia de visibilidad, marca y posicionamiento.

Tu música, tu producto

TU MÚSICA, TU PRODUCTO	
¿Cómo definirías tu música?	
¿Cómo define tu música la gente que la ha escuchado?	
¿Te asocian con otros artistas? ¿Cuáles?	
¿Qué artistas crees tú que están alineados con tu estilo?	
¿Qué influencias musicales tienes?	
¿En qué etiquetas, estilos o categorías se puede incluir tu estilo?	

Tú como artista y empresa

TÚ COMO ARTISTA Y EMPRESA	
¿Por qué haces música?	
¿Cuál es el fin último de tu música?	
¿Cuál es tu visión, objetivos y las metas que persigues con la música?, y ¿en cuánto tiempo quieres alcanzarlas?	
¿Qué principios y valores te guían? ¿Te identificas con alguna tendencia, ideología o estilo de vida concreto más allá del ámbito musical?	
¿Tienes un código de conducta definido?	

Tu audiencia, tus fans, tus clientes

Debes identificar el perfil o prototipo de tu fan ideal y auténtico al que nos referiremos como «**El superfan**». La clave del éxito es conocerlo bien, saber dónde está para poder comunicarte de forma efectiva con él, y lo más importante, saber cómo ofrecerle contenido de valor para mantenerlo interesado en tu proyecto artístico.

▶ ¿Quién es nuestro superfan?

- El que presume de conocerte.
- El que se siente identificado con tu propuesta.
- Al que le gustas.
- El que habla de ti, de tu música, en las redes o mediante «el boca a oreja», presume de conocerte o haberte descubierto, es un «evangelizador» de tu marca.
- El que comprará tus álbumes, tu *merchandising*, financiará tu *crowdfunding*, y el que asistirá a tus conciertos.

TUS FANS, TUS CLIENTES (1)	
¿Cuántos años tiene tu fan ideal?	
¿Tu fan ideal por lo general son más hombres, más mujeres, comunidad LGBTI, etc.?	
¿Dónde está localizado tu fan ideal? Tanto geográficamente como en Internet	
¿Qué tipo de personalidad tiene tu fan?	
¿Con qué tipo de personas se identifican?, ¿de qué comunidades, tribus urbanas, subculturas, etc., son parte?	
¿Qué problemas o necesidades tienen?	

TUS FANS, TUS CLIENTES (2)	
¿Cuáles son sus valores e intereses fuera del ámbito musical?	
¿Dónde pasan su tiempo libre?	
¿A tu fan le gusta ir de fiesta?	
¿Qué le gusta a tu fan además de la música?	
¿Qué está dispuesto a pagar tu fan? ¿Cómo es de grande su bolsillo o poder adquisitivo?	
¿Quién es la banda favorita de tu fan? ¿Qué otros artistas le gustan?	
¿Cuál es la red social favorita de tu fan?	
¿De qué es un apasionado tu fan ideal?	

El mercado

Tanto en tu entorno local más cercano, como en uno más global necesitas saber y comprender lo que está sucediendo dentro de tu género o estilo. Entender bien esto te ayudará a establecer dónde encajas y qué valor único puedes ofrecer.

EL MERCADO, TUS COMPETIDORES	
¿Quiénes están teniendo el mayor éxito a nivel local / global dentro de tu género?	
¿Qué están haciendo estos músicos exitosos y qué están trabajando de manera más efectiva para aumentar sus fans e involucrarlos?	

¿Qué músicos son los que están fallando y haciéndolo mal?	
¿Se está asociando alguna idea, tendencia, ideología, movimiento, moda, estética o cualquier valor añadido intangible con tu estilo musical o imagen como artista?	
¿Qué tipo de contenido y en qué formato parece estar resonando con más efectividad?	

▶ ¿Cómo hacer un estudio de mercado?

Hoy en día disponemos de herramientas gratuitas y muy potentes que pueden ayudarte a hacer un rápido estudio de mercado. Estos son algunos ejemplos e ideas:

- Con **Google Ad planner**, introduciendo palabras y frases de búsqueda relacionadas con nuestra música, nos muestra la cantidad de gente que hay realizando esas búsquedas y el nivel de competencia, lo que nos puede dar una idea de si es un mercado virgen, muy competido o saturado. https://ads.google.com/intl/es_es/home/tools/keyword-planner/

- Con **Google Trends** puedes ver las tendencias de búsquedas de productos y servicios, introduce por ejemplo el nombre de tu estilo de música, artistas alineados, etc. Y obtendrás los datos de interés que podrás filtrar por países, regiones, ciudades, años, categorías o incluso qué otras cosas buscan esas mismas personas (búsquedas relacionadas): https://trends.google.es/trends/?geo=ES

- Con **Audiencias de Facebook** podemos hacernos una idea del mercado potencial y pasivo de nuestra música, pues nos permite filtrar por infinidad de variables: Geográficas, edad, sexo, estado civil, idioma, intereses, trabajo, estudios, eventos en su vida, artistas alineados contigo y más opciones que día a día se van añadiendo. Facebook nos dirá en tiempo real cuántos usuarios cumplen los requisitos de nuestro filtro, una información muy valiosa para saber el tamaño del mercado al que nos vamos a dirigir. https://www.facebook.com/business/learn/facebook-audience-insights

- En **Spotify** puedes ver lo más escuchado por países.
- La **agencia Nielsen** es una compañía global de medición y análisis de datos que proporciona una radiografía completa y precisa de los consumidores y los mercados en todo el mundo https://www.nielsen.com/es/es/
- Estadísticas por países de artistas en **YouTube**: https://charts.youtube.com/?hl=es
- Cada año se publica un informe llamado **Global Music Report**, realizado por IFPI (Federación Internacional de la Industria Fonográfica). En él se reflejan datos sobre la industria musical en el último año, analiza las tendencias mundiales y proporciona una visión general de la industria de la música grabada. Está disponible para descargar de forma gratuita. https://gmr.ifpi.org/
- En **Statista** https://es.statista.com/ hay estadísticas de todo tipo que puedes filtrar también por temáticas musicales.

COMPRUEBA TU «SALUD ARTÍSTICA»

El D.A.F.O.

El DAFO (Debilidades, Amenazas, Fortalezas, Oportunidades) es una herramienta empresarial de análisis muy útil que, adaptándola al mundo artístico, la podemos utilizar para analizar nuestro «**Estado de salud artística**» y conseguir:

- **Detectar** lo positivo y negativo, así como lo que depende de nosotros y lo que no.
- **Saber** si nuestra propuesta tiene lo que hay que tener para destacar, diferenciarse, aportar valor, etc.
- **Averiguar «tu núcleo artístico»**, qué es lo que te diferenciará del resto y que será la clave de tu éxito.
- **Dar soluciones** y actuar en consecuencia.

▶ Factores internos positivos (Fortalezas)

Las fortalezas hay que reforzarlas para desmarcarnos al máximo del resto de competidores. Indica tus puntos fuertes de todo tipo, musicales o no, que tienes frente al resto, y explica brevemente por qué suponen una ventaja competitiva en tu proyecto o te ponen un paso por delante del resto en la línea de salida.

Las fortalezas podemos dividirlas entre **tangibles** e **intangibles**, aquí tienes algunos ejemplos:

Intangibles:

- Habilidades o aptitudes especiales
  - Ser compositor además de intérprete de tus temas.
  - Ser un buen arreglista musical.
  - Tener un timbre de voz muy personal.
  - Tener una imagen impactante.
- Conocimientos
  - Saber editar vídeos, fotos o diseño gráfico.
  - Saber construir una web a nivel técnico.
- Experiencia.
- Contactos.

Tangibles:

- Estudio de grabación propio que te permita producir tu música sin depender de otros.
- Capacidad económica para invertir.
- Equipo de sonido propio que te ofrezca capacidad para organizar conciertos.
- Vehículo propio que te permita autonomía de desplazamiento y ahorro en costes.
- Local de ensayo propio.
- Estar ubicado en un país o ciudad propicia para tu proyecto.

▶ Factores externos positivos (Oportunidades)

Las oportunidades hay que convertirlas en fortalezas y en ventajas competitivas. Son las situaciones que nos benefician, aunque no dependan de nosotros. Como por ejemplo que tu estilo de música de pronto se ponga de moda porque hay un concurso en la televisión enfocado a ese estilo, o que un famoso haya comentado en su twitter que tu banda les encanta a sus hijos. Pero cuidado, aunque las oportunidades aparentemente son factores positivos que nos caen del cielo, en la mayoría de los casos tenemos que ser conscientes de que no solo nos pueden beneficiar a nosotros, sino también a nuestros competidores. En el caso del ejemplo del concurso en la televisión también es una oportunidad para el resto de las bandas que practiquen el mismo estilo que tú.

«Las oportunidades están por todas partes y disponibles para todos, la clave es saber encontrarlas.»

▶ Factores internos negativos (Debilidades)

Los factores internos son todo lo que depende de nosotros, y está en nuestra mano poder cambiar. Anota todo lo que te pone en desventaja frente a los demás. Si no eres bueno en algo, quizá te interese buscar un socio, o pagar a alguien. Anota la debilidad y también la solución.

▶ Factores externos negativos (Amenazas)

Los factores externos son todo lo que no depende de nosotros, y no podemos hacer nada para cambiarlo.

Anota las situaciones que te perjudican, ten en cuenta que al igual que las oportunidades, las amenazas nos afectan a todos por igual, incluso en muchos casos una oportunidad viene acompañada de una amenaza.

Una amenaza muy común es la aparición de nuevos artistas que intentan copiarte, por eso es tan importante diferenciarse, cuantas más ventajas competitivas tengas, más difícil será competir contigo.

Es importante también tener un plan de contingencia, refleja en la solución qué haríamos si las amenazas se cumplen, y qué alternativas tenemos.

▶ El núcleo artístico

Por último, a las competencias más distintivas las llamaremos tu «núcleo artístico», que serán aquellas que más valor generan en tu audiencia, más te distinguen y diferencian entre el resto de los artistas y también más difícil de copiar o imitar son.

Tu «núcleo artístico» es clave y esencial para tu proyecto, todas tus acciones deberían estar enfocadas a él. Intenta extraer de entre todas tus ventajas competitivas las que consideres que forman parte de tu «núcleo artístico».

D.A.F.O. PARA ARTISTAS

FACTORES INTERNOS	FACTORES EXTERNOS
Depende de nosotros	No depende de nosotros

ASPECTOS POSITIVOS

	Debilidades	Cómo corregir
1		
2		
3		
4		
5		
6		
7		
8		
9		
10		

	Amenazas	Cómo afrontar
1		
2		
3		
4		
5		
6		
7		
8		
9		
10		

ASPECTOS NEGATIVOS

	Fortalezas	Cómo mejorar
	Tangibles	
1		
2		
3		
4		
	Intangibles	
5		
6		
7		
8		

	Oportunidades	Cómo explotar
1		
2		
3		
4		
5		
6		
7		
8		
9		
10		

Núcleo artístico

Hazte un V.I.S.I.

Aparte del DAFO, que es una herramienta de conceptos globales para el análisis y diagnóstico de cuestiones concretas, te recomiendo lo que yo he bautizado con el nombre de V.I.S.I. (Ventajas, Inconvenientes, Soluciones e Identidad)

Se compone de cuatro columnas:

- **Ventajas:** Anota todos tus puntos fuertes y fortalezas que te pueden poner por delante del resto.
- **Inconvenientes:** Anota todos tus puntos débiles, situaciones y contextos negativos o que te pueden impedir avanzar o te sitúan por detrás del resto.
- **Soluciones:** Anota posibles soluciones a estos inconvenientes.
- **Identidad:** Anota todas las cosas y situaciones que te hacen único, nadie podría copiarte y en general todo lo que te aporte personalidad, sello y diferenciación con respecto a los demás.

▶ Ejemplo de VISI real de un cliente en una primera entrevista:

Se trata de un artista muy bueno técnica y musicalmente, que hasta ahora solo había hecho *covers* y que quiere iniciar una carrera como compositor y artista.

VENTAJAS	INCONVENIENTES	SOLUCIÓN	IDENTIDAD
Tiene talento artístico enfocado a los arreglos y la producción	El talento para la composición está por ver aún, está trabajando en estos momentos en la producción de sus propias composiciones	Buscar compositores, o co-compositores si tiene alguna carencia	Aporta personalidad a su sonido
	El talento como letrista está por ver también, aunque el que sea un elemento más o menos importante dependerá del estilo que finalmente desarrolle	Buscar letristas o co-letristas si es necesario	Aportaría un sello si fuese bueno

Tiene recursos y conocimientos para la producción audiovisual	Le falta perfeccionar alguna habilidades, pero aprende rápido y está motivado en esta área	Aprender lo que necesite cuando haga falta	Lo podría externalizar y es imitable
Tiene un socio a modo de mentor con experiencia empresarial en el sector, que le ayuda sin coste económico ni exclusividad futura	El mentor no tiene experiencia en el estilo que el artista practica	Cambiar de mentor, o combinar con otros	Lo podría externalizar y es imitable
Tiene experiencia en campañas y estrategias con Facebook	No experiencia en el resto de las redes	Puede aprender o subcontratar	Lo podría externalizar y es imitable
Tiene una comunidad ya creada considerable en Facebook	No es suficiente aún para poder validarlo, y la ha creado con *covers*	Poner en marcha estrategias de lanzamientos propios, captación y validación	No está validada aún
Tiene talentos no musicales que se pueden utilizar para la captación y la monetización	No sé si está por la labor aún, y si así fuese, hay que ver si posee la perseverancia necesaria para ello	Pendiente de hablarlo y decidir una estrategia en este sentido	Podría aportar personalidad extra a su identidad
	No ha desarrollado aún una personalidad que sobresalga, ni una marca personal a nivel artístico aún, detecto una buena actitud	Ayudarle a entender conceptos, interiorizar y desarrollarla poco a poco.	Sería lo ideal

	Perseverancia en general aún por demostrar en la puesta en marcha del plan de acción	Pendiente de hablarlo, valorar tiempo disponible y decidir	Forma parte de una personalidad que genera confianza

¿DE QUÉ VAS EN REALIDAD?

La música, como cualquier otro aspecto de la vida, no es un camino de rosas, nadie te va a regalar nada, tendrás que trabajar duro y decidir cuánto tiempo de tu vida le vas a dedicar. Recuerda que el tiempo pasa y no se puede recuperar, razón suficiente para reflexionar sobre esta cuestión y definir muy bien cuánto tiempo y recursos estás dispuesto a dedicarle.

¿Te sientes identificado con alguno de estos perfiles? Averigua de qué vas realmente, y si no te ubicas en ninguno de estos niveles crea el tuyo propio. Lo importante es que no te autoengañes y hagas un análisis realista y sincero.

- **Voy a quemar las naves:** Quiero vivir de la música, y tengo claro que quiero hacer de ello mi profesión.
- **Quiero compatibilizar:** Quiero dedicarme de forma profesional a la música, pero a tiempo parcial conciliando con mi trabajo, estudios o cualquier otro proyecto.
- **La música es una alternativa**: La música para mí es una opción o un complemento a mi trabajo habitual. El tiempo que le puedo dedicar es limitado, por eso quiero optimizarlo, hacer las cosas bien dentro de mis posibilidades e intentar llegar a tener notoriedad, y solo si esto ocurre me plantearía dedicarme a tiempo completo.
- **Busco experiencias**: No me veo como un profesional de la música que vive de ello a tiempo completo a largo plazo, ni como mi profesión definitiva, pero sí quiero dedicarle una parte de mi vida o de mi tiempo y enfocarlo más como una experiencia que como una profesión.
- **Solo busco diversión**: Tengo claro que para mí la música es y será solo una diversión, un pretexto para compartir buenos momentos y vivencias con mi grupo.

CAPÍTULO 3

LA ESTRUCTURA PREVIA Y LOS CONTENIDOS

- I.T.A. (Inspección Técnica Artística)
- *Branding* para músicos
- Protección
- La estructura
- Los contenidos

3

LA ESTRUCTURA PREVIA Y LOS CONTENIDOS

De nada sirve tener oportunidades si no estás preparado para aprovecharlas, imagina esta situación:

Viajas en una furgoneta con tu grupo porque te diriges a una actuación y en la carretera de pronto te ves atrapado en un gigantesco atasco. Presos del aburrimiento decidís montar un concierto improvisado en el techo del furgón, los pasajeros del resto de vehículos sorprendidos acuden a participar y muchos de ellos graban la situación con sus teléfonos. Lo comparten en la red y de pronto el vídeo se hace viral y al día siguiente todas las televisiones, periódicos y revistas musicales te llaman para una entrevista y quieren saber más de ti. Por supuesto, cuando Antena 3 o la revista *Rolling Stones* te llama para ofrecerte una entrevista, en este caso sobre algo anecdótico, o estás preparado para dar una respuesta inmediata o se olvidan de ti con la misma rapidez que te han llamado.

Esto es un ejemplo real, me sucedió a mí con mi grupo Kalifornia. Aquí podéis ver el vídeo que se hizo viral: https://www.youtube.com/watch?v=BtBc7smJUko Afortunadamente, mi grupo tenía una estructura básica ya creada que me permitió aprovechar este anecdótico golpe de suerte, pero ¿qué hubiera pasado si te ocurre a ti y no tienes una estructura de artista previamente creada?

I.T.A. (INSPECCIÓN TÉCNICA ARTÍSTICA)

De entrada, si no tienes ni siquiera un nombre asociado a un dominio e indexado en la Red, los medios no habrían podido identificarte, localizarte y por tanto quizá ni te habrían llamado. Si no tienes un canal de YouTube creado para subirlo inmediatamente a la velocidad de la luz, no podría haberse hecho viral, o lo que es peor, lo habría subido cualquier otra persona y sería su canal el que se beneficiaría del tráfico que pudiese gene-

rar. Además, aunque tengas canal, si no lo tienes configurado adecuadamente, aunque tu vídeo sea muy bueno, no tendría posibilidades de ser encontrado en las búsquedas.

Por otro lado, si cualquier medio se interesa por ti y no tienes ni una buena foto que os defina, una web o *press kit* donde poder documentarse sobre el grupo, o en la entrevista no tenéis una buena historia que contar que enganche, toda la buena suerte que habéis tenido se quedará en una anécdota que contar solo a vuestros amigos más allegados.

Con este ejemplo quiero que comprendas lo importante que es estar preparado y crear una estructura previa que soporte el crecimiento de tu carrera, lo que yo llamo pasar la I.T.A. (**Inspección Técnica Artística**).

«Hay que tener la oficina bien ordenada antes de empezar a trabajar y no puedes sacar tu vehículo a circular sin la ITV pasada.»

A continuación, vamos a ver los puntos a tener en cuenta previos a salir al mercado:

BRANDING PARA MÚSICOS

¿Por qué los fans lucen con orgullo una camiseta con el logo de un artista, y cantan en voz alta sus canciones? ¿Crees que la música en sí misma es lo más importante de un músico? ¿Crees que ser un buen músico y hacer buenas canciones es suficiente?

La respuesta a todas estas preguntas es que tu música solo es importante en la medida que consigas hacer que la gente la escuche. Hay tantos talentos que compiten por la atención que no es fácil para los músicos sobresalir entre tantas opciones de música y entretenimiento. Las personas tienen que hacer juicios y decidir sobre lo que les puede gustar o no, antes de escuchar tu música.

«Tu *branding* es lo que los demás dicen de ti cuando no estás.»

Jeff Bezos

Por esta razón, los músicos deben invertir tiempo en comunicar de manera efectiva, de qué se trata su música y qué es lo que la hace especial o diferente, como para que un potencial fan decida escucharla.

Debes emitir señales escritas, visuales y de comportamiento para convencer a la gente que dé ese primer paso. Si lo consigues, sería solo la mitad del trabajo a realizar porque, si finalmente deciden escuchar tu música, no está garantizado que les vaya a gustar, o tú como artista. De modo que, cuanto mejor comuniques lo que te hace especial e interesante, más probable es que a los oyentes les guste lo que escuchan, y se conviertan en «super fans», es por esto por lo que **la marca, el marketing y la comunicación** son tan importantes.

Una vez creado el contenido, que es nuestro producto, lo vamos a mostrar y envolver como haríamos con un regalo para hacerlo atractivo y sobre todo para proyectar una imagen alineada y coherente con nuestro *branding*, procurando siempre mostrar nuestro carácter diferencial.

Se trata de combinar y envolver tu música, con tu estilo y tu sonido en un diseño visual. Que el público vea perfectamente fusionado lo que escucha con lo que se ve.

Crear una marca o *branding* de artista es algo más complicado y profundo que hacerlo de un producto de una empresa tradicional, la música es algo muy personal y subjetivo que tiene la capacidad de impactar a las personas de una manera especial y profunda, más de lo que cualquier otro producto de un negocio tradicional nunca podría. Es un gran desafío porque compites con todos los grandes músicos que te han precedido y que ya han ocupado su espacio en las mentes y en los corazones de las personas.

«Desarrollar tu *branding* no es fácil, pero se puede.»

¡VAMOS A ELLO!

La marca personal

Tu marca personal, *branding*, sello o como quieras llamarle, no solo se reduce al logo, a un diseño de portada, a un póster, etc.

Por supuesto todos esos elementos hay que tenerlos en cuenta porque te van a ayudar a transmitir tu *branding*, pero la verdadera esencia de tu *branding* serás tú mismo, tu marca personal, o sea, la forma en que te expresas, hablas, te mueves, actúas, te comunicas en las redes, te muestras en los vídeos, en las entrevistas, en las fotos, cómo te vistes, qué transmites en tus conciertos, etc.

Desarrollar una marca personal transmitirá empaque, confianza y credibilidad a tu proyecto, te ayudará a sobresalir y distinguirte dentro del competido mercado musical.

La combinación de todas estas cosas creará en tu público una asociación de ideas que él relacionará con tu nombre artístico y a eso le llamamos «**Marca personal**».

Todo esto va a contribuir a cómo será la reacción de tu audiencia hacia ti como músico y como persona. En definitiva, esta comunicación hará que le gustes a la gente, o por el contrario que te ignoren y pases totalmente desapercibido.

Una marca es una mezcla de cosas tangibles y físicas que la representan como:

- Nombre del artista.
- Logo.
- Colores que utilices.
- Sitio web.
- Música.
- Apariencia física.
- Estilo.

Y de cosas que tienen que ver con tu actitud, tu esencia como persona y comportamiento, que son las que realmente tienen significado y provocarán una respuesta emocional en tus fans, cosas como:

- Quién eres.
- Qué representas.
- Cuál es tu historia.
- Qué publicas y qué dices en las redes sociales.
- El contenido de tus vídeos.
- Con qué otros artistas colaboras o trabajas.
- Con quién te asocias o quien es tu *sponsor.*
- Tu presencia e imagen en el escenario.

Ten en cuenta que elegir una marca siempre es una elección emocional, por lo tanto, debe ser una manifestación natural de tus valores e identidad como artista.

En última instancia, se trata de que las personas se identifiquen con tu marca, y el gran desafío es que desgraciadamente no todos van a percibir tu marca de la misma forma.

▶ ¿Por qué alguien debería prestarme atención y por qué yo?

La verdad es que no hay nada nuevo bajo el sol y solo hay una forma de ser original, ser tú mismo. Y aunque creas que ya se ha hecho todo en la música, hay una cosa que es única en este mundo: Tú. Tú eres lo único que nunca se ha hecho antes y tu música es un reflejo directo de ti mismo.

Podríamos decir que tu marca personal es lo que tu público percibe y piensa de ti, eso es algo que para que sea creíble debes transmitirlo de forma genuina y auténtica, por lo que la mejor manera de crear tu marca debería ser algo como «**Ser tú mismo y comunicarlo de forma efectiva**» pero esto que parece tan obvio y sencillo a veces no lo es porque requiere saber:

- Si realmente estamos siendo nosotros mismos.
- Si lo estamos comunicando adecuadamente.
- Y si nuestro fan nos percibe como nosotros pretendemos que lo haga.

▶ ¿Cómo ser uno mismo y saber que lo somos?

Te lo voy a resumir en una frase:

> **«Toma siempre el camino difícil,**
> **vive la vida de adentro hacia afuera».**

El camino fácil es fijarse en otra gente, en otros músicos, en otros géneros, en lo que le gusta y piensa otra gente, quejarte de todo y convertirte en una víctima de las circunstancias.

Si no tienes ningún propósito que te guíe, tu libertad y creatividad están subordinadas a las decisiones, opiniones y acciones de los demás, estarás «**viviendo de fuera hacia adentro**». Y entonces las cosas no dependen de ti sino que terminan controlándote, provocando que nosotros mismos nos etiquetemos para que la gente nos vea de una manera que podamos ser aceptados.

Tu música no será original, imitarás a otros artistas, te faltará confianza y te sentirás incierto y desenfocado.

Ahora compara todo esto con hacer lo difícil: «**vivir de adentro hacia afuera**». Con descubrir tu propósito, con usar tu vida para vivirlo.

Esto te brindará la capacidad de tomar decisiones libres de manipulación externa, te permitirá usar tus talentos y habilidades únicas para influir en las vidas de otras personas y encontrar significado en tu vida artística.

Cuando esto sucede:

- Tu propósito y visión se vuelven claros y son consistentes con tu música.
- Te permitirá tomar decisiones estratégicas y deliberadas sobre tu carrera musical.
- Puedes alinear tu música con tus valores y expresarte en lugar de imitar lo que hacen los demás.
- Irás más allá de lo simplemente visual a algo que puede conectarse en un nivel más profundo con las personas.
- Te conviertes en un líder, un *influencer*.
- Tendrás una mayor capacidad para influir en la vida de otras personas a través de tu música de una manera verdadera y auténtica.
- Te dará la libertad y flexibilidad para ser creativo.
- Eliminarás el miedo y la duda, proyectarás seguridad y la gente no tendrá más remedio que prestarte atención.

«Vivir de adentro hacia afuera significa conocerse a sí mismo, pensando profundamente en quién eres, qué crees, cómo quieres influir al mundo, y el legado que quieres dejar como artista.»

▶ ¿Cómo saber si estamos comunicando bien?

La influencia que puedas ejercer sobre tus fans no solo depende de lo que tú quieres y pretendes comunicar, sino de algo más importante: El cómo lo comunicas.

Yo siempre suelo decir medio en broma, medio en serio, a modo de chascarrillo en ciertas situaciones cotidianas que «la comunicación es la cosa más complicada que existe en el mundo» y te voy a contar una anécdota real que me ocurrió:

Contraté a un *videomaker* para la grabación de una actuación en directo, le di instrucciones muy precisas. Una de ellas fue que cada uno de los cámaras grabaran sin cortes las canciones completas sin dar al *pause* de la cámara, con el objetivo de obtener tomas completas de cada una de las canciones para luego editarlas con más comodidad, sin tener que estar sincronizando escenas sueltas que deberían coincidir con el audio de calidad que obtendríamos de forma separada desde la mesa de mezclas.

Mi sorpresa fue comprobar que todas las tomas de vídeo se habían grabado sin audio. En realidad, aunque no lo fuera a utilizar en la producción final del vídeo, sí que lo necesitaba como referencia para el proceso de edición.

Como veis, siendo yo un comunicador, no comuniqué algo que para mí era obvio y que no pensé ni por un momento que fuese preciso siquiera decirlo. Entiendo que cuando grabas vídeo la cámara siempre por defecto también graba audio, pero aunque yo no lo dijese expresamente, el *videomaker*, con toda su buena fe, desconectó la opción de audio en todas las cámaras. Como veis, un fallo en el cómo se comunica puede interpretarse muy diferente de lo que se supone es un mensaje sencillo y obvio. La moraleja de todo esto es:

«Lo que para ti sea obvio y creas que lo comunicas de forma clara, no necesariamente es así para el receptor de tu mensaje, es más, lo más probable es que no lo sea.»

Esto ocurre a diario en miles de situaciones y por eso es tan importante cómo lo comunicas y asegurarte que tu mensaje llega correctamente. Observa a tu audiencia, cómo reacciona a tus mensajes, y saca conclusiones del *feedback* que obtengas de ellos.

▶ ¿Cómo saber si he sido capaz de desarrollar una marca correctamente?

«Cuando tú te sientas cómodo con lo que haces de forma genuina y a tus fans les gustes y se sientan en la misma onda, si además de seguirte quieren compartirlo con los demás entonces puedes decir sin lugar a duda que tienes una marca.»

No te olvides de que la mayoría del público no va a un concierto solo por la música que hace el artista en sí, y que podría escuchar tranquilamente en casa, la mayoría va porque quiere vivir una experiencia y de alguna forma, ser parte de la historia que transmites con tu marca. Sé coherente, transmite un mensaje claro, directo y mantente alineado con todo lo que piensas, dices y haces.

«Construye tu marca artística y te convertirás en parte de las vidas de tus fans.»

Envía una señal clara y sin ambigüedades a tu audiencia y muy importante:

> **«No puedes gustar a todo el mundo, si intentas complacer a todos, no llegarás a nadie».**

▶ ¿Por dónde empiezo? ¿Existen patrones a seguir en cuanto a tipos de *branding* artístico?

Seguramente haya más, pero yo he identificado cuatro modelos de *branding* que te pueden servir como referencia y sobre todo para focalizar tu estrategia ante tanta información:

1. *Branding* centrado en una temática

Hay miles de temáticas, y puede ser cualquier cosa, te pongo algunos ejemplos:

- Exclusivamente creativo.
- Socialmente incómodo o marginado.
- Misterioso o evasivo.
- Romántico.
- Símbolo sexual.
- Divertido, cómico y entretenido.
- Autocrítico – Subcultura.
- Aficiones (videojuegos, drogas, deportes).
- Estilos de vida (vida nocturna, cannabis, vegano, moteros, fitness).
- Satanismo.
- Sexo, género, orientación sexual.
- Raza y etnia.
- Espiritualidad o religión.
- Reivindicativo en lo político, social, cambio climático, ecologismo, etc.
- Talento extraordinario.
- Infantil.

2. *Branding* enfocado hacia ti como persona

Enfatiza tu historia personal, relaciones e intimidad con tus fans, es una opción sólida dada la naturaleza personal de las redes sociales y la sed de la sociedad por relaciones auténticas. Si tienes confianza en quién eres y no te importa tener un contacto muy cercano con tus fans, este arquetipo es tu mejor opción.

3. *Branding* basado en la creación de un personaje

En algunos casos, la identidad de tu marca puede no ser quién eres en realidad. Puedes interpretar a un personaje o persona que no eres. El rapero MF Doom es un gran ejemplo de esto con su máscara y apodo de supervillano, otros como el grupo Kiss, hacen énfasis en el *merchandising*, o últimamente los artistas virtuales como Gorillaz, Miku Hatsune, etc.

Este tipo de *branding* es el más exigente. Requiere compromiso, consistencia, estrategia y afinidad con los negocios. Pero el riesgo tiene recompensa. Cuando se hace bien puede ser el más lucrativo.

4. *Branding* modelado en base a artistas ya existentes

Este tipo de *branding* es el más genérico, pero tiene el gran riesgo de que tu música pase desapercibida. La mayoría de los músicos eligen este patrón porque idolatran a otro artista y quieren imitarlo, no se conocen todavía lo suficiente como para ser originales, solo se sienten cómodos imitando lo que ya existe.

Una variante de este *branding* es la importación y adaptación a tu país del arquetipo de otro artista que ha triunfado tras la frontera de su país. Se puede decir que es una estrategia que no es garantía de éxito pues cada país tiene su propia idiosincrasia y puede salir bien o mal. Como te repito a lo largo del libro no existen fórmulas mágicas.

Seguramente haya más patrones, subpatrones y variaciones, mi intención no es indicarte un camino concreto a seguir, sino darte una visión lo más estructurada y ordenada posible de algunas posibilidades, por supuesto contempla la posibilidad de que la tuya podría ser una totalmente nueva o también una combinación de varias.

Imagen, estilismo y el copywriting

En primera instancia la imagen es más importante que el contenido, esto es algo que es así en todos los ámbitos y en el artístico si cabe, aún más.

> **«La música es comunicación audiovisual, y como todo aquello que emite mensajes estéticos, es una vía de comunicación muy poderosa, de modo que cuanto antes interioricemos esta idea menos decepciones nos vamos a llevar.»**

Se podría decir que un artista primero tiene que "molar" y luego lo escuchamos, de la misma manera que no le entramos a una chica o chico, si previamente no nos ha llamado la atención por alguna razón.

Cuida y trabaja tu imagen como algo prioritario en ti como artista, así como todo el material gráfico, fotos, portadas, vídeos, etc... procura que todo tenga coherencia y esté acorde con tu marca.

La música es algo abstracto. Para atraer la atención de la gente necesitas transmitir esa abstracción de tu música a través de representaciones visuales, debes transmitir el «espíritu» de tu música a través de tu marca, y también como hemos dicho antes, a través de gráficos y diseño, sin olvidar tampoco el copy, que son los textos en general que acompañan todas tus acciones de comunicación.

Hay cinco elementos clave a definir:

1. Color.
2. Gráficos y estilo artístico.
3. Logo.
4. Copy.
5. Storytelling.

▶ 1. Color

Los colores producen diferentes emociones y la influencia de estos sobre las personas es evidente. Imagínate en una habitación pintada totalmente de color verde lima y en otra de marrón oscuro. Te sentirás diferente en cada habitación debido al estado de ánimo creado por el color. Así como te sentirás diferente escuchando a Metallica o Ed Sheeran.

Digamos que eres un músico de ska que pretendes transmitir alegría, fiesta y diversión con tu música, y estás pasando por este proceso de marca y, por cursi que parezca, pretendes que tu música haga feliz a la gente. Una simple búsqueda en Google de «colores que transmiten alegría, fiesta y diversión» te dará información sobre qué colores y combinación de estos es la más adecuada.

La ciencia del color está muy avanzada y en Internet puedes encontrar mucha información y herramientas *on line* que te proponen las combinaciones de colores que mejor funcionan en cada caso.

▶ 2. Tipografías

Usa Google Fonts para buscar una tipografía o combinación de varias que estén hiladas y sean coherentes con tu marca, elige una fuente principal y otra secundaria preferiblemente que tengan variaciones tipo (*light, bold, médium,* etc....)

▶ 3. Logo y grafismo

Ya sabes lo que se dice: «La primera impresión es lo que cuenta» y es clave para el descubrimiento de la música. Si en tres segundos no consigues mantener la atención de alguien, el usuario pasa página.

¿Alguna vez has visto un logotipo, una portada de disco, una carátula en Spotify o otras imágenes que te llamaron la atención instantáneamente, y eso ha sido motivo para sentir la curiosidad y escuchar a ese artista desconocido?

Las imágenes juegan un papel vital en la identidad de la marca.

> **«La identidad visual debe captar la atención de las personas y hacerlas sentir. Los músicos que conmueven las almas de su audiencia ganarán admiradores de por vida.»**

El diseño de una portada efectiva es la puerta de entrada visual a tu música. Será la imagen que los oyentes asocian a tu música.

Hay algunas herramientas gratuitas como:

- pixlr.com
- canva.com
- edit.org

Si prefieres que te lo haga un profesional existen servicios que albergan diseñadores gráficos como:

- fiverr.com
- workana.com
- melodynest.com también es una excelente opción para productores de música y empresarios creativos debido a su especialización en diseño gráfico para el campo creativo. Ofrecen portadas de música, portadas de podcasts, logotipos, marcas de redes sociales y más.

Basándote en los puntos anteriores, diseña un logotipo tipográfico, o que incluya un icono que permita identificar tu marca.

En el caso de los artistas, tener un buen logotipo puede dar mucho juego para el *merchandising*.

▶ 4. Copywriting

A todos los textos que usas en tu web, en tus redes, etc. se le llama *copywriting* o simplemente «copy». Usa y alinea tu copy con la motivación y deseos de tus fans o clientes para que se sientan identificados emocionalmente con sus necesidades y problemas. El copy es más importante de lo que puede parecer en un principio. Puede que pienses que, como músico, la redacción publicitaria no va contigo, pero cuando necesites vender discos, entradas, camisetas, o lo que sea, necesitarás palabras que sean lo suficientemente convincentes como para llevar a su audiencia a la acción.

▶ 5. Storytelling

El *storytelling* o el arte de contar historias. Esto no es nada nuevo: al ser humano le encantan las historias, es una poderosa herramienta de comunicación.

Se utiliza para conectar con las audiencias y transmitir de manera efectiva un mensaje que sea fácil de recordar y sobre todo que apele a las emociones. Así de esta manera nuestros fans se sentirán identificados.

Las historias que hay detrás de los artistas enganchan de una manera muy positiva al oyente. Si estas son interesantes los hace deseosos de escuchar más tu música y querer saber más de ti.

Todos tenemos nuestra pequeña historia que es única, diferente y tú como artista también.

Articula tu historia y cuéntasela a tus fans a través de todos los canales que usas para comunicarte con ellos (blog, sección bio de tu web, redes, entrevistas, conciertos, etc.) ellos querrán saber tu origen, lo que te mueve, lo que te inspira, por qué haces lo que haces, etc. Cuanto más honesto y sincero seas más querrán oírte.

Al público le encanta cuando un artista comparte un episodio de la historia de su vida, conecta más fácilmente contigo y con tu música.

Elementos activos de tu *branding*

Estas son las cosas que debes tener preparadas tanto en los soportes tangibles que forman parte de tu *branding* como interiorizadas también en tu mente:

- **Nombre del artista:** Asegúrate de que sea algo definitivo que nunca necesitarás cambiar por ningún motivo. Tener que cambiar de nombre a mitad de una carrera es un auténtico lío.
- **Logotipo:** Debe coincidir visual y estéticamente con tu marca.
- **Colores asociados:** Por supuesto puedes elegir los que quieras, pero ayuda si los colores tienen buena sinergia y reflejan el estado de ánimo y el tono de tu marca. Estos pueden cambiar según las diferentes campañas y álbumes.
- **Estilo gráfico / estética:** Piensa en la estética del diseño para cosas como tu sitio web, gráficos, carátulas, pósters, etc. Esto es algo que puede cambiar según los proyectos.
- **Lema o eslogan**: Piensa en una frase pegadiza que capture la esencia de tu marca y tu música. Lo habitual es poner esto en tu sitio web y en los perfiles de las redes sociales. Tener un lema es muy útil. Algunos elementos que pueden formar parte de tu lema podrían ser: ¿Qué música haces?, ¿cómo podría ayudar tu música?, ¿quiénes son tus fans ideales?, ¿qué experimentarás cuando escuchen tu música?, etc.
- **Bio:** Ten una versión corta para un ojeado rápido, pero también una versión más larga para los que quieran profundizar.
- **Elevator Pitch:** Resumen muy breve a modo de presentación rápida pero muy clara sobre quién eres como artista, máximo 150 palabras. Imagina lo que dirías en una entrevista a modo de presentación rápida para captar la atención y al mismo tiempo definirte como artista.
- **Kit de prensa electrónica (EPK):** Debes tener toda la información básica en una ubicación centralizada y accesible para la prensa, blogueros, promotores, cazatalentos, etc.
- **Descripción del artista:** Prepara una descripción de quién eres tú como artista y considéralo como la descripción básica de tu marca artística.
- **Descripción de tu música:** Describe tu música, tu sonido y tu estilo.
- **Tres palabras descriptivas:** ¿Cuáles son los tres adjetivos que mejor te describen como artista y marca?
- **Tres artistas similares:** A los seres humanos nos gusta la familiaridad, te va a ser muy útil poder describir tu música y sonido en base a otros artistas populares.

Consejos y tips

- Al comenzar no te obsesiones con crear y desarrollar tu marca de una forma clara y definitiva. La mayoría de las veces desarrollar una singularidad necesita tiempo para manifestarse, quizá algún evento o experiencia te hará redefinir tu marca, el hecho de que no seas famoso en dos años no significa que no seas lo suficientemente único. **¡Confía en el proceso natural!**
- No todo en una marca de artista consiste en ser superúnico, a veces conseguirás conectar con las personas precisamente por **«no ser diferente»**. Después de todo, presentarse como alguien que es identificable y muy parecido a ti es lo que ayuda a las personas a sentirse más conectadas contigo.
- Una buena marca no es la más diferente, así que no te empeñes en tratar de ser de una forma artificial ya que no serás creíble. Puede que tú mismo pienses que no eres interesante, pero piensa también que tú no eres el mejor juez de ti mismo. Intenta obtener también una perspectiva externa, más amplia y pregunta a las personas que conoces qué piensan sobre lo que puede ser interesante de ti.
- Una cosa es decir que eres esto o aquello al definir tu marca, y otra quizá muy distinta demostrarlo y, sobre todo, vivirlo.

«La marca es menos sobre lo que dices que eres y más sobre lo que haces.»

Test-guía práctica de *branding*

Es más fácil hablar de *branding* en términos teóricos que aplicarlo y llevarlo a la práctica, por eso he preparado este test de preguntas a modo de *brainstorming* para ayudarte en la construcción de tu marca.

El propósito final es obtener una imagen más amplia de ti mismo como artista y que puedas descubrir qué aspectos de tu personalidad quieres que formen parte de tu marca artística.

Instrucciones: Las respuestas a estas preguntas son para tu propia evaluación personal o quizás compartirlo con alguien de tu confianza para tener otra perspectiva externa de ti mismo. Es muy probable y normal que no tengas una respuesta para cada pregunta, tómatelo solamente como una lluvia de posibles ideas.

COMUNIDAD / CULTURA COMO ARTISTA	
¿Qué intereses y pasatiempos tienes fuera de la música?	
¿Qué estilos de vida tienes y sabes que otras personas comparten?	
¿A qué organizaciones, comunidades, grupos, tribu urbana perteneces?	
¿Trabajas o colaboras con otros grupos, bandas o artistas?	
¿Hay problemas sociales, causas o movimientos que sigas o que te apasionen?	
¿Eres parte de la escena musical local en tu ciudad? ¿Por qué o por qué no?	

MÚSICA / IMAGEN DE MARCA (1)	
¿Por qué elegiste el nombre artístico que tienes? ¿Cómo ves que encaja con tu marca? Si elegiste tu nombre de pila, ¿por qué lo hiciste?	
¿Por qué elegiste tu logo? Si no lo tienes aún, ¿qué símbolo representa mejor quién eres?	
¿Cómo describes tu forma de vestir?	
¿Cuáles son los temas comunes en tu música?	
¿Cómo categorizas tu música?	
¿Qué colores sientes que te representan?	

MÚSICA / IMAGEN DE MARCA (2)	
¿Cómo quieres que tu audiencia describa tu espectáculo en vivo?	
¿Qué otros artistas parecidos a ti están en una posición similar a la tuya y cuáles son más populares?	
Nombra artistas que te imagines como teloneros y creas que a su público también le gustaría tu música.	
¿Cuál es tu canción favorita que has grabado?	

¿Qué canción tuya crees que te representa mejor como artista?	
¿Por qué crees que le gustarías a la gente, además de por tu música?	

IDENTIDAD DE MARCA COMO ARTISTA (1)	
La identidad de tu marca viene dada y estará influenciada a buen seguro por la educación que hayas tenido, las experiencias de tu vida y el entorno social en el que te has movido.	
¿Cuál es tu historia?	
¿Cuáles son los problemas y desafíos de la vida, ya sea que experimentas o ves que suceden a tu alrededor, que influyen directamente en tu música?	
¿Cuáles son tus principales logros?	
¿Qué te inspira y motiva a la hora de crear?	
¿Cuál es tu mensaje? ¿Qué representas?	
¿Qué hace que tu música sea única?	
Si fallecieses y pudieses dejar un mensaje ¿cuál sería?	

IDENTIDAD DE MARCA COMO ARTISTA (2)	
Nombra una emoción que mejor te describa, por supuesto, cada una de tus canciones transmitirán emociones diferentes.	
En general, ¿cuál es el tono de tu historia? ¿Qué quieres que la gente sienta cuando se encuentra con tu marca?	
¿Estás haciendo algo técnicamente innovador o único con tu música?	
¿Cuáles son las principales experiencias de vida que influyen directamente en tu música?	
Si no hicieras música, ¿qué harías con tu vida?	
¿Qué otros artistas son tus inspiraciones musicales y por qué?	
¿Por qué haces música? ¿Por qué eliges expresarte de esta manera?	
¿Qué esperas lograr con tu música?	
Si estás en un grupo o banda, ¿cómo os conocisteis? ¿Hay una historia interesante detrás de esto?	

IDENTIDAD DE MARCA COMO INDIVIDUO (1)	
¿Qué desafíos difíciles has tenido que enfrentar, o cuáles intentas superar?	
¿Cuáles han sido tus mayores triunfos o logros hasta ahora?	

¿Por qué luchas en la vida?	
¿Hay algo que hayas hecho que te avergüence?	
¿Qué temes en la vida?	
¿Tienes algún arrepentimiento?	
¿Qué valores son más importantes para ti y cómo lo muestras en tu día a día?	

IDENTIDAD DE MARCA COMO INDIVIDUO (2)	
¿Cómo describirían tus amigos tu personalidad?	
¿Cuáles son los tres adjetivos que definen quién eres como persona?	
¿Cuáles son los detalles de tu vida personal que te hacen identificable con los demás?	
¿A qué sistemas de creencias te suscribes?: espirituales, ideologías, religiones, etc.	
¿Cuál es tu visión del mundo y tus convicciones políticas?	
¿Hay algo exótico en tu vida personal?	
¿Hasta ahora, de qué estás orgulloso en la vida?	

OBJETIVOS NO SOLO COMO ARTISTA	
Antes de comenzar a definir la identidad de tu marca, es importante saber tus objetivos como individuo independientemente de lo artístico.	
¿Cuál es tu objetivo, misión, aspiración en la vida?	
¿Cómo juega la música un papel para ayudarte a alcanzar esa meta o manifestar esa visión?	
¿Cómo quieres que la gente te recuerde?	
¿Cómo definirías el éxito como artista? ¿Qué tendría que pasar para que puedas decir: ¡lo hice!?	
¿Qué quieres obtener siendo un artista? ¿Fama? ¿Dinero? ¿Notoriedad? ¿Ver el mundo? ¿Impacto social?	
¿Qué cosa cambiarías para hacer de este mundo un lugar mejor?	

PROTECCIÓN

Protege tu música

En este ámbito hay que distinguir dos conceptos que suelen llevar a confusión:

Una cosa es proteger tu música como **propiedad intelectual** para que quede constancia de que es de tu autoría, y otra cosa distinta pertenecer a una **sociedad de gestión colectiva**, como por ejemplo en el caso de en España la **SGAE**, que se ocupa de administrar los derechos de tu obra (cada país suele tener su propia sociedad de gestión incluso varias).

Actualmente la SGAE te permite registrar tus obras directamente sin necesidad de hacerlo previamente en el registro de la propiedad intelectual. No obstante, aunque la SGAE protege la obra te recomiendo también hacerlo en el registro de la propiedad intelectual, porque además de ser un nivel más de seguridad legal ante un conflicto, si un día decides cambiar de sociedad de gestión (muchos artistas últimamente lo están haciendo) este trámite será mucho más fácil.

El **registro de la propiedad intelectual** es un organismo que depende de las administraciones autonómicas y está vinculado a un registro estatal, dispone de unos formularios que debes rellenar y te otorgan un certificado con fecha y hora de inscripción de tu obra. Hay que pagar unas tasas y en el caso de una obra tipo canción hay que adjuntar su partitura y su letra.

En respuesta a estos métodos «oficiales» tan anticuados y lentos, últimamente están proliferando nuevos métodos y sistemas de registro como https://m.safecreative.org/ que te ofrecen una evidencia de autoría, una especie de notarios que se basan en los tratados internacionales sobre derechos de autor que hace tiempo suprimieron la exigencia de requisitos formales para proteger las obras de autor, de modo que a la hora de poder demostrar la autoría los jueces podrán valorar todas las pruebas que se presenten en caso de conflicto, sean registros públicos o no.

La ventaja de este sistema para los músicos que empiezan es que cuentan con planes gratuitos muy interesantes y, además, no es necesario aportar la partitura, con el MP3 de la canción es suficiente.

En resumen, mi consejo en ámbito de la protección es el siguiente:

- Utiliza **Safe Creative** en una primera instancia como método barato, rápido y fácil de proteger tus canciones.
- Una vez decidas lanzar y publicarlas en las distintas plataformas y tiendas digitales, hazte socio de la **SGAE** para protegerte en una segunda instancia y además cobrar por los derechos que generes.
- Si quieres blindarte al máximo, registra tus obras o las más relevantes **en el registro de la propiedad intelectual.**

▶ Safe creative

Voy a explicarte cómo funciona esta magnífica plataforma porque es un recurso que tendrás que usar de forma habitual que muestra todo lo imprescindible que necesitas saber sobre el *copyright*.

La plataforma tiene básicamente tres planes que nos interesan, más un cuarto que está pensado para grandes empresas en el que no vamos a entrar.

1. Plan «Amateur» gratuito

- Te permite registrar hasta 20 obras gratis.
- Dispones de 500 megas de almacenamiento.
- La obra te la almacenan en su servidor, es la evidencia y prueba de registro que la custodian ellos.
- Puedes descargar una especie de etiqueta informativa donde se indica tu número de registro, autor, etc. En formato imagen, o en formato dinámico HTML (esto es un código que lo puedes poner en tu web, lo que el usuario ve es un logo de *Safe Creative* que cuando haces click te dirige a la ficha de tu obra con todos los datos).
- No te permite descargar la prueba o evidencia en formato pdf, a no ser que te pases a otro plan pro, o pagues 15€ por la descarga (este documento serviría para presentarlo por ejemplo en un juicio como prueba de autoría).
- No te permite registrar tu obra con *copyright,* solo en formato *Creative Commons* y licencias GPL (las diferencias te las explico más adelante en un apartado solo dedicado a esto)

2. Registro exprés:

Te permite registrar directamente una canción, o una de las que previamente habías registrado con el formato amateur, ya con su *copyright* y descargar el pdf de la prueba y evidencia de registro pagando 15€ por cada canción. No es que sea un plan propiamente dicho, es más bien una opción.

3. Plan anual:

Por 72€ iva incluido al año puedes registrar de forma ilimitada todas las canciones que quieras incluyendo el *copyright* y la descarga de prueba y evidencia en pdf (y no solo canciones, también puede ser un libro, una obra teatral, un diseño, etc. Hablamos de canciones porque somos músicos, pero un registro puede ser de cualquier creación intelectual). Este plan, si haces cálculos, te sale a cuenta a partir de cuatro registros y te compensa el coste, por lo que es muy interesante y el que yo personalmente uso.

Si una canción tiene varios autores, por ejemplo, podría darse el caso que la música sea de un autor, la letra de otro e incluso el master de la grabación propiedad de un tercero. En estos casos cada autor debe registrar y pagar de forma independiente su registro. *Safe Creative* te da la opción de enviar una especie de invitación a los autores para facilitar este proceso.

▶ Copyright vs Copyleft

La distribución de contenidos en Internet, sean estos software, imágenes, vídeos, música, textos y más, suele estar sujeta a una licencia determinada previamente por el autor del material, fijando ciertas libertades y restricciones en cuanto a su uso.

Lo habitual es que las obras se registren con el famoso copyright o en castellano «todos los derechos reservados» o Derecho exclusivo de un autor, editor o concesionario para explotar una obra literaria, científica o artística durante cierto tiempo. En resumen, que es el autor quien tiene todos los derechos y él decide en cada momento cómo va a explotar su obra.

Pero existen alternativas que facilitan la distribución y reutilización de material digital, en concreto las licencias GPL *Creative Commons* que son los formatos en que *Safe Creative* te permite hacer los veinte registros gratuitos en el plan amateur.

▶ ¿Qué es la licencia GPL?

Informalmente denominada a menudo como «copyleft» pues se considera como la antítesis del copyright. El material sujeto a esta licencia permanece gratuito indefinidamente y quienes lo usen pueden gozar de mayores permisos en comparación con el copyright y otras alternativas.

Esta licencia fue ideada principalmente para el desarrollo de software con la idea de facilitar el trabajo en este terreno, el cual muchas veces depende de avances de terceros para dar vida a nuevas creaciones. No obstante, esta licencia también puede aplicarse a las canciones y resto de material audiovisual.

▶ ¿Qué es la licencia *Creative Commons*?

Creative Commons ofrece un conjunto de licencias distinguibles por el prefijo identificador CC. Es una alternativa para gestionar fácilmente los límites legales de uso y distribución de cualquier contenido.

- **Atribución (CC BY):** Permite la distribución, adaptación, remezcla y la creación de obras derivadas, siempre cuando se reconozca al autor original del material.
- **Atribución-Compartir Igual (CC BY-SA):** Permite lo mismo que la licencia CC BY, pero se aplica a obras comerciales.
- **Atribución-Sin Derivadas (CC BY-ND):** Permite que un trabajo original se use con fines comerciales, respetando la debida atribución a su autor, pero restringiendo todo tipo de adaptación.

- **Atribución-No Comercial (CC BY-NC):** Permite el uso del material licenciado sólo para fines no comerciales y brindando a sus autores la debida atribución. Los licenciantes pueden adaptar el trabajo original y crear obras derivadas, pero no pueden darle un fin lucrativo.
- **Atribución-No Comercial-Compartir igual (CC BY-NC-SA):** Permite la creación de obras derivadas, bajo contextos no comerciales, siempre que se otorgue crédito al creador.
- **Atribución-No Comercial-Sin Derivadas (CC BY-NC-ND):** Permite a los licenciantes descargar y compartir los trabajos de los creadores, respetando la atribución a su creador. Las obras bajo esta licencia no pueden ser alteradas o compartidas comercialmente.
- **Dominio público (CC0):** Permite a los creadores renunciar a los derechos de sus trabajos, cediéndolos al dominio público. Una obra sujeta a esta licencia se puede redistribuir bajo los mismos términos, o bien se puede alterar y distribuir para uso personal e incluso comercial.

Protégete de tus socios

Son demasiados los ejemplos de grupos que he conocido que acaban mal por asuntos que nada tienen que ver con la creatividad, ni lo estrictamente musical. Si sois una banda de varios músicos, te aconsejo encarecidamente que preparéis un pacto de socios en el cual reflejéis los términos en los que se van a desarrollar vuestra actividad profesional.

A continuación, te muestro las cuestiones que deberías dejar claras desde un principio, para evitar problemas incómodos y sobre todo conservar la amistad de tus compañeros.

PACTO DE SOCIOS (1)	
¿Quién es el propietario del nombre del grupo musical y cómo puede usarse el nombre si el grupo se deshace?	
¿Qué ocurre si un miembro abandona el grupo, y qué efectos se producirán en los contratos con terceros?	
¿Qué derechos de auditoría o inspección tendrá el miembro saliente?	

¿Qué obligaciones tendrá el miembro saliente?	
¿Qué plazo de preaviso debe dar un miembro saliente?	
La conducta que se espera de todos los miembros del grupo.	
¿En qué circunstancias pueden los miembros del grupo ser contratados y despedidos?	
¿Cuál es el sistema de votación para la toma de decisiones en nombre del grupo?	
¿En qué cuestiones debe darse el acuerdo unánime de los miembros del grupo para que pueda tomarse una decisión?	

PACTO DE SOCIOS (2)	
¿Cuántos miembros del grupo deben asistir a las reuniones con terceros para que pueda tomarse una decisión en nombre del grupo?	
¿Quiénes tendrán firma autorizada en la cuenta bancaria del grupo y cuál será el límite por el que un solo miembro podrá realizar pagos?	
¿Qué ocurre si fallece un miembro del grupo o queda incapacitado?	
¿Habrá un período de prueba para los nuevos miembros del grupo?	

¿Se compensará a los nuevos miembros del grupo por las deudas que se originaron antes de entrar a formar parte del grupo?	
Si un miembro del grupo compra equipo con dinero del grupo, el equipo ¿será propiedad del grupo o del individuo?	
¿Podrá el individuo comprar al grupo el equipo que él utilice y que pertenezca al grupo si abandona el grupo, y por cuánto dinero?	
¿Cómo se determinarán los gastos del grupo? ¿Incluirán un sueldo para cada miembro del grupo?	

PACTO DE SOCIOS (3)	
¿Podrán los miembros del grupo trabajar en proyectos externos si así lo permiten los contratos de grabación y de edición del grupo suscritos con terceros?	
Si los proyectos externos están permitidos, ¿quién recibe los ingresos y qué ocurre si la ausencia de un miembro perjudica a todo el grupo?	
Si se produce una controversia, ¿cuál será el procedimiento para su solución? (Proponer un procedimiento de mediación, arbitraje u otro procedimiento alternativo de solución de controversias.)	
¿Tendrán obligación los miembros del grupo de firmar todos los contratos que, con arreglo al sistema de votación, se haya decidido suscribir con terceros?	

¿Cómo se repartirán los ingresos de grabación, edición y de la ejecución o la interpretación pública de las grabaciones sonoras?	
¿Cómo se repartirán los ingresos procedentes de actuaciones o giras?	
¿Cómo se repartirán los ingresos procedentes de *merchandising*?	
¿Cómo se repartirán los ingresos procedentes del patrocinio?	

Naming, registro de marca, dominios y redes

Aunque parece lo más sencillo, es una de las decisiones que más nos cuesta tomar, el *naming* consiste en elegir un nombre para nuestro proyecto musical o marca que usarás de cara al público para darte a conocer. Aunque cada caso es un mundo y existen muchas excepciones exitosas, se aconseja que un buen nombre cumpla estos requisitos:

- Sea corto, simple de pronunciar, de transmitir y de entender.
- Fácil de recordar.
- Y por supuesto que esté disponible como marca en el OEPM (https://www.oepm.es/es/index.html) como dominio web, y como usuario en las redes sociales.

Algunas herramientas que te pueden ayudar con el *naming*:

- http://nombra.me/
- https://domaintyper.com/
- http:// businessnamegenerator.com/
- http://leandomainsearch.com/

Encontrar un dominio libre es más difícil de lo que parece porque la mayoría están registrados, usa esta herramienta: https://domaintyper.com/ que te informa en tiempo real de la disponibilidad de dominio y de usuario en redes sociales.

Si quieres también registrar tu nombre artístico como marca comercial puedes hacerlo desde aquí: http://oepm.es/es/index.html.

Las marcas se registran para distinguir productos o servicios que se agrupan bajo las clases que te interesan como músico. Son las siguientes:

- Clase 41: Servicios de entretenimiento; actividades deportivas y culturales.
- Clase 25: Prendas de vestir, calzado, artículos de sombrerería, para todo el *merchandising* del grupo.
- Clase 9: Sirve para discos compactos, DVD y otros soportes de grabación digitales.

El derecho sobre la marca tiene una duración de diez años desde su concesión. Pasado dicho plazo hay que solicitar su renovación.

Registrar tu nombre artístico te sirve para:

- Poder explotar comercialmente la fama de tu nombre artístico.
- Evitar que otros puedan utilizar tu nombre con fines comerciales sin la debida autorización o licencia.

El registro como marca comercial tiene un coste. En el momento de escribir este libro de 125,36€ por clase, y se decides registrar más de una 81,21€ por cada clase extra.

▶ Alta en las redes y otras plataformas

Una vez tengas registrado tu dominio, utiliza ese mismo nombre para abrir una cuenta en las redes y plataformas que vayas a utilizar, y en las que no también, para que nadie pueda usar tu mismo nombre y quede reservado solo para ti.

Esto facilitará las futuras búsquedas y evitará posibles confusiones y conflictos futuros. Es difícil estar en todas las redes y hacerlo bien en todas, es una actividad que consume muchos recursos y tiempo. Cada una de ellas tiene sus propias características y puntos fuertes. Mi consejo es que automatices tu presencia en todas para probar y analices resultados para después decidir en cuáles de ellas te vas a centrar más a fondo. Diseña contenidos, formatos para cada una de ellas y planifica calendarios de publicación y estrategias enfocadas en tus objetivos.

LA ESTRUCTURA

La web oficial

▶ ¿Necesito una web?

Un rotundo sí. Es muy importante tener una web propia donde centralizar toda tu información y canalizar todas tus acciones. Quizá no en una primera instancia y al comienzo no es algo prioritario, pero más pronto que tarde necesitaremos nuestro cuartel general, un centro de operaciones donde, como veremos en el capítulo dedicado a la monetización, esta es fundamental y debería ser el destino final de nuestros fans en algunas estrategias que llevaremos a cabo muy importantes para crear una comunidad de calidad y monetizar tu proyecto artístico.

▶ Cómo creo mi web

Aunque a priori te resulte muy fácil, barato y rápido hacer tu web en sitios del tipo «wix» «jimdo», etc. te aseguro que no te sale a cuenta. A la larga te saldrá muy caro en tiempo, dinero y resultados. La decisión es tuya pero es mi deber advertirte y aquí te enumero algunas razones por las que no te recomiendo estos sistemas:

- La página no es realmente tuya, si decides irte o cambiar de empresa, sistema o hosting (y te aseguro que tarde o temprano querrás hacerlo), perderás todo y tendrás que volver a empezar de cero. La máxima de este tipo de empresas es «conmigo o con nadie». Incluso cualquier cambio de plantilla que quieras hacer estando dentro de una de estas plataformas es muy probable que requiera hacer todo desde cero de nuevo.
- Tu SEO y posicionamiento en Google no será bueno, pero lo peor de todo es que no podrás hacer nada para mejorar las cosas importantes y básicas, como cambiar descripciones de entradas y páginas, poner títulos y textos alternativos a las imágenes, utilizar categorías y etiquetas, etc. Quizá no puedas hacerlo. Del mismo modo la velocidad de carga será lenta y no tendrás medios para solucionarlo, uno de los factores que más penaliza Google es una página lenta.
- Probablemente muchas plantillas de estas plataformas estén construidas en Flash. Esta tecnología es obsoleta y además de no permitir analizar el tráfico de tu web con Google Analytics, tampoco permite posicionar cada página de la web por separado. Esto equivale a decir que, salvo tu página de inicio, el resto es como si no existiese para Google.

- No te permite tocar el código de tu web, esto no es problema si no te importa ser una web del montón, ni diferenciarte en nada de las demás.
- Los precios parecen baratos al principio, pero conforme crezcas necesitarás más gigas de transferencia, es entonces cuando te darás cuenta de que la cosa se desmadra y lo barato sale caro.
- No tienes derecho a dominio propio, será algo de este tipo: «tuweb.wix.com». que realmente es un subdominio y además no te pertenece, depende del dominio Wix.com, que es de ellos.

Mi recomendación es que la hagas utilizando el CMS WordPress y usando el framework Genesis, es una buena base y los mejores cimientos para no limitar tu crecimiento e independencia. Estos tutoriales te pueden servir de ayuda:

- Cómo crear una web con wordpress y dominio propio (QR 1)
- Tutorial gratuito de wordpress (QR 2)
- Tutorial gratuito sobre Genesis Framework (QR 3)

1 2 3

¿Aprender por tu cuenta o encargarla a un diseñador?

Mi recomendación es que tú mismo aprendas y tengas todo el control, depender de un diseñador externo independientemente de lo que te cueste te va a restar independencia, versatilidad e inmediatez en realizar cambios y acciones que con toda seguridad tendrás que hacer en el día a día.

Eso no quita que, aunque tú sepas y controles los fundamentos básicos, en un momento dado contrates un servicio externo de diseño para crear una web más sofisticada y a medida, pero siempre sabiendo lo que te haces y supervisando con conocimiento de causa. La web es demasiado importante como para dejar 100% todo en manos externas.

Te aseguro que el esfuerzo de aprender los conceptos básicos merece la pena y te dará mucha libertad de actuación.

Razones de peso para tener tu propia web

- Tu web es tuya y tú controlas la experiencia del usuario, tienes un espacio en intranet que es tuyo, ya lo hemos dicho, pero no está de más repetir que depender solo de las redes sociales es muy peligroso ya que pueden cambiar las reglas, cerrarte la cuenta, o desaparecer por completo y dejarte «a dos velas» de la noche a la mañana.
- Un artista con su propia web se ve más profesional de cara a tus seguidores y enviarás a todos los medios de comunicación y profesionales de la industria el mensaje de que tu carrera te la tomas en serio.
- Es tu cuartel general, un sitio donde puedes dirigir a tu público para encontrar todo tu contenido e información, y sobre todo una herramienta para captar fans, suscriptores, vender entradas, tu música, *merchandising* y todo lo que quieras ofrecer controlado por ti.
- Es mejor para los resultados de búsqueda orgánica (SEO) pudiendo agregar texto a tus páginas que mencionen tu nombre como artista. Y si además tu nombre de dominio es el mismo que tu marca, Google hará coincidir las palabras clave de tu banda con tu sitio web, dándole más autoridad que a una simple cuenta en redes sociales. Tendrás control completo, organizando todo tu contenido exactamente como deseas que lo vean en la Red, tanto Google como los usuarios.
- Desde tu web puedes captar una lista de contactos de tus fans, almacenar sus datos y comunicarte con ellos sin intermediarios.

Cosas importantes en una web de artista

Asegúrate de que es *Responsive*, esto quiere decir que se adapta a la navegación en teléfonos móviles. Ya hace años que la gente navega más a través del móvil que desde un ordenador, por lo tanto, el diseño debe ser *First Mobile*. Además Google penaliza los sitios de búsqueda que no son aptos para dispositivos móviles.

El diseño, las fuentes, los colores, las imágenes, todo debe ser coherente con tu marca. En el plano psicológico y de comportamiento la imagen es lo primero, **no te escucharán si no gustas primero.**

> **«En menos de tres segundos el propósito de tu web debe quedar claro para el visitante, explica quién eres, qué haces, sintetiza y clarifica tu mensaje al máximo en la página de inicio sin tener que hacer *scroll*.»**

El resto de las secciones deben tener su propio propósito también muy claro y definido. Digamos que cuando un usuario pincha en la sección Vídeos, lo que tiene que encontrarse son vídeos, no otra cosa. Sé creativo con tu música, tus letras, tus vídeos, etc., pero una página debe ser prioritariamente funcional, transmite claramente el mensaje, no los marees con artificios, los visitantes lo agradecerán y sobre todo te ayudará en tu estrategia SEO y SEM.

▶ Una página de inicio efectiva debe tener los siguientes elementos

- Una muy buena foto.
- Un muy buen vídeo.
- Una bio breve o eslogan que os defina en muy pocas palabras.
- Un reproductor de música.
- Agenda de los próximos shows.
- Una llamada a la acción clara hacia dónde te interese direccionar al usuario. Pónselo muy fácil, guía la atención de tus visitantes para que realicen una acción específica mientras están en tu sitio web. Esta llamada a la acción puede ser lo que tu decidas más interesante en cada momento de tu estrategia, estos son algunos ejemplos:
    - Escucharte en Spotify.
    - Suscribirse a tu canal en YouTube.
    - Ver un vídeo
    - Seguirte en redes.
    - Comprar una entrada.
    - Pedir apoyo para un *crowdfunding*.
    - Comprar tu disco.
    - Suscribirse a tu boletín, etc.

Una llamada a la acción que considero de las más importantes dentro de tu web es la de capturar los datos de tus fans y unirse así a tu lista de correos, ya que una vez hecho esto podrás posteriormente enviarles de forma personalizada el resto de las llamadas a la acción que consideres en cada momento.

▶ Resto de páginas obligadas en la web de un músico

- **Bio:** Después de la página de inicio, que es la más importante, los visitantes querrán saber más sobre ti, desarrolla un buen *storytelling* que aumente el interés y la curiosidad por ti.
- **Música:** Aquí tus fans deberían encontrar toda tu discografía, las letras de las canciones si lo consideras, y por supuesto información clara sobre dónde escucharla o comprarla.
- **Conciertos**: Lista de tus próximos espectáculos, con opción a comprar entradas e información detallada, útil y muy clara sobre cada concierto.
- **Portafolio:** Quizá portafolio no sea la palabra adecuada, llámale como quieras, pero se trata de muestras de shows ya realizados con tu mejor material, ya sean fotos, vídeos en directo y un buen copy, donde el usuario pueda hacerse una idea de cómo es tu espectáculo. Pero mi consejo es que no muestres todo, hazlo de forma parcial y atractiva generando el deseo de asistir a tu concierto.
- **Fotos:** Solo fotos muy buenas y organizadas por temáticas si es que tienes muchas. Si las fotos no tienen calidad casi mejor no las muestres, puede ser contraproducente.
- **Vídeos:** Ten una buena galería de vídeos bien organizados en la propia web, de modo que los visitantes no tengan que acudir necesariamente a YouTube. Es un sitio demasiado entretenido para llevar allí a un posible fan que se ha interesado por ti, se puede distraer y olvidarse de ti.
- **Contacto**: En una página web es fundamental cómo la diseñes y lo que incluyas en esta página dependerá de cómo quieres que te contacten, de si quieres que lo hagan a ti directamente, o a tu mánager, y de cómo hacer para que te puedan contactar. No es lo mismo un contacto para reservar un concierto que para solicitar una entrevista en un medio, o para responder dudas a tus fans. Si es preciso ten varias formas de contacto en función del motivo.
- ***Press kit*:** Básicamente es una página informativa para los medios de comunicación y profesionales de la música. Suele contener información relevante para ellos y acceso a archivos útiles, como por ejemplo posibilidad de bajar una foto promocional de alta calidad para ser imprimida en un festival, o el *rider* necesario para una actuación, la carátula del último disco que se está promocionando, etc.
- **Tienda:** Es una opción si tienes cosas que vender, si la vas a implantar sigue estas mínimas buenas prácticas básicas:

- Ten bien ordenados y localizables los artículos para que el visitante no se sienta perdido.
- Cada artículo debe tener una imagen real con calidad, así como una correcta y completa descripción.
- Debes tener una forma fácil y efectiva para que el cliente se ponga en contacto ante posibles reclamaciones, dudas, etc.

Crea tu *press kit*

Un *press kit* es un documento que proporciona de forma rápida la información más relevante sobre un artista o proyecto musical.

Este documento debe estar pensado en su diseño y contenido como una herramienta para los diferentes profesionales de la industria como pueden ser: *bookers*, publicistas, mánager, medios, etc.

Puedes tenerlo en el formato que estimes más oportuno, pero el más flexible, funcional y que te recomendamos es en formato HTML, de modo que simplemente compartiendo una url puedas tenerlo alojado en la Red y poder enviarlo por WhatsApp, e-mail etc.…con la ventaja de que con un solo clic puedes dar acceso a vídeos, fotos, redes, web, Spotify, etc. Y lo mejor de todo es que es fácil de mantener y actualizar porque, aunque modifiques el contenido la url siempre es la misma.

▶ ¿Qué debería contener un buen *press kit*?

- **Biografía del proyecto:** Debe ser breve y concisa, de modo que de un vistazo rápido el interesado se haga una idea de lo básico, por ejemplo:

- Un *pich* o eslogan que os defina.
- Cuánto tiempo llevas tocando.
- Cuántos integrantes sois.
- De dónde sois.
- Vuestras influencias.
- Qué cosas importantes habéis hecho.
- Bio resumida con un enlace a otra más ampliada, donde podéis entrar en detalles y alargaros para quien tenga interés en documentarse al detalle sobre vosotros, por ejemplo para una entrevista o reseña en un medio.

- **Foto, vídeo y audio**: Elegir los mejores y que más os representen para el objetivo último del *press kit* en concreto, ten en cuenta que no hay nada que te impida tener varias versiones de *press kit*, por ejemplo, puedes tener uno específicamente diseñado para festivales, otro para los medios, otro para las agencias de contratación, otro enfocado a un lanzamiento de un tema en concreto, etc.

  Elige las fotos, vídeos y audios más adecuados para el tipo de *press kit* y su fin, y ten en cuenta que quien vea tu *press kit* querrá saber cómo suenas, cuál es tu imagen para darse una idea de a qué publico te diriges y si estás a la altura de sus expectativas.

  Además de las fotos, audios y vídeos principales puedes agregar otros enlaces de interés para que, el interesado pueda escuchar la discografía completa, ver más fotos, más vídeos, etc.

- **Links a redes sociales**: Es muy importante para los profesionales comprobar cómo te manejas y comunicas en tus redes, te aseguro que te van a «espiar», querrán saber cuántos seguidores o fans tienes, comprobarán que no sean falsos y si tienes un buen *engagement* con ellos.

  También observarán cada cuánto tiempo tienes actualizaciones para ver si eres constante, trabajador y te tomas tu carrera realmente en serio.

  Ten en cuenta que llevarlos a tus redes sociales es un arma de doble filo, puede ser un foco de distracción enorme que haga que se olvide de ti, o incluso que descubra otros artistas más interesantes que tú, por eso es importante gestionar muy bien tus redes y centrar tus esfuerzos y tiempo disponible en las más adecuadas para ti. «**Menos es más**.»

- **Links a entrevistas o reseñas**: Si ya has hecho ruido en los medios muéstralo y demuéstralo con fotos o enlaces.

- **Fechas de la gira**: Si ya tienes fechas indícalas dando detalles sobre el lugar, horario, entradas, etc. Pónselo fácil si quieren ir a verte y demuestra que estás activo.
- **Información de contacto**: Importantísimo, un mail y un teléfono al menos bien visible para que puedan contactar contigo.
- **Web:** Si ya la tienes por supuesto indica la url.

Elige un agregador de música

Un agregador de música es un intermediario necesario para subir tus canciones a todas las plataformas musicales, como por ejemplo Spotify, I-Tunes, Amazon, Shazam, Pandora, Tidal, Tik Tok, etc. Y así hasta los más de 50 que existen.

Hay muchos agregadores en el mercado que ofrecen este servicio, y puedes elegir el que más se ajuste a tus necesidades. En realidad todos hacen lo mismo, que básicamente es gestionar la publicación de tu música en las tiendas digitales y recaudar tus regalías, pero cada una lo hace con un coste y unos criterios diferentes. Aquí tienes una relación de los más importantes:

- https://distrokid.com/
- https:// amuse.io/
- https:// tunecore.com/
- https:// dittomusic.com/
- https:// emubands.com/es/
- https://es.cdbaby.com/

LOS CONTENIDOS

¿Qué es el contenido?

Hablamos de contenido para referirnos a todo lo que el artista crea o produce en el ámbito musical. Habitualmente todo el contenido se genera a partir de una creación raíz que puede ser una canción. A partir de este elemento semilla, se generan toda una serie de contenidos:

- Conciertos
- Audios
- Vídeos
- Fotos
- Textos
- Partituras

Tipos de temáticas de los contenidos

- **De entretenimiento:** El público busca entretenimiento, diversión, deleite, satisfacer la curiosidad y emocionarse.
- **De utilidad:** El público busca información de valor donde pueda resolver cuestiones prácticas o aprender.

Mapa de contenido

Esto es un concepto que yo utilizo como herramienta de trabajo. Quizá el nombre de «mapa» no es totalmente adecuado, pero es una palabra que me suena bien para transmitir la siguiente idea:

Cada vez que un artista genera un elemento raíz inicial y relevante, como puede ser por ejemplo una nueva canción, que es lo más habitual, debería desarrollar un «mapa» donde se indiquen los contenidos que a partir de ese elemento raíz quiere y puede generar para después utilizarlos en nuestra estrategia de difusión y promoción.

Por ejemplo: Para cada nueva canción, lo habitual es que realice un videoclip ¿no?, pues vamos a aprovechar el rodaje del videoclip para hacer fotos, tomas falsas, entrevistas. Del vídeo final extrae pequeños fragmentos cortos adecuando el formato para las distintas redes y que sirvan como gancho para acceder al vídeo completo, crea un tráiler para utilizarlos en la precampaña de lanzamiento, haz la versión *video lyrics* del mismo, la versión acústica, etc.

La idea es preguntarnos: ¿cuántos contenidos interesantes para la posterior promoción podemos generar a partir del elemento raíz aprovechando la coyuntura?

El siguiente paso sería pensar cómo vamos a usar esos distintos contenidos y ubicarlos en nuestra estrategia de promoción en cada uno de los canales de difusión, para finalmente trasladar toda esa estrategia de acciones concretas a nuestro calendario o agenda de trabajo. Pero eso pertenece a la fase de promoción y lo veremos más adelante.

Es una idea simple pero os aseguro que muy útil para maximizar los contenidos, fijar objetivos claros y sobre todo no perder el rumbo.

Básicamente, un mapa de contenido se compone de una relación de todos los posibles contenidos que vamos a crear a partir de un elemento raíz, e indicar el destino o utilidad promocional que le vamos a dar en cada uno de los canales.

MAPA DE CONTENIDO					
AUDIO		VÍDEO		FOTOS	
Contenido	**Destino**	**Contenido**	**Destino**	**Contenido**	**Destino**
Master oficial	Spotify	Videoclip	YouTube	sesión fotos	Instagram/ web
Remix	Sound-Cloud	Videoclip versión vertical	IGTV	Fotos sesiones grabación videos	Instagram carrusel
Stems	Bandlab	*Trailer* promocional	Pre-campaña	Fotos de conciertos	Instagram/ web
Karaoke	Regalo	Fragmentos 60 s. formato *stories*	Instagram		
Versión acústica	Spotify	Versiones 15 s.	Tik tok / *reels*		
		Versiones 8 s.	Canva Spotify		
		Vídeo-Lyric	YouTube / Facebook		
		Karaoke	Regalo		
		Vídeo versión acústica	YouTube		
		Tomas falsas	Facebook / Instagram		
		Vídeo comentando letra	Genius		

Te aconsejo que tengas tu propia plantilla de mapa de contenido, y que lo apliques a cada una de las canciones que vayas publicando, personalizándolo o adaptándolo lo que consideres en cada caso.

El vídeo

El videoclip es una poderosa forma de amplificar el impacto de una canción, llegar a más gente, obtener reconocimiento, difusión y ayudar a fijar la imagen de un artista.

Es un excelente recurso que podemos usar para diferenciarnos y destacar entre tanta oferta, por supuesto también es un vehículo de expresión artística para tener en cuenta más allá de su utilidad como herramienta de promoción.

Sin duda el vídeo nos da la oportunidad de difundir nuestra música a un nivel masivo, y tampoco no hay que olvidar que puede ser una fuente de ingresos.

Aunque aún existen los canales tradicionales que en su día fueron muy importantes como MTV, Sol, etc., todo cuenta, pero donde se «corta el bacalao» actualmente en formato vídeo es en YouTube.

La realidad es que una gran parte de los consumidores de música lo hacen a través de YouTube, lo que otorga hoy en día a los vídeos una importancia fundamental en la promoción de un artista. Lo más interesante sobre todo para los artistas independientes o que están comenzando es que **la calidad técnica no es lo más relevante, sino el impacto que produce**. Por lo tanto, hay que intentar a base de creatividad que sea llamativo y viral.

YouTube está repleto de artistas creando sus propios vídeos con muy pocos medios, y con la suficiente calidad creativa para generar un buen *engagement* generando suficientes visitas como para ser descubiertos por potenciales fans, mánager, discográficas, incluso marcas.

> **«No intentes imitar los vídeos de gran presupuesto o gustar a todo el mundo. Hoy en día es más importante y "barato" una buena idea sin grandes pretensiones técnicas que sea capaz de llegar a tu segmento de público o fan ideal de forma clara, manteniendo siempre la coherencia con la canción, tu estética y el mensaje de marca que quieres proyectar.»**

▶ Tipos de vídeo

Los artistas tenemos un plus de libertad en cuanto a la creación de nuestros vídeos, ya que no es necesario que las imágenes muestren literalmente lo que dice la canción. No es como un vídeo corporativo donde se trata de ponérselo fácil al espectador, sino que cuenta más la subjetividad, la estética, los mensajes subliminales, que sean llamativos y que se creen contrastes. En general se apela más a las emociones que a un mensaje concreto y específico.

A continuación, os relaciono los distintos tipos de vídeo que he identificado para que os sirva de inspiración, guía o punto de partida a la hora de estructurar y planear vuestro propio videoclip, teniendo en cuenta que puede ser claramente de un estilo, o lo que suele ser más habitual, una mezcla de varios de los tipos.

- **Vídeos narrativos:** Un videoclip narrativo cuenta historias, de alguna forma a modo de película, con sus personajes y la típica estructura de introducción, desarrollo y desenlace.
- **Vídeos conceptuales:** Este tipo de vídeos tiene un carácter más artístico, se suelen plasmar situaciones más abstractas. Más que contar una historia o enviar un mensaje definido y coherente se trata de transmitir sensaciones y emociones con el fin de que cada cual haga su propia interpretación interna y subjetiva.
- **Vídeos en directo real:** Son vídeos que reproducen una actuación en directo del artista más o menos sofisticada en cuanto a medios técnicos.
- **Vídeos en directo simulado:** Son vídeos que simulan la interpretación de la canción, pero no en directo real, sino en ubicaciones o situaciones no reales y más o menos pintorescas.
- **Vídeos de esencia:** Muy habituales entre los artistas emergentes ya que no requieren de una gran producción, son relativamente fáciles de hacer con pocos medios, gustan mucho y son muy efectivos ya que trasmiten autenticidad y cercanía. Son las típicas versiones acústicas en un entorno acogedor como puede ser una terraza, el sofá de un bonito salón, etc. Ejecutando la canción con arreglos sencillos bonitos, muy minimalistas y generalmente dando protagonismo a las voces y a los primeros planos. Estos vídeos son muy recomendables para un artista independiente, más que invertir en el típico videoclip superproducido y costoso que al final no puede competir con las grandes producciones.
- **Vídeos colaborativos con otros artistas:** Cuanto más diferentes seáis como artistas, más llamará la atención, pero cuidado, tiene que quedar realmente bien. Buscar ese equilibrio entre contraste y buena combinación.
- **Vídeo *livestreaming*:** Puede ser un concierto o simplemente una reunión para hablar con los fans, simplemente asegúrate que tenga un motivo y un porqué suficientemente atractivo para tu audiencia. Puede ser de acceso libre o cobrando una entrada en función de tu estrategia o valor que ofrezcas.

- ***Videolyrics***: Es un vídeo más o menos elaborado, con imagen estática o no, donde va apareciendo, como si de un karaoke se tratara, la letra completa o parcial de la canción. Es típico que sean los propios fans y no el propio artista quien lo haga y publique. Es un recurso interesante que el propio artista puede ponerlo en práctica de una forma más o menos elaborada y artística, a veces se usa la estrategia de lanzar un *videolyrics* previo al lanzamiento del videoclip oficial.

Aparte de este tipo de vídeos digamos «oficiales» podemos publicar infinidad de contenidos en formato vídeo, sobre todo con la finalidad de dinamizar nuestros canales y redes sociales. A continuación, os dejo una lluvia de ideas sobre temáticas para este otro tipo de vídeos.

Otros tipos de contenido en vídeo para dinamizar tu contenido en las redes

- **Habla de lo que hay detrás de tu música:** Tu primera banda, primera canción, primera guitarra, desafíos y contratiempos, momentos mágicos, planes para el futuro, etc.
- **Habla de tus orígenes, cuenta tu *storytelling*:** Cuenta tu historia desde tus inicios, muestra a la gente tu ciudad natal, tu casa, hitos importantes en tu carrera, dónde se unió la banda o dónde realizaste tu primera actuación, etc.

- **Entrevistas:** A productores, mánager, tus músicos, otras bandas, familiares, amigos, fans, técnico de sonido, *road manager* de la gira, el conductor de la banda, etc.
- **Autoentrevistas**: Este tipo de vídeos desarrolla una conexión muy fuerte con los fans que quieren saber cosas sobre ti dentro y fuera del ámbito musical.
- **En el estudio**: Durante las sesiones de grabación.
- **La gira:** El diario en vídeo de tu gira.
- **Entre bastidores:** En el vestuario, la fiesta tras el concierto.
- **Conciertos:** Imágenes en vivo de tus últimos conciertos, escenas desde la perspectiva del músico usando cámaras Go pro en la cabeza, en el pecho, en el mástil de la guitarra, cámaras 360º, etc.
- **Pruebas de sonido y ensayos:** Aunque a ti te parezca aburrido, a los fans les despierta mucha curiosidad.
- **Conversaciones con los fans:** Graba desde el puesto de venta de *merchandising* conversaciones con los fans, pídeles un testimonio.
- **Componiendo/produciendo canciones:** Muestra cómo compones y arreglas las canciones, explica el significado e historia de cada una de tus canciones. Enseña cómo consigues tu sonido personal, muestra cómo produces tu música.
- **Música de tu pasado:** Desempolva grabaciones de tus primeras bandas, de niño cantando, bocetos primeros de una composición antes de arreglarla, etc.
- **Versiones acústicas:** De tus propios temas o de canciones populares.
- **Covers:** Versiones interesantes, sorprendentes y diferentes de canciones que te gustan.
- **Lecciones:** De guitarra o cualquier instrumento a tus fans sobre cómo tocar tus temas o temas de otros.
- **Karaoke:** Publica la versión karaoke de tus temas para que tus fans puedan cantarlas, e invita a publicar su propia versión cantada por ellos.
- **El Making off** de tus vídeos (cómo se hizo), comentarios, bromas, tomas falsas de directores de vídeo.
- **Metidas de pata:** En directo, errores embarazosos, etc. No seas tímido, cuéntalo todo.
- **De compras:** Instrumentos, ropa para la actuación, etc. Documenta este tipo de cosas.

- **Testimonios:** Pide a tus fans opinión y comentarios sobre tus nuevas composiciones, invítales a aportar ideas, hazles que se sientan co-creadores de tus canciones.
- **Da las gracias:** A tus seguidores cuando alcances hitos y objetivos.
- **Vídeo de resumen de la semana:** Cuenta todo lo que te ha hecho reír, llorar, emocionarte, etc.
- **Micrófonos abiertos:** Organiza una sesión de micrófonos abiertos donde tus fans puedan preguntarte lo que quieran.
- **Videoconferencia con un superfan.**
- **Vídeo con la letra escrita a mano.**
- **Vídeo hecho a base de fotos**.
- **Noticias:** Usa el vídeo para compartir noticias importantes como puede ser un próximo lanzamiento, fechas de giras, etc.
- **Oportunistas:** Basados en la actualidad, por ejemplo una versión de un artista mediático fallecido hoy mismo, la canción del covid, etc. Aprovecha *hashtag* de rabiosa actualidad para generar un vídeo relacionado de alguna manera.
- **Espontáneos:** Aprovecha cualquier vídeo no preparado, espontáneo que se hizo sin intención pero que ha logrado captar un momento emotivo, gracioso, curioso, casual, etc. Estos vídeos no se pueden programar, son verdaderamente espontáneos, si tienes suerte y consigues uno aprovéchalo, te aseguro que será un éxito.
- **Colaborativos con *influencers*:** Busca la forma de colaborar con algún *influencer*, por ejemplo, invítalo a cantar contigo, aunque él no sea cantante, a la gente le gusta ver a los personajes famosos haciendo cosas no habituales o que se salen de la actividad por la que es conocido.
- **Muéstrate en una faceta no musical** o no conocida pero que haces bien: esta es una variante del anterior, pero aplicada a ti mismo en vez de al *influencer*. Puede ser un *hobbie*, una habilidad artística paralela como pintar, poesía, cerámica, fotografía, etc., o de cualquier otro tipo, a los fans les encantará verte en tesituras no habituales.
- **De compromiso social:** Vídeos donde te implicas en temas sociales, ayudas a asociaciones benéficas, etc.
- **Haz una serie:** Invéntate un tipo de vídeo y establece una periodicidad como si de una serie de televisión se tratara, por ejemplo, puedes grabar todos los vier-

nes un invitado en casa con el que charlas y cantáis una canción informal en directo, imaginación al poder.

- **Casuales:** Aquí tiene cabida todo, siempre que sea un vídeo que refleje algo del día a día y más o menos espontáneo: Momentos únicos, mascotas, comida, sentimientos, relaciones, reflexiones, etc. Este tipo de vídeos ayudan mucho a cultivar la relación con tus fans. No son vídeos adecuados para subir a YouTube, sino más bien para formatos como las *stories* de Instagram.

Las fotos

Decir que la imagen para un músico es más importante que la música quizá pueda sonar como mínimo raro, pero si realmente queremos trabajar con los pies en el suelo irremediablemente tenemos que admitir que nadie se tapa los ojos antes de escuchar a un artista, sino que probablemente antes de escuchar la primera nota ya se ha tenido una referencia visual sobre ti, en una imagen o en la portada de tu disco en Spotify. En ese momento, de forma más o menos inconsciente, nos estaremos formando un prejuicio de cómo es el artista y tendremos de forma una predisposición más o menos positiva antes de la escucha.

También pudiera darse el caso que lo escuchas de forma casual en un bar sin tener ni idea de quién es ni qué «pintas» tiene, pero llama tu atención musicalmente. En ese caso, cuando te intereses por él y veas su imagen probablemente esto haga que refuerce tu interés aún más, o quizá tu interés decaiga si no te gusta su imagen.

En cualquiera de los casos tenemos que reconocer que nuestra imagen es un factor clave y decisivo para bien o para mal, y hay que prestarle la atención que se merece como herramienta de marca y material de promoción.

Aquí no vamos a entrar en la parte artística de las fotos, ni a decirte qué imagen tienes que transmitir, porque eso tienes que decidirlo o descubrirlo tú como artista único que eres, y en función de tu estrategia de *branding* de la que ya hemos hablado, pero sí vamos a entrar en la parte funcional y práctica.

Debes tener una infraestructura básica mínima de imagen antes de iniciar tu estrategia promocional:

- **Formatos, tamaños y calidad:** Ten fotos preparadas y listas en varios formatos: vertical, horizontal, apaisado, cuadradas, avatar, tipo *banner* estrecho y muy largo para cabeceras en YouTube, Facebook, etc. Y diferentes calidades: alta calidad para cartelería, calidad web para redes, web oficial, directorios, etc. Ten por seguro que cuando inicies tu estrategia de promoción todo este tipo de material te conviene tenerlo a mano y disponible si quieres ser productivo, no perder oportunidades o desesperarte.

- **Si sois un grupo, fotos tipo retrato de cada uno de los componentes:** Para vuestra web puede ser interesante un perfil de la banda en el que se habla de cada persona individualmente, sus biografías, etc.
- **Miniaturas:** La mayoría de gente accede a Internet a través de *smartphones* y las imágenes se ven muy pequeñas. Procura que tus fotos se vean bien como miniaturas también dentro de lo posible, todos los vídeos deberían tener una miniatura estratégicamente diseñada.
- **Fotos que necesitarán texto:** Hay cantidad de fotos en las que necesitarás espacio para texto, logo, eslogan, etc. Ten preparadas una variedad de fotos con espacio suficiente para estos propósitos.
- **Fondo de web:** Si el fondo de tu web es una foto asegúrate de que queda espacio para tu contenido web, menús, *widgets*, reproductores de audio, etc. Sin tapar tu cara o cualquier otra parte clave de la foto.
- **Cabeceras en redes sociales:** Las cabeceras del canal de YouTube, Facebook, etc. son fotos apaisadas y tan estrechas que es difícil configurarlas o redimensionar a partir de fotos ya existentes, de modo que es interesante planificar fotos pensando en este formato que es fundamental y muy importante.
- **Fotos en blanco y negro:** Algunos medios, por diversas causas, pueden necesitar fotos en blanco y negro. No todas las fotos que son buenas en color conservan su esencia e impacto cuando simplemente las pasas a escala de grises, por ello ten también buenas fotos en blanco y negro.

Los conciertos

Sin duda, los conciertos son nuestro contenido principal, el diseño y puesta en escena es fundamental. Dedica el tiempo necesario y haz que tus conciertos sean una verdadera experiencia porque eso es lo que esperan tus fans de ti.

▶ Consejos para tus actuaciones en vivo

- **Convierte los imprevistos en una oportunidad para crear una experiencia memorable**
  - Se va la luz, se rompe una cuerda, el pedal del bombo, etc. Saca la acústica y toca un tema *a capella*, habla con tu público y consigue un momento especial de comunicación, un solo de batería, etc.

«Los imprevistos hay que tenerlos previstos.»

- **Empezar fuertes, respirar y acabar grandes**
  - El público recuerda más el principio y el final, al principio se está más atento y se fijan más en todos los detalles, demuéstrales que quedarse a ver el concierto merece la pena. No fallar en el sonido, elegir algo que se tenga muy controlado sin posibilidad de fallo y acaba tu concierto con un tema potente y memorable, que el fan se lleve un muy buen recuerdo final.
- **Utiliza el contraste en tus actuaciones**
  - No repitas mismo tono ni tempo en temas que toques seguidos.
  - Personaliza lo visual en cada canción (luces, efectos, historias, etc.).
  - Haz versiones diferentes para el directo de tus temas.
- **Tu *set list* no es un *set list*, es una experiencia**
  - La gente busca experiencias, no verte tocar o escuchar canciones sin más, aplica el *storytelling* a tus conciertos, el protagonista y el héroe es el público, no tú, no seas egocéntrico.

«Adapta tu *set list* a tu audiencia y al contexto.»

  - Aprovecha el poder de los *covers* para que tus fans se identifiquen emocionalmente con sus gustos, que puedan decir: «Este artista me gusta y homenajea a este otro artista que yo también admiro», se sentirá alineado en la misma tribu, hasta los más grandes hacen *covers* en directo, eso sí, dales tu toque personal, no imites 100% el original.
  - Crea una conexión directa con tus fans premium (los que te conocen desde el principio y te siguen desde siempre) probablemente se sabrán temas que el resto o la mayoría desconocen, dedica un espacio del concierto a ellos, pero que sea breve para no aburrir al resto. Es algo que lo valorarán tanto ellos como los demás, porque estarás demostrando tu implicación y conexión especial con tus seguidores.
- **Aprende de lo bueno y de lo malo que tienes, y también de los demás**
  - Graba tus conciertos en vídeo para verte a ti mismo, para tener una mejor percepción de cómo te ve el público, y a partir de ahí optimiza tu actuación eliminando lo malo y potenciando lo bueno que tienes.
  - De la misma forma asiste regularmente a conciertos de otros artistas: toma nota de lo bueno, no para imitarlo sino para llevarlo a tu terreno y hacerlo tuyo, a tu estilo. También detectarás cosas malas que no quieres para tus conciertos.

Las actuaciones en directo son una de las mejores formas de conectar con la gente y llegar a nuevos fans. También es una oportunidad para que tu público experimente tu música en lugar de escucharla, pues la música en vivo tiene un impacto mucho más poderoso.

Tips y consejos técnicos

- Ensaya todo tal y como va a suceder, como si tuvieses el público delante, probablemente luego improvises y surgirán cosas, pero el hecho de llevar un plan «A» controlado te dará mucha seguridad.
- Controla la duración exacta de tu show, sobre todo cuando tu actuación tenga un límite de tiempo como en concursos, festivales, etc. Que por falta de planificación no te quedes sin interpretar tu mejor tema, ese que tenías reservado para el final.
- Todos los músicos deben tener claro el guion y el *planning* de la actuación (no solo de las canciones en sí, también de las pausas y momentos que se establezcan para hablar, etc.), el público debe percibir una banda conjuntada, no despistada.
- Dosificar la voz del cantante, dejar espacios durante el concierto para descansar la voz, solos, instrumentales, etc.
- Tener un plan «B» para actuaciones más cortas sin aviso, a veces te dicen: «Un solo tema más y acaba».
- Si el público no responde como esperabas, ten preparados recursos y planes «B» *set list* alternativos, o momentos para avivar la llama.
- Evita tocar en vivo con demasiada asiduidad en un mismo sitio o local para que tus espectáculos no pierdan el interés.
- Publicita tu gira en sitios como https://www.bandsintown.com/ y https://www.songkick.com/
- Crea eventos de Facebook y envía correos electrónicos a tu lista de fans.
- Aprovecha para conocer gente de tu audiencia e interactuar con ellos *offline*.
- Trata de compartir escenario con artistas establecidos con muchos fans.
- Conecta con lugares locales y artistas en las ciudades que estás de gira. La creación de redes en la industria de la música puede ayudarte mucho.

▶CAPÍTULO 4

DIFUSIÓN, PROMOCIÓN, CRECER Y CAPTAR

- Configura tu SERP
- Cómo conseguir seguidores cuando nadie te conoce
- Cómo construir una base de fans
- Las redes (Facebook, Instagram, Twitter, TikTok, Youtube, Twitch)
- Spotify
- Soundcloud / Bandcamp
- Otros canales de promoción

4

DIFUSIÓN, PROMOCIÓN, CRECER Y CAPTAR

El mercado principal para un artista, sobre todo cuando comienza y quiere darse a conocer está en las redes sociales. Colocar tu música en Spotify sin una estrategia en redes no tiene sentido. De la misma forma, si alguien te conoce en un concierto, se interesa y quiere saber más de ti, y luego no te encuentra en la Red, o no tienes web y además no estás en Spotify, de muy poco te va a servir hacer un concierto memorable.

Como artista necesitas estar en las redes, trabajar bien tu **SERP** en Internet, comunicar tu *branding*, y por supuesto tocar en directo. Todo está relacionado, es una especie de ecosistema donde todas las partes son importantes para el todo.

CONFIGURA TU SERP

Llamamos SERP (*Search Engine Results Page*) a los resultados que muestran los buscadores (principalmente Google) cuando alguien nos busca como artista o marca, o con cualquier palabra clave con la que nos interese que nos encuentren.

Podemos decir que en la industria musical, que es la que nos ocupa, hay tres estrategias a desarrollar en este sentido:

1. **Estrategia de Descubrimiento:** Para ser descubiertos cuando estamos empezando y nadie nos conoce aún.
2. **Estrategia de Servicios:** Para que nos encuentren las personas que buscan lo que nosotros podemos ofrecer.
3. **Estrategia de Marca:** Para posicionarnos como artista único y que los usuarios obtengan fácilmente en sus búsquedas toda la información sobre nosotros y nuestro contenido.

En las dos primeras (Descubrimiento y Servicios), es fundamental un estudio de palabras clave que extraeremos a partir de las preguntas que te planteaba en la fase primera del libro llamada «Análisis y autoconocimiento». Y una vez las tengamos seleccionadas, las utilizaremos con creatividad, inteligencia y estrategia para etiquetar todo el contenido que publiquemos y que formen parte de todo nuestro copy.

Ten en cuenta a la hora de poner título a tus contenidos la forma en que la gente busca, aquí te indico las formas más habituales:

- Frases largas y específicas, por ejemplo: grupos de flamenco en Logroño con bailaoras femeninas.
- Uso de «El mejor…» «mejor…» «mejores…». Por ejemplo: ¿cuál es el mejor grupo de música para bodas?, mejor festival de música metal, mejores canciones para una fiesta gay.
- Preguntas en primera persona como: ¿A qué festivales puedo ir en verano cerca de Teruel?
- Opiniones sobre… por ejemplo sobre Festimad.
- Los números, los emoticonos, combinar mayúsculas con minúsculas y los elementos como corchetes, guiones, etc., funcionan llamando más la atención sobre todo si el resto de los vídeos no usan esta técnica.

En cuanto a la estrategia de marca, esta consistirá básicamente en procurar que toda la información que hay en la web sobre nuestra marca en los distintos sitios sea la misma, sea consistente y sea lo más detallada posible.

Es importante que esté actualizada cada seis meses como mínimo si quieres tener un buen SERP.

Para ello hay una serie de sitios básicos a los que hay que proveer de nuestra información como son:

- https://es.wikipedia.org/
- https:/wikidata.org/
- https://musicbrainz.org/

Además de mantener bien configurados los datos estructurados o *Schema* de tu web.

Schema.org es un lenguaje de etiquetado universal que permite marcar y enriquecer los contenidos que encontramos en la web, además de mejorar el entendimiento de los motores de búsqueda con el fin de mejorar la experiencia de usuarios.

¿Suena confuso? Aquí tienes un ejemplo.

Supongamos que quieres mostrar tu información de contacto y podrías limitarte a poner la información en el *footer* de tu sitio web, y es verdad que eso funcionaría bien para cualquier visitante humano.

Pero los motores de búsqueda tendrán que trabajar un poco más para saber lo que significan exactamente esos datos.

Por eso, si usamos *Schema* en nuestra web es como decirles a los motores de búsqueda que tu información de contacto efectivamente es esa, y así con toda la información relevante que los motores de búsqueda deberían saber sobre ti y el contenido de tu web.

Básicamente, estamos ayudando a los motores de búsqueda a analizar tu contenido de una manera más sencilla. Esto es superimportante, ya que, si se lo ponemos fácil a los motores de búsqueda para que rastreen tu sitio web, tendrás una ventaja con tu SEO.

Alguna vez te has preguntado por qué Google te muestra directamente respuestas en sus resultados. Por ejemplo, si escribes: «cuánto mide la Torre Eiffel» te da la respuesta directamente, y abajo te indica la web de dónde ha sacado la información. Esto es así porque el gestor de esa web se ha preocupado de tener precisamente el *Schema* de su web al día. En el ámbito de la música, si tienes un concierto en Madrid y el *Schema* bien hecho, cuando alguien busque eventos en Madrid, tu concierto lo mostrará Google junto a todos los que están haciendo las cosas bien en el SEO y esto es una ventaja competitiva clave.

Si en tu web usas «Wordpress» como te he recomendado, gestionar esto, que parece complicado, es fácil usando un plugin. Mi recomendación y el que yo uso es: Schema App Structured Data.

- Tutorial gratuito datos estructurados con Schema Pro Wordpress:

CÓMO CONSEGUIR SEGUIDORES CUANDO NADIE TE CONOCE

Esta es la pregunta del millón que nadie responde, ya que habitualmente se da por hecho que un artista ya tiene seguidores, y es muy fácil hablar y poner ejemplos de artistas que ya lo consiguieron en otras épocas, años atrás cuando el mundo era muy diferente.

Evidentemente no es fácil, y afortunadamente no existen trucos mágicos, ya que si los hubiese el mundo sería muy poco interesante.

Como es habitual y ya he repetido, no hay nada nuevo bajo el sol y recurriendo como siempre al sentido común todo se podría resumir en una frase:

«Crea cosas que hagan que la gente irremediablemente quiera compartir.»

Decir esto es muy fácil y es una verdad como un templo, pero la realidad es que no todos somos tan geniales, ni nuestro contenido puede ser siempre tan irresistible como quisiéramos.

Pero no te derrumbes porque el mundo es muy grande, hay gente para todo y no es necesario ser el mejor para que alguien en el mundo quiera prestarte su atención. Es evidente que ni yo ni nadie te puede garantizar resultados, pero sí existe un camino a seguir que, si lo transitas con un contenido suficientemente atractivo, un poco de planificación, inteligencia y sentido común, obtendrás resultados.

▶ Family Fools and Friends

Si te asomas a un bar y está totalmente vacío, lo más probable es que no entres, lo mismo pasa en las redes, es muy triste y sospechoso ver cero seguidores en un perfil. Por lo tanto, no tengas miedo a pedir a tu familia, amigos y algunos locos que te sigan y te promocionen en sus círculos de influencia simplemente porque sí, para ayudarte a que el bar no parezca vacío y desolado.

En condiciones normales esto no debería ser un problema ya que ellos te quieren y quieren verte triunfar independientemente de que les gustes más o menos como artista.

Aprovechar este primer recurso en la fase inicial como un primer impulso. La familia y los amigos están para eso ¿no?

Eso sí, no des pena, y no se lo pongas difícil, facilítales las cosas e intenta incentivarlos con un contenido que sea algo mínimamente interesante, divertido y útil que puedan estar orgullosos de compartir.

▶ Muy buen contenido

Ten en cuenta que todas las redes para impulsar un negocio y garantizar la interactividad de los usuarios recompensan con mayor visibilidad y promoción orgánica las mejores publicaciones, esfuérzate por crear muy buen contenido y las redes te ayudarán por su propio interés.

▶ Sigue a los fans de otros artistas similares a ti

Investiga artistas que son similares a ti que ya tengan seguidores, y síguelos. Crea publicaciones para que quizá estos potenciales fans descubran, disfruten y finalmente quizá opten por seguirte a ti. También.

▶ Llamadas muy fáciles a la acción en todas tus acciones

Pide que te sigan en todos los sitios (firma del correo electrónico, publicaciones, post, web, *press kit*, pancartas, etc.) y pónselo muy fácil, que no cueste más de un *clic* hacerlo.

▶ Entretenimiento, perseverancia y programación

Planifica con antelación los contenidos que vas a publicar, prepara con tiempo un remanente de publicaciones y prográmalas en el tiempo para ser publicadas, mientras trabajas en otras futuras, de modo que puedas mantener una constancia en las publicaciones independientemente de que estés inspirado, de *bajón* o simplemente enfermo.

Diseña un plan de publicaciones imparable. Elabora un calendario de lanzamientos con precampañas, campañas y postcampañas que le saquen todo el jugo a tu contenido.

Todo esto ejecutado con inteligencia, haciendo uso de las estrategias SEO adecuadas en cada red y, si puedes dar un empujón extra con alguna que otra campaña de pago, pondrá en marcha una máquina imparable que solo podrá ser frenada si tu contenido no es lo suficientemente bueno, pero ya sabes:

«La valentía se le presupone al soldado.»

CÓMO CONSTRUIR UNA BASE DE FANS

Como punto de partida, nuestro objetivo prioritario debe ser construir inicialmente una base de fans mínima que nos permita validar nuestra propuesta de valor. Con validar me refiero a saber que en el mundo hay gente a la que le puede interesar lo que nosotros hacemos. Y digo solo interesar porque otra cosa muy distinta es que alguien esté dispuesto además a pagar por eso que le interesa y por último que pueda pagarlo.

De momento con solo saber si nuestro contenido le resulta interesante a alguien es suficiente, porque más adelante veremos cómo validar si hay público dispuesto a pagar.

Podemos considerarlo como un estudio de mercado previo que realizaremos con nuestro primer producto mínimo viable que puede ser una canción, un álbum, un vídeo, etc.

A continuación, vamos a ver distintos métodos para conseguir fans. No olvides que es muy importante interactuar con tus fans con frecuencia y mantenerte constante en tus publicaciones.

Ofrece a tus seguidores algo que esperan con regularidad, no sirve de nada publicar un vídeo hoy y pasarte seis meses sin publicar nada.

«La perseverancia es un factor clave en un artista de éxito.»

Cuántos fans necesitamos para vivir de la música

No se puede establecer un mínimo de fans o clientes necesarios para hacer rentable un proyecto musical, ya que dependerá de lo que cada fan esté dispuesto a pagar por tu contenido, y eso a priori no podemos saberlo.

Los artistas renacentistas tenían un solo fan, su mecenas que lo mantenía y financiaba para que pudiese seguir creando. Evidentemente es un ejemplo exagerado, la vida hoy es muy distinta, pero basándome en el funcionamiento de las principales redes sociales que en la actualidad usan los músicos considero que la cifra de mil seguidores es un hito relevante a considerar como primer objetivo para saber al menos si nuestro contenido interesa a alguien.

La segunda cifra, o hito a perseguir, estaría en los cien mil seguidores para considerar poder monetizar y vivir de la música, y os explico mi razonamiento:

En YouTube, los creadores con más de mil suscriptores dispondrán de la pestaña Comunidad, una herramienta con la que puedes interactuar con los usuarios incluyendo encuestas, GIFs, texto, imágenes y vídeos.

Con este nuevo recurso en YouTube tendremos una excelente herramienta que nos ayudará a interactuar con nuestros suscriptores, llegar a más usuarios en YouTube y conseguir que tu audiencia se implique más. Y si además consigues superar las cuatro mil horas de visualización podrás ser *partner* de YouTube y comenzar a monetizar tu canal.

Con una comunidad de mil suscriptores en YouTube y cifras equivalentes en el resto de las redes que operes, podemos considerar acertada la idea de que en el mundo hay gente a la que interesa tu contenido, y dispones de una masa crítica mínima para que merezca la pena trabajar por alcanzar el siguiente objetivo que estaría en torno a los cien mil suscriptores.

Cuando alcanzas los cien mil suscriptores, además de que YouTube te considera un autor con relevancia suficiente, se estima a nivel estadístico que la tasa de conversión media es del 1%. Esto quiere decir que si intentas vender algo a cien mil potenciales compradores solo el 1% va a comprar, por lo tanto entre un millón de seguidores, mil estarán dispuestos a gastar dinero en tu contenido, lo cual no está nada mal y es una cantidad de clientes suficientes para vivir de la música, según la teoría de Kevin Kelly.

1000 TRUE FANS

BY KEVIN KELLY

Por supuesto que puedes vivir de la música con menos de mil fans verdaderos. Imagínate por ejemplo que tienes quinientos suscriptores de pago en un canal de Twitch, con el plan mínimo de 4,99 dólares a repartir al 50% con Twitch. Eso supone un sueldo de unos mil euros mensuales, que es el equivalente a un sueldo mínimo en España que, complementado con conciertos y otras actividades que incluyas en tu «ecosistema de ingresos, o catálogo de productos» probablemente te permitan vivir de la música holgadamente o no, todo depende de muchos factores y circunstancias, solo quiero que entiendas con estos ejemplos que el número de fans necesario es relativo.

Cómo crear contenido que la gente comparta

La clave en las redes sociales más que los «me gusta» es conseguir que la gente comparta tus contenidos, ya que esto tiene el efecto «Boca a oreja» consiguiendo así un efecto exponencial en la creación de una comunidad de fans, que es de lo que queremos conseguir.

Existen tres tipos de contenido que la gente comparte:

1. **Contenidos de utilidad:** Información de valor, o cosas que son útiles que pueden interesar a tu audiencia. Por ejemplo lecciones de ukelele, lecciones de baile, trucos de Spotify, cómo componer una canción, la historia de un estilo musical, cómo se graba una canción desde su composición hasta la publicación, etc.

2. **Contenidos de entretenimiento:** Contenido para pensar, sentir, divertirse o desconectar, por ejemplo. Tu música por supuesto, vídeos musicales, vídeos curiosos, graciosos o sorprendentes, *time lapse* de un montaje de concierto, anécdotas, curiosidades, récords, gags, etc.
3. **Contenidos de Identidad:** Contenido que encaja con tu estilo de vida, aspiraciones, ideales o ideología. Por ejemplo, si tu audiencia es animalista, vídeos de denuncia del maltrato animal, etc.

Cómo puedo saber el tipo de contenido que interesa a mi audiencia

Es sencillo, pero requiere trabajo de campo duro por tu parte, es tan fácil como «**espiar**» a tu fan ideal.

Mira qué redes utiliza, observa los contenidos que comparte, sus aspiraciones, sus ideales, qué movimientos apoya, qué música escucha, sus intereses, ¿son curiosidades? ¿son infografías? ¿son vídeos graciosos? ¿frases motivadoras?, etc.

A partir de este «espionaje» saca tus conclusiones, y en base a eso usa el tono adecuado en tu copy, piensa qué relación quieres establecer y genera contenidos alineados con los intereses y gustos de tu fan ideal, así podrás conseguir que te siga y comparta tus contenidos.

Es como cuando te presentan en un círculo nuevo de amistades, antes de interactuar primero observas «de qué van», cómo hablan, cuál es su «rollo», etc.

Es muy importante que en todos tus contenidos se refleje tu marca, se reconozca claramente que no estamos vendiendo nada, solo estamos haciendo *branding* y fijar nuestra marca en la mente de la audiencia.

Nuestros objetivos en esta fase deberían ser aumentar nuestra comunidad de fans, que nos sigan y compartan nuestro contenido simplemente porque les gusta, porque es entretenido o útil para ellos. Mi recomendación es que no intentes vender nada aún de momento.

Ten en cuenta que cuando un fan comparte, además de darnos su aprobación, se están de alguna forma etiquetando y definiendo su personalidad, gustos e intereses. Y evidentemente al mismo tiempo están dando visibilidad a tu marca.

LAS REDES

Más que redes, sería más correcto hablar de canales de distribución y promoción, ya que YouTube o Spotify, por ejemplo, no puede decirse que sean redes sociales propiamente dichas, pero para entendernos en este capítulo incluiremos en el concepto de «redes» a cualquier vía o canal que podamos usar para la promoción, visibilidad y exposición de nuestra música.

Empezamos con una serie de tips o consejos genéricos para después analizar y entrar en detalle en cada una de las redes y canales más interesantes para los músicos.

Tips y consejos para las redes

- «Espía» a tus fans, conoce a tu audiencia y el contenido al que responden.
- Publica con regularidad y acostumbrarás a tus seguidores a estar pendiente de tus publicaciones.
- Programa tus publicaciones por adelantado, esto te facilitará la interacción con tus fans sin estar en línea todo el día.
- Comparte siempre un contenido visual, las fotos y los vídeos generan más *engagement* que las publicaciones de texto sin formato y captan más la atención.
- Añade fotos o mejor aún vídeo a tus publicaciones, estadísticamente tendrás 40 veces más posibilidades de que se comparta que si sólo incluyes texto.
- Evita usar fotos compradas o de *stock*, utiliza fotos y vídeos propios que reflejen vuestra identidad de marca y tono.
- Tu contenido de texto debe ser suficientemente atractivo para que tus fans se sientan conectados contigo, comenten, compartan, le den a «me gusta», no dudes en solicitar opiniones y comentarios.
- Muestra tu personalidad en todas las publicaciones, esto ayuda a establecer la relación artista-fan.

- Ten bien optimizados tus perfiles, esto hará que te encuentren más fácilmente y transmitirás mejor imagen tanto a tus fans como a los profesionales de la industria musical.
- No seas egoísta y no uses solo tus redes sociales para promocionar tu música, interactúa con tus fans, comparte también su contenido, es una forma de demostrarles tu aprecio por ellos, seguro te compensarán la acción.
- Usa *hashtags*, busca tendencias en Twitter e Instagram. Luego, utilízalos para conectarte con audiencias de nicho o temas relevantes para ti.
- Incluye en las «etiquetas de canal» de tu canal de YouTube, tu marca o nombre de artista escrito de todas las formas posibles, mayúscula, minúscula, etc., incluyendo las posibles maneras en que te pueden buscar con errores gramaticales cuando no saben escribirlo o simplemente se equivocan al teclear.
- Prueba distintas estrategias, si funcionan poténcialas, y si no cambia de estrategia.
- Los vídeos con mucha producción detrás ya no interesan, es más interesante un vídeo menos elaborado, pero más auténtico, no gastes grandes presupuestos en producir vídeos, hazlos cortos, sorprendentes y auténticos.
- Publicar de forma irregular también puede ser una buena estrategia para incentivar que se suscriban a tu canal de YouTube quien tenga interés en tus publicaciones. De esta manera puede que decida suscribirse para asegurarse que no se pierde nada.
- Pide en tus vídeos que se suscriban, pero hazlo en el momento adecuado, siempre después de haber aportado algo importante, no pidas que se suscriban sin haber entregado antes el valor.
- Crea listas de reproducción en YouTube. Al igual que en Spotify puedes hacer playlist junto a otros artistas.
- Además de YouTube existen otras plataformas de alojamiento de vídeo que también puedes usar como, por ejemplo, Vimeo, Facebook Live, Instagram, StageIt, etc.
- No publiques en Facebook enlaces de YouTube, pues Facebook no quiere que un enlace apunte a la competencia, y su algoritmo directamente suprime las publicaciones con enlaces que apuntan fuera de su plataforma. Mi sugerencia es que subas el archivo de vídeo a las dos plataformas sin preocuparte si pierdes visitas en YouTube. De todos modos, nadie lo verá si publicas el enlace de YouTube en Facebook, consuélate sabiendo que Facebook te dará más visibilidad si subes el vídeo a su plataforma.

FACEBOOK

Facebook es una herramienta muy importante que no puedes ignorar, lo primero que tienes que hacer es crear tu página de artista, esta es independiente de tu perfil personal, aquí será donde te relaciones con tus seguidores, y ellos también podrán sentir que tienen una conexión especial contigo como artista además de encontrar todo tipo de información sobre ti.

Los «me gusta» y el *engagement*

Los «me gusta» de un fan son una de las formas que tienen de interactuar contigo. Cuando lo hacen, reciben algunas de las actualizaciones de tu estado y pueden ver la totalidad de tu página de artista.

Los «me gusta» no solo son una manera excelente de comunicar y de construir una base de seguidores, sino también algo que es tenido en cuenta por personas clave de la industria, en los sectores discográficos, editoriales, medios de comunicación y organizadores de conciertos, como un indicador de la popularidad y por lo tanto una de las razones de peso para decidir invertir en un artista o no.

> **«No se te ocurra comprar "me gusta", no vas a engañar a la industria, para ellos resulta bastante obvio y muy sospechoso tener miles de "me gusta" pero con muy poco *engagement*.»**

Precisamente el *engagement* es lo que más valor tiene, pues refleja de manera veraz la participación de los seguidores.

Cuando un seguidor en la página del artista comenta, comparte o dice que le gusta algo publicado en la página del artista, el mensaje aparecerá también en las noticias de sus amigos. Esto implica duplicar o triplicar el grado de visibilidad con respecto a no comentar, compartir o decir algo. Por eso es tan importante el *engagement*.

Pautas básicas para construir una página de artista

- Ponerle el nombre adecuado, normalmente tu nombre artístico, piénsatelo bien pues una vez hecho no se puede cambiar, o es sumamente difícil. Asegúrate que la gente te va a encontrar fácilmente, y comprueba que no hay artistas con el mismo nombre o parecidos que generen confusión.

- Incluye toda la información que los fans esperan ver en el sitio web oficial: Tus datos de contacto, biografía, las fechas de las próximas actuaciones, etc.
- Haz que la página visualmente sea atractiva y fácilmente navegable.
- Diferenciar entre la página personal y la página de seguidores. La personal úsala para tus amigos, familia, etc. Y la de artista para tus seguidores. Ojo, si tu nombre artístico y el nombre auténtico coinciden, plantéate usar un seudónimo para la página personal.
- Permite a tus seguidores que publiquen sus comentarios directamente en la página, dales libertad de pronunciarse, no solo de reaccionar a los comentarios del artista.

Publicaciones en Facebook y el *edge rank*

La clave en las publicaciones es captar la atención y provocar la interacción con tu audiencia, Facebook tiene un algoritmo interno, el *edge rank*, que usa para clasificar y valorar el impacto y éxito que producen tus publicaciones en la audiencia.

El *edge rank* es el sistema que decide qué cosas aparecen en las páginas de inicio de la audiencia y determina por lo tanto cuántos seguidores verán tu publicación.

Ten en cuenta que, en el plazo de una semana, las publicaciones solo llegarán a una media del 16% de los seguidores de un artista. Se trata de una estadística frustrante si consideramos lo difícil que puede resultar conseguir un «me gusta».

Estos son los tres factores que determinan el *edge rank*:

1. **Marcador de afinidad**: Es el grado de conexión del seguidor con el artista. Si el seguidor interactúa frecuentemente con la página del artista en Facebook, obtendrá un marcador de afinidad más elevado que alguien que lo hace en contadas ocasiones o nunca. Si un seguidor se ha relacionado previamente con la página del artista en Facebook, aumentarán las posibilidades de que aparezcan contenidos novedosos en su lista de noticias.
2. **Visibilidad de la publicación:** Mide el tipo de publicación y sus resultados, siendo habitualmente las publicaciones con foto y vídeo los que consiguen la puntuación más alta. La interacción que genera determina los resultados de una publicación. Los tipos de interacción se puntúan, por lo que se considera que un comentario es más valioso que un «me gusta».
3. **Caducidad en el tiempo**: Tiene que ver con la actualidad de una publicación. Lo primero que ven los seguidores son las publicaciones más recientes. Cuanto más viejas sean las publicaciones, más caerán hacia abajo en las «Noticias» del seguidor. Facebook también tiene en cuenta la frecuencia con la que un seguidor se conecta y actualiza, por lo tanto, quien se conecta una vez al mes ve publicaciones con una alta afinidad y un elevado impacto por delante de publicaciones más recientes que obtienen una puntuación baja en las otras dos categorías. La vida media de una publicación es de unas tres horas y como Facebook no revela el *edge rank*, la mejor manera de calibrar el éxito de una publicación es con el dato: «Cuántas personas ven tus publicaciones».

▶ Comenta los comentarios de tus seguidores

Cuando una publicación tuya genere muchos comentarios participa comentando tu propio mensaje. Es bueno crear un clima de cercanía entre los seguidores, te ayudará a incrementar el *edge rank*, y, por lo tanto, el número de seguidores que la verán.

▶ Publica con regularidad y de manera inteligente

Publica solo cosas de interés para tus fans y hazlo con una frecuencia razonable para mantener la relación, fomentar la fidelidad y generar afinidad con los seguidores.

Hay que recordar nuevamente que la publicación se enviará únicamente a un promedio del 16% de los seguidores y que, incluso así, la mayoría de ellos no lo verá. No hay una norma aceptada sobre la frecuencia ideal de publicación. Cada «maestrillo tiene su librillo» en función de su experiencia.

▶ Seguidores incondicionales

A tus seguidores incondicionales cuídalos y trátalos con sumo respeto animándolos para que se conviertan en tus embajadores en Facebook.

«Cada seguidor incondicional vale por 100 ocasionales.»

▶ Relaciónate con las páginas de artista de otros artistas

Colaborar con otros músicos en una actuación puede aumentar el número de seguidores de un artista, y lo mismo ocurre en Facebook. Traba amistad con otros artistas y anímalos a que publiquen mensajes sobre su trabajo. Los seguidores admiran las bandas como creadoras de tendencia, y seguirán sus gustos y recomendaciones musicales. Si haces comentarios sobre otros artistas que te gustan o que han influido en su música, es muy probable que te devuelvan el favor.

▶ Ofrece productos exclusivos y obsequios

Ofrece promociones especiales a los seguidores a través de Facebook: Entradas prioritarias, un audio gratuito, etc. Hay aplicaciones que permiten a los seguidores acceder a una descarga gratuita, o lo que sea, a cambio de un mensaje de «me gusta». Pide a tu audiencia durante las actuaciones en directo que entren en tu página de Facebook, explicando que si les gusta pueden recibir un tema gratuitamente.

▶ Hacerse fotos con los seguidores

Es muy eficaz publicar fotos con tus seguidores. Tiene mucho éxito en Facebook o en cualquier otra red.

▶ Anunciarse

Anunciarse en Facebook puede ser un medio excelente para llegar a segmentos de población muy concretos e intereses alineados con tu proyecto musical. Se puede crear un anuncio dirigido específicamente a la gente a la que le gusta un artista en concreto alineado contigo en estilo. Por ejemplo, a todos los seguidores de Alejandro Sanz mayores de 35 años que viven en un radio de 40 Km de distancia de Gijón.

▶ Eventos en Facebook

En el caso de actuaciones especiales, puede ser una buena idea crear un evento, lo primero que hay que hacer es ponerle un nombre al evento. Por lo general, para los seguidores es más atractivo si se habla de una «fiesta» y no de un «evento musical». Invita a todos tus amigos, incluyendo a miembros de otras bandas y a otra gente relacionada con ellas. Como te he explicado anteriormente, en promedio solo un 16% de los amigos de la página de seguidores de un artista en Facebook terminará recibiendo una publicación, a menos que sea una publicación promocionada, y esto cuesta dinero.

Una buena idea si ya tienes una lista de correo es hacer una precampaña informando por correo electrónico y complementarla con la actividad en Facebook y resto de redes.

INSTAGRAM

Instagram se distingue del resto por ser un sitio donde las marcas obtienen mayor *engagement*, las personas acuden a Instagram en busca de inspiración y cercanía con otros usuarios, por lo que es una buena oportunidad para publicar el contenido más auténtico y cercano que tengas.

Es una red social visual donde lo esencial es compartir fotografías y vídeos. Al igual que sucede en Twitter, las publicaciones se pierden por el *feed*, que es el equivalente al *timeline* de Twitter, o el muro en Facebook, y se produce el denominado «efecto zapping» entre sus usuarios. Esto es, saltar de una foto a otra o de perfil en perfil. Este comportamiento potencia el descubrimiento de nuevos perfiles y en especial aquellos con contenidos más llamativos

La audiencia media de Instagram es joven, el 40% de sus miembros tiene entre 16 y 23 años y más de la mitad es audiencia femenina. Como punto negativo decir que tiene una escasa capacidad de viralizar contenidos, ya que por defecto no tiene el equivalente a compartir de Facebook, o el *retuit* en Twitter, aunque existe la opción de hacerlo instalando una aplicación externa como *Repost for Instagram*.

Tampoco es una red ideal para canalizar tráfico hacia tu web, porque las urls que se incluyen en la descripción no se activan, con la excepción de las que incluyas en la descripción de los vídeos IGTV, y la url que indiques en el perfil.

Es la red donde mayormente desarrollan su actividad los *Influencers* en sectores como la moda, la belleza, los viajes y la gastronomía, y cuidado porque también es la red donde más uso se hace de la compra de seguidores artificiales, interacciones ficticias y contenido patrocinado falso para atraer la atención de las marcas.

En el caso de los músicos es una muy buena manera de conectarte con tus fans en una red que probablemente ya estén usando. Instagram es una aplicación para teléfonos móviles, desde donde pueden ser aprovechadas todas sus opciones, también existe la versión escritorio, pero más limitada en opciones.

El *feed* es el tablero donde se muestran todas nuestras publicaciones, tienes que diseñarlo con un equilibrio entre estética visual y contenido. Con el objetivo de retener al público intenta aplicar un filtro o textura a todos tus *feed* con el fin de mantener una coherencia visual y uniforme, pero sin olvidar nunca que el contenido es lo más importante.

Los usuarios tienen la opción de guardar publicaciones, Instagram valora mucho cuando los usuarios guardan tus publicaciones y te da más visibilidad en su algoritmo.

En el perfil puedes indicar una url que puede ser la de tu web oficial o cualquier otro destino al que quieras dirigir a tus fans. Te aconsejo que pongas la que en cada momento sea más interesante en función de lo que estás promocionando. Por ejemplo, si estás promocionando un single, la url a Spotify del tema, o la url del vídeo a YouTube.

En la biografía aprovecha para actualizarla con nuevos acontecimientos, como giras, conciertos, salidas de disco, etc. No conviene saturarla con más de tres líneas.

Algunas ideas de contenido que un músico puede compartir en Instagram:

- Tu música y también la de otros.
- Tus próximos eventos.

- Tu proceso creativo, composición, etc.
- Comida, familia, mascotas, tu ciudad, naturaleza, etc.
- Tu ciudad o el lugar donde vives.
- Causas benéficas.
- La naturaleza.
- Tus pasatiempos, etc.

Fotos en Instagram

Los formatos admitidos son:

- Horizontales 1080 x 566 Px.
- Verticales 1080 x 1350 Px.
- Cuadradas 1080 x 1080 Px.

La visualización de las fotos en el perfil, con independencia de su tamaño real, será tipo rejilla cuadrada, por ello es recomendable cuidar cada imagen de forma individual teniendo en cuenta la visión global de conjunto, trata de desarrollar una identidad visual atractiva definiendo con antelación paleta de colores, tipografías y demás elementos.

En cada imagen puedes incluir hasta 20 etiquetas con las que identificar qué personas aparecen en ella. Las cuentas etiquetadas recibirán una notificación al pulsar sobre la imagen, y haciendo clic sobre ellas te remitirá al usuario etiquetado.

Puedes añadirlas en el momento de compartir la imagen, o después tocando en los tres puntos para editar, y desplazarlas sobre el contenido para decidir dónde colocarlas.

Es posible publicar de forma simultánea hasta diez fotos o vídeos en el mismo post que se reproducen como un carrusel. En este caso los filtros, la descripción y las interacciones de los usuarios son para todo el carrusel, pudiendo decidir qué foto será la primera del carrusel que una vez publicado ya no se puede modificar.

> **«Una forma de aprovechar estos carruseles para los músicos es incluir cuatro o cinco fotos con trozos o frases de la letra de la canción y al final un vídeo con los 60 mejores segundos del vídeo de la canción con algún texto que invite a ver el vídeo completo publicado en formato IGTV, en YouTube, la canción en Spotify, etc.»**

Con la app oficial integrada «layout» puedes crear collages, que son fotos compuestas de hasta nueve fotos.

Vídeos en Instagram

Aunque las fotos son su lenguaje natural, Instagram te permite publicar vídeos de hasta 60 segundos, aprovecha esto para publicar el fragmento de tu vídeo musical más interesante y llamativo para promocionar lanzamientos de nuevos temas o promocionar tu próximo concierto teniendo en cuenta que no se activa el sonido de forma automática. Para ello el usuario debe tocar la pantalla, por lo tanto, te aconsejo añadir rótulos que llamen de alguna manera la atención a ser reproducidos.

Admite estos tres formatos:

- Horizontal 600 x 315 Px.
- Vertical 600 x 750 Px.
- Cuadrado 600 x 600 Px.

▶ Los canales de IGTV

IGTV es la plataforma de vídeo de Instagram. Con esta opción puedes subir vídeos de larga duración de hasta diez minutos tanto desde el móvil como desde el ordenador, o de hasta sesenta minutos si tu cuenta está verificada y tienes un número elevado de seguidores. Este tipo de vídeos solo permite subirlos desde el ordenador y cada perfil solo admite un canal IGTV. La descripción de este tipo de vídeos admite urls que se activan.

Los *hashtags*

Instagram es buena para conectarte con tus fans, su uso natural es desde el propio móvil desde donde puedes publicar fotos, editarlas, seguir a otros usuarios, y agregar *hashtag* a través de los cuales los usuarios buscan contenido en esta red. Son esenciales pues es el sistema por el cual se hacen búsquedas, en Instagram no se usan palabras claves, ni temáticas como en otras redes. Los *hashtags* se añaden en la descripción del contenido y aunque en teoría es posible escribir una lista interminable hasta los 2200 caracteres permitidos, no escribas más de 30 porque si lo haces te eliminará todos, usa entre cinco y diez, es lo recomendable y también lo razonablemente operativo e intenta que tengan entre 21 y 24 caracteres sobre todo para que sean más específicos.

Instagram *stories*

Las *stories* o historias, son contenidos audiovisuales de 15 segundos que, a diferencia de las publicaciones normales, son volátiles, es decir, tienen una duración de 24 horas, y tras ese período, desaparecen. Aunque no tiene porqué ser así ya que dispones de la opción de archivarlas categorizándolas indicando el nombre que quieras y destacarlas en el perfil. Para acceder a las archivadas toca el icono de reloj en la esquina superior izquierda del perfil y, para destacarlas, el círculo del extremo izquierdo del perfil. A diferencia de los vídeos del perfil, el audio en las historias se activa de forma automática.

Además de incluir textos y añadir filtros puedes incluir también *stickers*. Los hay de geolocalización, fecha, temperatura, hora, cuenta atrás, gifs, emoticonos, encuestas..., este último muy interesante para promover la interacción con el contenido. Hay otro de música con el cual a través de un buscador puedes seleccionar temas. Para mencionar y etiquetar usa el *sticker* de mención o *hashtag*.

Las historias incorporan un menú propio en el que puedes decidir quién las va a ver e interactuar con ellas. Mención especial para nosotros los músicos merece la opción de grabación de vídeos en directo integrada en las historias, pueden ser de hasta 60 minutos y compartidos como historia una vez concluida la emisión, para visualizarse en diferido durante las próximas 24 horas siguientes. Para optimizar la pantalla te aconsejo que estos vídeos los grabes en vertical.

Si tu cuenta está verificada y sumas más de 10.000 seguidores puedes agregar enlaces y canalizar tráfico hacia tu web.

Reels

Con este recurso los usuarios de la red social propiedad de Facebook pueden crear vídeos de hasta 15 segundos (quizá lo amplíen a 30), editarlos con efectos, añadirles música y compartirlos en la aplicación. Y no se eliminarán a las 24 horas, sino que permanecerán en el perfil del usuario, como el resto de las publicaciones, para que tus contactos puedan navegar por ellos.

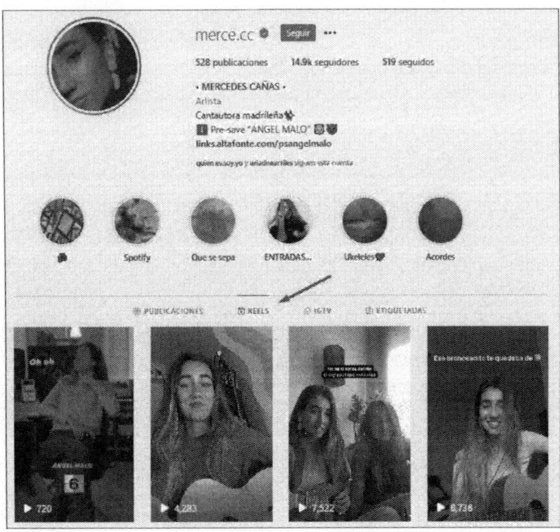

El primer paso, al abrir *Reels*, será escoger la música y la velocidad a la que se quiere reproducir y, después, seleccionar efectos y editar el vídeo con las diversas herramientas que proporciona, como un temporizador o cuenta atrás, o la función alinear, para transiciones sin interrupciones.

Se pueden grabar los clips de uno en uno, todos a la vez o desde los vídeos guardados en la galería del teléfono. Para grabar el primer clip hay que mantener presionado el botón de captura, y entonces aparecerá un indicador de progreso. Para terminar el clip sólo hay que dejar de grabar.

Para compartir el resultado, en la sección correspondiente se puede guardar un borrador, cambiar la imagen de portada, agregar texto, etiquetas y mencionar a los contactos. Una vez publicado aparecerá en el perfil propio en una pestaña independiente, y si se desea que aparezca en el *feed*, también estará en el perfil principal. Estos *reels* se pueden compartir en historias y mensajes directos, comportándose como una *stories*, es decir, desaparecerán a las 24 horas y no se mostrarán en el perfil. Los usuarios con cuentas públicas pueden compartir estas publicaciones en una sección del apartado «Explorar» de la aplicación. En el caso de las cuentas privadas, sólo los seguidores podrán ver lo publicado en el *feed*, pero no podrán compartirlo con otros usuarios que no sean seguidores del autor de la publicación original.

Publicidad en Instagram

Las campañas se gestionan desde el mismo administrador de anuncios de Facebook, tal es la integración que incluso podrías hacer campañas en Instagram desde Facebook sin tener perfil en Instagram.

Resumen de las limitaciones

- El nombre de perfil no puede tener más de 29 caracteres.
- La biografía no puede superar los 150 caracteres.
- Tienes hasta 2200 caracteres para tus descripciones y comentarios.
- Los comentarios a partir de 240 caracteres se cortan y se muestran con [...]
- Sólo puedes utilizar 30 *hashtags* como máximo en cada contenido que compartas. Si incluyes más, puede ser que tu comentario ni se publique.
- Solo puedes etiquetar los contenidos propios, y no se puede etiquetar con *hashtags* los contenidos de otros.
- Evita etiquetar a personas que desconozcas, ya que puede ser considerado spam y causar un cierre inmediato de tu cuenta.

Método de promoción efectiva y gratis para músicos en Instagram

Instagram es una herramienta de promoción muy poderosa y efectiva para promocionar tus canciones y construir una base de fans auténtica sin gastar dinero, tan solo dependerá de lo que estés dispuesto a trabajar.

El método consiste en conectar con seguidores afines a artistas alineados contigo o con tu estilo musical, utilizando vídeos de Instagram para promocionar tus canciones a estos seguidores.

Como requisito es conveniente algo de contenido previo en nuestra cuenta de Instagram, una imagen de perfil y un nombre de usuario que represente tu marca artística.

▶ Vamos a ver cómo hay que proceder en cuatro pasos:

Paso 1: Creación del contenido

Crea un vídeo de un minuto de duración para Instagram incluyendo los mejores 60 segundos de tu canción.

Cómo fondo visual puedes incluir vídeo, una foto o un diseño gráfico a modo de portada, es evidente que cuanto más atractiva y llamativa mejor.

Paso 2: Crea un enlace inteligente

Crea un enlace en https://linktr.ee/ a tu canción completa en Spotify, a tu vídeo en YouTube o a donde te interese llevar a esos potenciales fans, puede ser cualquier url, esto es solo un ejemplo. Edita tu perfil de Instagram y en el campo llamado Sitio Web incluye la url del enlace que acabas de crear en https://linktr.ee/ o la que hayas puesto. En el campo Biografía puedes incluir cualquier información adicional que consideres oportuna.

Paso 3: Publicar contenido

Publica el vídeo en tu Instagram, asegurándote de que la miniatura se vea bien.

En la descripción que hagas de tu publicación del vídeo, dirige de la mejor manera que se te ocurra en algún momento a los usuarios hacia el enlace que pusiste en la biografía de tu perfil con el objetivo de que encontrar tu canción sea lo más fácil posible. Por ejemplo: «Una canción sobre un amor muy extraño, escúchala completa en SoundCloud, el enlace está en mi bio».

Cuando las personas abran su perfil de Instagram verán tu última publicación, por ejemplo, un vídeo con la carátula de un álbum, abrirán el vídeo y escucharán la mejor parte de la canción y después, si les ha cautivado lo suficiente, harán clic en el enlace de tu biografía para acceder al resto de la canción.

Es útil publicar *hashtags* relevantes en la descripción, o si lo prefieres en un comentario, pero para que el aspecto sea más limpio, visual y el usuario no se despiste con otros comentarios, prepárate las líneas de texto para copiar y pegar, de modo que tu descripción o comentario ocupe varias líneas, adquiera protagonismo y se vea amplia y bien centrada. Puedes incluir guiones tal y como muestro en el ejemplo como truco para dejar un espacio en blanco al principio.

Ejemplo:

\-
\-
\-
\-
Una canción sobre un amor muy extraño
escúchala completa en SoundCloud
el enlace está en mi bio
#dubstep #rave #edm #bass #headbang
#remix #etc #etc

Paso 4: Conectar

Aquí es donde empieza el trabajo duro que te traerá resultados:

Encuentra personas en Instagram a las que les guste música similar a la tuya que estás promocionando y al vídeo que creaste.

Hay varias formas de hacerlo:

- Explora *hashtags*.
- Personas que siguen artistas similares, o alineados contigo.
- Personas a las que les gustan los vídeos, las canciones y publicaciones de artistas similares a ti.

Cuando encuentres a estas personas, accede a su perfil y conéctate con ellas personalmente.

- Dale me gusta a su última imagen.
- Publica un comentario.
- Síguelas.

Cuando hagas esto:

- Es muy probable que se den cuenta y aunque solo sea por curiosidad no puedan evitar hacer clic en tu perfil.
- Cuando entren verán que eres un artista y podrán escuchar fácilmente tu nueva canción en tu última publicación.
- Si les gusta la canción, harán clic en el enlace de tu biografía y accederán a tu canción en versión completa.

Este era nuestro objetivo promocional que habremos conseguido gratis sin hacer una campaña de pago.

Buscar posibles fans con el método de los *hashtag* no lleva mucho tiempo. Calculo que podrías conectar con dos personas por minuto, de modo que con este método los resultados que obtengas serán proporcionales al tiempo que le dediques. Establece en tu calendario de tareas promocionales un tiempo diario dedicado a esta estrategia y te aseguro que obtendrás resultados.

TWITTER

Los artistas suelen utilizan Twitter como un canal de comunicación con los seguidores. Un tuit se limita a un máximo de 140 caracteres (incluyendo los espacios). Mientras que los amigos de Facebook tienen que ser aprobados mediante una solicitud de amigo de Facebook, este es un proceso que no existe en Twitter.

Cualquiera puede «seguir» a otra persona de su elección. Por lo tanto, es importante que el artista logre el mayor número posible de seguidores auténticos en Twitter y que tuitee asiduamente.

Muchos de los puntos incluidos en la sección anterior sobre Facebook son aplicables también a Twitter, pero a continuación presentamos algunas directrices específicas para Twitter:

▶ ¿Quién puede tuitear?

Los tuits también pueden ser publicados por un administrador en nombre del artista (con su permiso), pero siempre deberá quedar claro quién es la persona que tuitea. Un tuit nunca debe presentarse como escrito por el artista si este no es realmente él, y el material gráfico debe concordar con el material que se presenta en el sitio web, en la página de Facebook, etc.

¿Cómo comenzar a captar posibles seguidores?

Puedes empezar por seguir a otros artistas y personas conectadas con el mismo género musical para captar a tus seguidores. La mayoría de la gente pide que se les notifique cuando una nueva persona decide seguirlos y cuando ven que un artista les sigue pueden decidir seguir al artista a su vez y recibir sus actualizaciones.

▶ Tuitea de manera asidua

Si decides usar Twitter debes ser constante, mínimo una vez al día, cada artista es diferente. Pero tú decides la cantidad, ten presente que cada tuit será leído únicamente por un pequeño porcentaje de los seguidores del artista, por lo que el artista no debe refrenarse a la hora de tuitear de manera asidua.

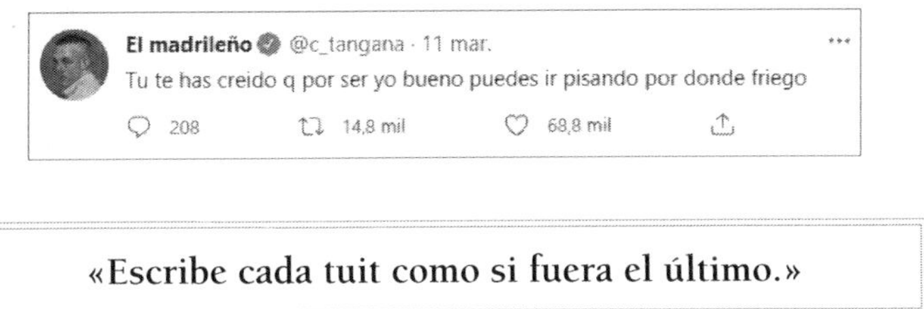

«Escribe cada tuit como si fuera el último.»

▶ Tuitea de manera oportuna

Tuitea en horas punta. Estas horas suelen ser las de la tarde y la noche. La participación también aumenta de manera drástica hacia el final de la semana laborable, por lo que los jueves y los viernes son los mejores días para tuitear.

▶ Usa @ y

Si alguien comenta un tuit, los usuarios pueden escribir el símbolo @ para dirigir el mensaje directamente a otros usuarios. Es útil crear y mantener conversaciones entre usuarios y transmitir enlaces.

El símbolo # se emplea para seguir los temas más comentados; por ejemplo, #RockinrioMadrid sería una etiqueta o palabra clave (*hashtag*) y se puede utilizar en un tuit para hablar sobre las actuaciones que se están ofreciendo en Rock in rio en Madrid. Los usuarios pueden pulsar sobre la etiqueta para encontrar todos los tuits en los que se habla de este tema.

Crea una etiqueta especial para promocionar un disco nuevo, una actuación en directo etc.

Lo mejor es crear una etiqueta que sea lo más corta posible y utilízala en todas partes, además de en tus tuits diarios en los comunicados de prensa, en tu web y todos los materiales relacionados. Si esto se hace con consistencia, la promoción de una etiqueta puede ser eficaz para animar a otra gente a que promocione el trabajo de un artista, sus seguidores verán la etiqueta y quizá decidan seguirte a ti o a la promoción.

▶ Alienta el retuiteo

Debes escribir tuits que inviten a retuitear y a responder, para ayudar a difundir el mensaje. No pasa nada por pedirlo abiertamente con un «por favor retuitéalo» en acontecimientos importantes, pero no lo hagas con demasiada asiduidad porque entonces puedes transmitir una imagen de pesado y desesperado.

▶ Sobre los enlaces (URLs)

Cuando incluyas enlaces en un tuit, ten en cuenta que Twitter reduce automáticamente la url a 20 caracteres, utilizando su servicio http://t.co. Por lo tanto, te quedarán 120 caracteres con los que escribir el mensaje. Está demostrado que los enlaces son más efectivos si se ubican cerca del inicio del tuit que si se ubican hacia el final. También que un tuit es más eficaz si se emplea la casi totalidad de los 140 caracteres; es decir, los tuits largos son más eficaces que los cortos.

▶ Tuits promocionados

Es posible pagar para que se promocione un tuit en Twitter. Estos son tuits ordinarios que se pueden utilizar para llegar a un grupo más amplio de usuarios, así como para generar una mayor participación por parte de los seguidores ya existentes. Los tuits patrocinados se etiquetan claramente como «promocionados», pero, aparte de eso, funcionan exactamente de la misma manera que un tuit normal. Pueden ser retuiteados, objeto de respuesta, marcados como favoritos, etc.

TIKTOK

Tik Tok es una red social de origen chino que consiste en crear vídeos cortos para compartirlos. Esta aplicación te permite hacer vídeos que van desde los 3 a los 15 segundos o si deseas puedes extenderlos a 60 segundos.

Para usarla, tienes que descargar la aplicación en tu celular, la cual encontrarás para versión iOS y Android. Luego, encontrarás la página principal con las principales publicaciones de perfiles populares, los cuales puedes seguir. En cada vídeo está la opción de poner me gusta, dejar un comentario o guardar la canción que está sonando en ese clip, así como la opción para compartir.

Para grabar un vídeo tienes que presionar en el signo más (+) que se encuentra dentro de la pantalla principal. Después de hacerlo, se abrirá una ventana y podrás optar por añadir música o sonido, así como activar algún filtro, el temporizador, o cambiar la velocidad y listo.

Para que tu música esté disponible en TikTok necesitas previamente subirla mediante un agregador como Distrokid, Amuse, etc.

Aunque inicialmente los usuarios de TikTok eran gente muy joven, actualmente se ha ampliado este margen hasta los 40 años, donde los usuarios quieren ver la faceta más desenfadada y divertida del artista.

¿Cómo funciona el algoritmo de TikTok?

Si tienes perfil en TikTok, habrás visto que los *hashtag* son muy importantes, como en el resto de las redes, reúnen a los usuarios por temas o *challenge*.

Uno de los que más se repite es #fyp el cual aparece en un varios vídeos, y tiene algunos variantes como #foryou, #foryoupage y #parati, pero ¿Qué significa?

FYP significa «Página Para Ti» (de las siglas en inglés), en referencia a la página inicial de TikTok que se muestra cuando abres la app en tu *smartphone* y donde puedes disfrutar de manera interminable de los vídeos más populares de la Red. Pues bien, cuando subes un vídeo, TikTok se lo muestra a una cantidad X de usuarios, y en función del éxito que tenga entre este pequeño primer grupo, los mejores los irá mostrando a cantidades de usuarios mayores. De modo que es una fantástica manera gratuita y orgánica de hacer viral y exitoso un vídeo tuyo en TikTok. Si eres capaz de que tu vídeo guste en ese primer círculo de usuarios inicial, comenzará a crecer.

Es la página principal y la mayoría de TikTokers buscan aparecer en esta página para que más personas los vean, #fyp es el hashtag más popular en TikTok.

Mi recomendación es que uses este tipo de *hashtags* populares combinados con *hashtags* específicos y relacionados con la temática de tu vídeo.

¿Qué tipo de interacciones considera TikTok a la hora de darle más o menos visibilidad?

Por orden de importancia estos factores:

1. **Los like** o «me gusta».
2. **Los comentarios.**
3. **Las comparticiones.**
4. **Los duetos:** Los dúos de TikTok te ofrecen la posibilidad de utilizar un vídeo ya publicado en la red social para añadir tu propia grabación. Lo habitual es utilizar un vídeo musical subido por algún amigo o un famoso y añadir tu dueto para publicarlo posteriormente en un nuevo vídeo con formato pantalla dividida. Eso sí, dependerá de los ajustes de privacidad de TikTok de la persona con la que quieres hacer el Dúo porque es fundamental que lo tenga activado.
5. **Tiempo de permanencia y frecuencia** con que lo haces.

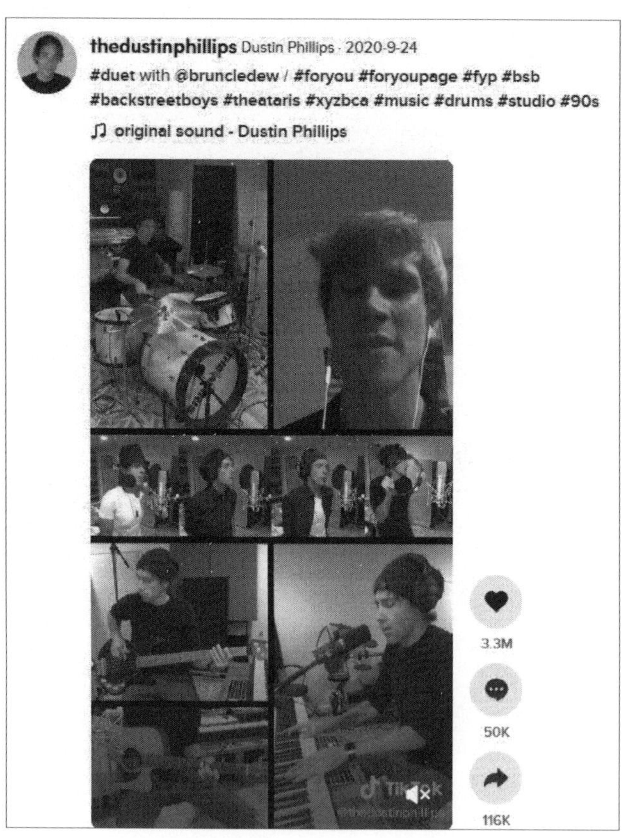

Claves para que tu canción triunfe en TikTok

Empezaré diciéndote que es imposible predecir con exactitud qué es lo que va a funcionar o no en cada momento, pero sí he identificado tres características y patrones comunes en la mayoría de las canciones con más éxito en TikTok.

- La canción debe ser compatible con TikTok.
- Se requiere de un concepto creativo atractivo y replicable.
- Es importante la involucración del artista en el marketing.

Cuando estos tres elementos consigues que sean creativos, únicos, originales y estén alineados, es muy probable que con la difusión y estrategia de marketing adecuada obtengas grandes resultados.

▶ Qué hace que una canción sea compatible con TikTok

- Letras que en algún momento inspiren, o evoquen una imagen o situación.
- La instrumentaciones con elementos únicos o divertidos que inspiren a hacer algo divertido o sorprendente (caídas instrumentales, *subidones*, cambio de tono, cambios de tempo, instrumentos raros o sonidos un poco extraños y llamativos, ritmos muy marcados, etc.).
- Referencias culturales relevantes que inspiren algo visual.
- Contenido de actualidad en la letra, o que apunte a alguna tendencia.

▶ Características de un concepto creativo atractivo y fácilmente replicable

En TikTok las canciones siempre están alineadas con un componente visual atractivo. Las canciones se hacen populares cuando los *influencers* y los usuarios de TikTok usan estas canciones en sus vídeos, pero ojo, no triunfan porque un *influencer* la publique, sino porque miles de usuarios publican un vídeo usando esa canción que tenía un concepto creativo atractivo.

- Crea un concepto lo suficientemente único y atractivo como para llamar la atención incluso de los usuarios más pasivos.
- Enfócate en un concepto creativo fácil de hacer por la mayoría, que no sea algo complicado solo al alcance de unos pocos. Si algo es difícil de filmar disuadirá a los usuarios de replicarlo, ten en cuenta que nuestro objetivo es promocionar una canción e inspirar a otros para que usen tu canción en sus vídeos.

Algunas ideas sobre conceptos creativos que funcionan:

- Vídeos en los que respondes a una pregunta.
- Vídeos en los que se involucra a tu mascota.
- Contenido familiar, saludable y gracioso.
- Ideas que a los usuarios les molen replicar junto a sus amigos.

La importancia de la participación del artista en el marketing

La participación del propio artista en la campaña puede ayudar a apoyar el crecimiento y ser un ingrediente clave. El propio artista debe participar en el vídeo o en el concepto creativo de alguna manera, alentando así a sus fans, o potenciales fans a que estos se sientan parte del proyecto y de su crecimiento.

- Crea mínimo diez o más vídeos usando la canción para ir publicándolos progresivamente durante tu estrategia de lanzamiento.
- Usa el resto de las redes sociales para motivar la creación de TikToks usando tu canción.
- Interactúa con los usuarios, fans o *influencers* en TikTok que usen tu canción con «me gustas», comentarios, mensajes o mejor aun haciendo duetos o contestando con otros vídeos.
- Por supuesto también puedes potenciar el lanzamiento con campañas de pago, pero el dinero no servirá de nada si tú como artista no estás implicado al 100%.

En la música, afortunadamente, nada es predecible, ni un mismo enfoque sirve para todos. Puede ser que estas pautas te ayuden a entender cómo está funcionando hoy TikTok, pero no olvides que nada está escrito en el mundo de la música, no te preocupes demasiado por tener todo perfecto, al final solo se trata de dar lo mejor de ti.

Tips

- Publica pensando cuándo tus usuarios ideales están de ocio, ya que la gente acude a esta red para divertirse.
- Sé perseverante en la cantidad de publicaciones, ten en cuenta que el usuario entra en TikTok con una mentalidad de inmediatez a la hora de consumir. Cuantos más vídeos, más posibilidades, y cuanto más perseverante te vea TikTok, más en consideración te tendrá. Tres vídeos diarios podría ser una buena cantidad si eres capaz.

- Aprovecha las tendencias.
- Juega con las opciones y posibilidades del editor, tiene muchísimas.
- Usa la red de audios disponibles para hacer *playbacks*.
- Mira en el FYP lo que hacen otros y no te cortes, copia sin miedo lo que funciona.
- Llamar la atención con la imagen inicial y los textos que incluyas.
- Los tres primeros segundos son vitales, si al usuario no le llamas la atención pasará de ti y Tik Tok te saca fuera de su FYP.
- Diviértete.
- Comparte en Instagram (formato vertical).
- Analiza los *hashtags* que estas usando y comprueba si funcionan o no.

YOUTUBE

YouTube es el mayor servicio de localización de música del planeta, razón por la cual es fundamental que el artista tenga una buena presencia en este medio. Incluso cuando no existe un vídeo para un tema, vale la pena publicar temas de audio con material gráfico estático. Es muy importante intentar publicar en YouTube vídeos de una calidad aceptable de actuaciones en directo lo antes posible, así como videoclips. A los seguidores también les encanta el material audiovisual con conversaciones entretenidas y divertidas de camerino, y con momentos graciosos. También son de fácil elaboración las entrevistas con seguidores durante las actuaciones en directo y funcionan realmente bien en YouTube. Cualquiera de estos vídeos no musicales puede convertirse en viral, sobre todo si es gracioso y/o entretenido.

Posicionamiento SEO

YouTube tiene su propio buscador y sus contenidos se integran también con el buscador de Google. YouTube da prioridad en las búsquedas y las posiciona en los primeros puestos a los vídeos con los que la audiencia interacciona más, o sea que tiene en cuenta qué vídeos se ven más y cuáles menos, el tiempo que pasan los espectadores en él, los «Me gusta», «No me gusta» y «No me interesa».

Un vídeo de 30 segundos que se vea de principio a fin estará mejor posicionado que uno de cinco minutos que se deja de ver al primer minuto, no se trata de vídeos largos sino de mantener al espectador hasta el final y, para conseguirlo, es fundamental que seamos capaces de retener y crear expectación en los primeros segundos.

La decisión del espectador de comenzar a verlo tras realizar una búsqueda no se producirá evidentemente si YouTube no lo muestra entre los primeros del ranking de resultados, por tanto, para que esto se produzca hay que saber cómo relaciona YouTube las palabras que los usuarios emplean como términos de búsqueda con el contenido de nuestro vídeo, y también cuáles son los términos de búsqueda que más se usan para utilizarlos de forma adecuada en nuestra estrategia.

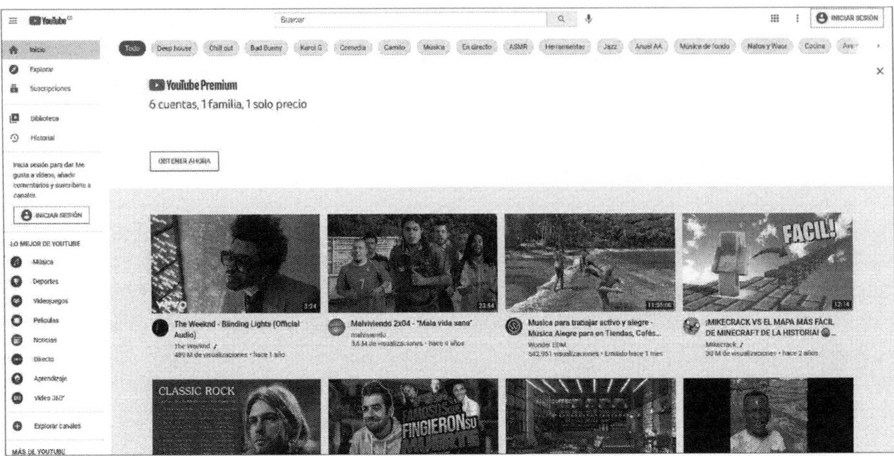

- Par indagar en las tendencias de búsqueda usa Google *trends* para YouTube https://trends.google.com/trends/explore?gprop=youtube te indicará los términos de búsqueda más populares, sus sinónimos y en qué países y regiones se emplea. (QR 1)
- Si quieres saber cuántas veces se utiliza un término en el buscador de YouTube hay muchas herramientas como esta: https://keywordtool.io/es/youtube donde obtendrás datos estadísticos y con un pequeño estudio deducirás con que palabras tu contenido conseguirá mayor visibilidad (QR 2).
- Si quieres conocer a través de que palabras ha llegado tu audiencia a tu canal vídeo Estudio>Analytics>Interacción>Fuentes de trafico

1

2

Protocolo de subida de vídeos:

- **Nombre del archivo:** El nombre del archivo de vídeo que vayas a subir también es tenido en cuenta por YouTube de modo que nada de incluir números o palabras que no significan nada, nombra tu archivo con un nombre estratégico como puede ser una palabra clave, tu marca, título de una canción, etc.
- **Título:** Poner una palabra clave principal y otra secundaria se permite con un máximo de 100 caracteres. Aunque el usuario solo ve los 75 primeros, mi recomendación es que no supere los 60.
- **En la descripción, en este orden:**
  - **Primera línea**: Copia y pega el título tal cual.
  - **Segunda línea:** El enlace a tu web o a la url que consideres estratégica, estas dos primeras líneas son las más importantes a nivel SEO y las que se muestran antes del «Mostrar más».
  - **Texto descripción:** Específica del vídeo en concreto a ser posible con palabras clave insertadas siempre de forma natural, aunque esto que antes era muy importante, ahora cada vez YouTube lo tiene menos en cuenta, de modo que céntrate más en que la descripción aporte valor al usuario, y no tanto en forzar la inclusión de palabras claves.
  - **Enlaces estratégicos:** Como por ejemplo tus redes etc., siempre de forma «clicables» o sea con el https:// delante tal como sale en un navegador, para no equivocarte copia la url siempre desde el navegador.
  - **Texto genérico del canal**: Que deberías tener ya preestablecido de serie en YouTube estudio>Configuración>Valores predeterminados de subida.
  - **Repite el enlace estratégico principal de la segunda línea.**
  - ***Hashtags***: Por último, incluye los que consideres oportunos en las ubicaciones que creas más convenientes.
- **Etiquetas:** Palabra clave principal + secundaria y unas cuantas más por orden de importancia, la suma de todas las etiquetas no debe superar los 500 caracteres.
- **Miniaturas:** Diseña una miniatura para tu vídeo incluyendo texto y fotos contrastadas. En las fotos de las miniaturas las caras funcionan y atraen la vista y más aún si trasmiten una emoción.
- **Playlist /secciones:** Agrega tu vídeo a las playlist o secciones que corresponda. Las playlist trátalas como si fueran un vídeo con sus palabras clave, descripción, etc.

- **Subtítulos:** Inclúyelos, además de ser útiles para ver sin escuchar o para los sordos es un extra para el ranking en Google, ya que le estas dando un montón de palabras clave. YouTube tiene una opción que los genera automáticamente por reconocimiento de voz, recomendamos editarlos e ir corrigiendo la propuesta automática que genera YouTube.
- **Traducciones:** Si añades traducciones para el título y la descripción obtendrás puntos adicionales.
- **Categorías:** Revisa en qué categoría encuadras el vídeo: Música, Gente, Blogs, etc.

Promoción de pago

YouTube es capaz de competir con la televisión convencional y además con la ventaja de que es mucho más barato. Las opciones de segmentación son infinitamente más precisas, se te permite hacerlo por:

- Ubicación geográfica (países, ciudades o áreas).
- Ubicaciones en ciertos canales, vídeos concretos etc.
- Idioma.
- Sexo.
- Edad.
- Estado parental (con o sin hijos).
- Ingresos familiares.
- Términos y categorías de búsqueda.
- Intereses (por ejemplo, aficionados al heavy metal).

El único requisito para publicitar un vídeo es que esté alojado en YouTube, no necesitas ser el administrador del canal.

Las campañas se gestionan desde la herramienta publicitaria de Google https://www.youtube.com/intl/es/ads/ Una vez hagas clic en «Comenzar», lo primero que te pedirá es el enlace al vídeo de YouTube que quieres publicitar y te preguntará dónde deseas que se muestre. Esta decisión condiciona el formato del anuncio y la forma de pago.

Ya tengo un videoclip ¿y ahora qué hago?

Diseña una estrategia de lanzamiento para tus videoclips, por ejemplo, anuncia una fecha de lanzamiento tres semanas antes, mientras tanto encuentra formas divertidas y efectivas de hacer ruido, crear expectación y hacer la boca agua a tu audiencia:

- Muestra escenas falsas del rodaje.
- Muestra lo que hay detrás de las cámaras en el rodaje.
- Fotos del rodaje.
- Pequeños clips de reclamo a modo de adelanto promocional etc.

La idea es que aproveches y extiendas todo el contenido que puede generar la grabación de un vídeo y esperes el momento perfecto para lanzarlo y cuando lo hagas dale un empujón extra invirtiendo en una campaña publicitaria de pago en YouTube, Facebook o en la red que consideres más interesante, siempre bien segmentada y dirigida a tu fan ideal.

Por último, al igual que tienes un plan de lanzamiento, diseña otro plan de perdurabilidad. Comparte tu vídeo de todas las maneras posibles, piensa en cómo mantenerlo actualizado, en hacerlo dinámico para que esté vivo al menos dos o tres semanas, intenta implicar a otros medios de comunicación en el que de forma realista tengas opciones. En definitiva, no te limites a publicarlo y ya está, diseña un plan integral y sácales el máximo partido a tus lanzamientos, cada contenido que publiques debe servir para aumentar tu comunidad de fans.

TWITCH

Twitch es la plataforma de transmisión en vivo más popular que existe. Una de las categorías de más rápido crecimiento en Twitch *es Music & Performing Arts*, que actualmente tiene más de tres millones de seguidores. ¡Antes de que la pandemia COVID-19 despegara en marzo de 2020, la audiencia de esta categoría pasó de 6.000 espectadores simultáneos al día a más de 30.000! Ahora la música tiene su propia pestaña de categoría en la parte superior, y lo mejor de todo es que no tienes que ser necesariamente un artista conocido para aprovechar el crecimiento de Twitch.

Twitch puede ser intimidante y confuso, a mí, personalmente, me costó entender cómo funciona y configurar todo correctamente, pero tranquilo porque te voy a contar todo lo que necesita saber un músico sobre Twitch.

¿Qué es Twitch?

Fundada en 2011, Twitch es una plataforma gratuita de vídeo en directo propiedad de Amazon. Una especie de televisión en vivo donde se puede sintonizar el canal de cualquier persona o crear el suyo propio. Se podría decir que, al igual que YouTube es el rey del vídeo pregrabado en Internet, Twitch es el rey del vídeo en vivo.

Twitch es más conocido por albergar transmisiones en vivo de videojuegos, porque es así como empezó, pero ahora alberga todo tipo de otros contenidos como música, arte en vivo, cocina etc. Por causa del COVID-19, otras muchas categorías se han expandido rápido por necesidad.

El contenido en Twitch tiende a ser muy largo. Los músicos suelen estar dos y tres horas, y está altamente impulsado por la comunidad, por lo que tener una mentalidad centrada en ella es fundamental en Twitch. Además de ser artista tienes que trabajar y ser capaz de construir una comunidad de seguidores y espectadores de tu canal.

¿Cómo encaja Twitch en un modelo de negocio para músicos?

La transmisión en vivo no es nada nuevo, ya existía antes de Twitch, pero no como una parte central del modelo de negocio y generadora de ingresos. Era utilizada más bien como un complemento de marketing para desarrollar una marca de artista, interactuar con los fans o promover un nuevo proyecto o producto. Hacer dinero con la transmisión en vivo no era el foco, ya que había la posibilidad de hacerlo en vivo y en directo sin problemas, pero las cosas han cambiado con la pandemia y Twitch ha incorporado formas para que los músicos y creadores puedan ganar dinero no solo con su sistema de propinas, sino que también comprando una suscripción de pago convirtiéndose así en miembros de tu comunidad.

Twitch es un modelo basado en suscripciones/membresía, que ha ido creciendo como una opción de ingresos sostenibles para los músicos a lo largo de estos años, de manera similar a plataformas como https://www.patreon.com/

No debes considerar Twitch como si fuese un Instagram Live donde trasmites en vivo de forma esporádica, sino que tienes que verlo más bien como un canal de televisión con tu propia programación de transmisión en vivo, y una vez que hayas conseguido crear tu base de suscriptores, ellos acudirán a esa programación de forma regular, como si fuese su programa de televisión favorito.

Los principales competidores de Twitch, Facebook y YouTube, ya están restructurando sus funciones de forma parecida a como lo está haciendo Twitch, y eso es una buena señal de que el modelo de Twitch funciona.

¿Es Twitch adecuado para ti?

Twitch tiene mucho potencial para los músicos, pero en mi opinión no es para todos porque construir tu presencia como en cualquier otra plataforma lleva tiempo, trabajo duro y paciencia, y depende de ti averiguar si la transmisión en vivo en Twitch es algo que disfrutas y está dentro de tus puntos fuertes como artista/intérprete.

Ten en cuenta que no se trata sólo de interpretar música, se trata de saber cómo construir una comunidad, interactuar con los espectadores en tiempo real y entretener. Además, te va a exigir un nivel de transparencia y apertura con tus seguidores con el que necesitas sentirte cómodo, y puede que tú no estés dispuesto. Mi consejo es que primero conozcas Twitch, empieza como espectador y comprueba lo que otros están haciendo con éxito. Si eres completamente nuevo en Twitch, tómate un tiempo para participar con los creadores como fan. Busca a tus artistas favoritos como punto de partida para analizar y realizar ingeniería inversa de lo que hacen tan bien y aplicarlo a tu circunstancia.

¿Cómo se monetiza Twitch?

Twitch tiene la monetización integrada para permitir que los creadores reciban un pago por su contenido de varias maneras, incluidas formas fuera de su sistema interno. Este es un punto fuerte de Twitch, en comparación con el resto de las plataformas.

Formas de generar ingresos con tu canal de Twitch

▶ Ingresos por publicidad

Cuando sintonizas por primera vez un canal en Twitch de alguien, es probable que haya un anuncio que se reproduzca antes de puedas ver la transmisión en vivo. Este es un anuncio «pre-roll» y el *streamer* obtiene una parte de estos ingresos publicitarios. Para que esto suceda debes tener el rol de Afiliado o Partner.

Como creador, también tienes la posibilidad de presionar un botón durante la transmisión para mostrar un anuncio durante la emisión, por el que te pagan. Esto se denomina interrupción del anuncio. Por lo general, se hace cuando el *streamer* se aleja del teclado durante unos minutos. Todos tus espectadores lo verán y te pagarán por cada impresión.

Cuando te conviertes en un Afiliado, recibes un pago un pago de alrededor de $3,5 por cada mil visitas. Twitch paga un CPM de tarifa plana (coste por mil visitas) que variará dependiendo de la época del año.

Lo bueno es que tú tienes control sobre cuándo poner o no los anuncios y durante cuánto tiempo.

▶ Por suscripción a tu canal

Los espectadores pueden suscribirse a tu canal o regalar suscripciones (Subs) a otros espectadores para que te vean. Esto proporciona a los creadores una forma de ingresos mensuales recurrentes. Para esto también necesitas ser Afiliado o Partner en Twitch.

Lo siguiente por tu parte es decidir qué tipo de ventajas y privilegios vas a ofrecer a tus suscriptores, como por ejemplo la visualización sin anuncios de tus transmisiones en vivo, funciones extras en el chat, etc.

Hay tres niveles de suscripción con diferentes ventajas: 4.99, 9.99 y 24.99 dólares.

Twitch divide los ingresos de la suscripción 50/50 contigo. Incluso, si llegaras a ser un creador de primer nivel, podrías negociar obtener el 70% mientras que ellos obtienen el 30%.

> **«Para aquellos que ya pagan por la membresía de Amazon Prime, tienes lo que se llama Prime Gaming (anteriormente conocido como Twitch Prime) que te da una suscripción gratis para cualquier creador que el usuario elija.»**

Twitch vende una moneda virtual llamada «Bits» que los espectadores pueden comprar para donar a los *streamers*. Los Bits permiten a los espectadores comprar «vítores» (animaciones cortas que aparecen en la transmisión en vivo). Es una forma divertida de donar a un creator.

El coste de los Bits varía https://www.twitch.tv/bits (QR 1) hay descuentos por cantidad. En el nivel base, cuesta 1.40 euros comprar 100 bits y los *streamers* ganan alrededor de un céntimo por bit.

Más información detallada sobre los bits aquí: https://help.twitch.tv/s/article/guide-to-cheering-with-bits?language=en_US (QR 2).

Los precios se muestran en **EUR** e **incluyen IVA**.

300 Bits	3,28 €	29 % de descuento
100 Bits	1,53 €	
500 Bits	7,65 €	
1500 Bits	21,81 €	5 % de descuento
5000 Bits	70,42 €	8 % de descuento
10.000 Bits	137,78 €	10 % de descuento
25.000 Bits	336,79 €	12 % de descuento

1

2

▶ Ofertas de marca de patrocinio

Una vez que tengas comunidad te conviertes en objetivo lucrativo para las marcas, bien para promociones puntuales, o relaciones a más largo plazo.

Por ejemplo, una compañía de instrumentos de música podría querer patrocinarte y pagarte para que utilices su kit de batería o guitarra en *streaming* con su logotipo visible.

Los patrocinios para artistas no tienen que limitarse a la música. Pueden ser empresas relacionadas con la transmisión en vivo como hardware informático, cámaras o minoristas electrónicos. Básicamente, cualquier marca que quiera llegar a tu audiencia específica.

La cantidad que te pueden pagar se negociará en función de una serie de factores, como el tamaño de tu audiencia, la alineación de la marca y el tipo de interacción que tienes.

▶ Tips/donaciones

Puedes recibir donaciones de los espectadores a través diferentes plataformas como por ejemplo PayPal, que es el más común.

▶ Afiliados

Puedes alojar enlaces de afiliados a través de los cuales tú puedes recibir una pequeña comisión cuando alguien realiza una compra utilizando tu enlace.

Hay muchas plataformas de afiliación, aunque con Twitch el socio más lógico y común es Amazon. Después de todo, son dueños de Twitch. Puedes obtener más información sobre el programa de afiliados de Amazon https://affiliate-program.amazon.com/help/node/topic/GJ64G2W6MJ2N7CXP

▶ *Merchandising*

Esto obviamente no es exclusivo de Twitch, pero ofrecer *merchandising* es una forma habitual de que los fans apoyen a su artista favorito.

Puedes alojar fácilmente un enlace a tu tienda externa, lo lógico es que la tengas en tu propia web la tienda y lo que yo te recomiendo.

La mejor manera de promover la venta de *merchandising* es durante su transmisión en vivo usándola o mostrándola a los espectadores.

Cómo funciona Twitch en la práctica

Ahora que entiendes cómo monetizas en Twitch, el siguiente paso es ver cómo funciona en la práctica. Vamos a repasar los conceptos básicos que debes saber antes de empezar a configurar tu canal y transmisión en vivo.

Imagina que tienes tu propio canal de televisión y tienes el control total sobre tu programación. ¿Qué tipo de contenido compartirías?

Como músico, es probable que la mayoría de tu contenido esté relacionado con la música, pero tienes la libertad para experimentar con otras cosas.

Hay tres niveles de cuenta en Twitch:

1. Creador
2. Afiliado
3. Partner

Se empieza como un Creador y a medida que ganes seguidores y audiencia Twitch te permitirá desbloquear el estado de Afiliado o Partner y tener nuevas herramientas, características, beneficios y fuentes de monetización.

https://help.twitch.tv/s/article/achievements?language=en_US

Requisitos para ser afiliado:

- 50 seguidores.
- 500 minutos totales emitidos en los últimos 30 días.
- Siete días de transmisión únicos en los últimos 30 días.
- Promedio de tres o más espectadores simultáneos en los últimos 30 días.

▶ El estado del afiliado te da:

- Pocas insignias de chat de suscriptor (pequeños iconos que se muestran junto a nombres de usuario).
- Suscripciones.
- Cuota de ingresos por anuncios.

- Pocos emoticonos (hasta cinco) que son gestos esenciales de Twitch.
- Función de encuestas.

Ayuda:

- https://help.twitch.tv/s/article/subscriber-streams?language=en_US (QR 1)
- https://affiliate.twitch.tv/ (QR 2)

Tanto Bandsintown como SoundCloud tienen un acuerdo con Twitch para facilitarte una entrada acelerada en el estado de Afiliado:

- https://artists.bandsintown.com/support/bandsintown-twitch (QR 3)
- https://blog.soundcloud.com/2020/03/20/soundcloud-is-partnering-with-twitch-so-you-can-connect-with-new-fans-and-get-paid/ (QR 4)

1 2 3 4

Requisitos para el estatus de *partner*

Este estatus es mucho más difícil de obtener, pero puedes ganar más dinero. Una vez que cumplas con los requisitos, tendrás que presentar una solicitud, por lo tanto, no es una garantía. Si eres aceptado, estás obligado a transmitir un mínimo de tres días a la semana en un horario establecido.

▶ ¿Cómo se llega al estado de *partner*?

Tienes que:

- Transmitir durante 25 horas en los últimos 30 días.
- Transmitir durante 12 días únicos en los últimos 30 días.
- Alcanzar los 75 espectadores promedio en los últimos 30 días.

▶ El estado del *partner* te proporciona:

- Mayor cuota de ingresos publicitarios y anuncios más largos.
- Mayor participación en los ingresos por suscripción.
- *Cheermotes* personalizados: https://help.twitch.tv/s/article/partner-cheermote-guide?language=en_US (QR 1)
- Más emoticonos (Hasta 60).
- Una insignia de canal verificada.
- Más insignias de suscriptor.
- Función de encuestas.
- Transmisiones de suscriptores: Las transmisiones para suscriptores dan a los creadores la oportunidad de alojar una transmisión exclusiva solo para los miembros más comprometidos de su comunidad: suscriptores, VIP y moderadores https://help.twitch.tv/s/article/subscriber-streams?language=en_US (QR 2)
- Acceso completo a las opciones de transcodificación de vídeo: https://restream.io/blog/what-is-transcoding/ (QR 3)

1 2 3

Diferencias entre seguir y suscribirse

Por lo general, el primer paso como *streamer* es hacer que la gente presione el botón púrpura «Seguir» (ya que «suscribirse» solo está disponible para los creadores con el estado de afiliado o Partner). Digamos que seguir en Twitch equivale a suscribirse en YouTube.

Conseguir que los espectadores te sigan significa que recibirán notificaciones por correo electrónico o móvil.

Una vez que alcance el estado de Afiliado, ya podrán suscribirse a tu canal por un coste de 4.99 dólares al mes y obtener ciertos beneficios como privilegios de chat y la participación en eventos de transmisión en vivo solo para suscriptores. Algunas otras ventajas incluyen emoticonos e insignias personalizados (iconos junto a su nombre para que otros sepan que eres un suscriptor). Puedes configurarlo para que solo los suscriptores o seguidores puedan escribir en el chat.

Las suscripciones también se pueden regalar a otros espectadores en su transmisión en vivo, lo que se conoce como «subs de regalo». Es posible que los fans quieran apoyarte regalando subs a otras personas que vean tu canal. Pueden elegir una persona específica o dejar que *Twpicar* al azar seleccione a alguien. Se pueden regalar hasta 100 subs a la vez.

¿Cuáles son los beneficios de suscribirse?

- **Insignias de suscriptor**: Ventajas de bonificación como gestos e insignias de chat /sub.
- **Canal sin publicidad**: Visualización sin publicidad de tus transmisiones en directo (solo si activas esta configuración).
- **Chat y streaming solo para suscriptores:** También puedes alojar una transmisión y un chat en la que solo los suscriptores puedan verla y chatear contigo.
- **Solicitud e canciones:** Puedes configurarlo para que los suscriptores puedan hacer solicitudes de canciones gratuitas.
- **Emoticonos especiales.**
- **Premieres:** función que permite anticipar una transmisión con la posibilidad de incluir introducciones con cuenta atrás, recordatorios para espectadores o una página de inicio especial con la que atraer a la audiencia, nueva o recurrente, al primer visionado, y después, el vídeo estará disponible para su visionado bajo demanda (*Reruns*)
- ***Reruns*:** Para cuando estás *offline* repetición de una trasmisión en diferido.

Ejemplo de Subs: https://www.twitch.tv/subs/raquel

Suscripción de nivel 1

¡Las suscripciones son una gran forma de apoyar directamente a tus streamers favoritos y obtener grandes beneficios!

Ventajas

Visualización sin anuncios en el canal de Raquel (con algunas excepciones).

Chat durante el modo Solo suscriptores que no se verá afectado por el modo lento.

Ve transmisiones para suscriptores (el acceso depende del nivel de suscripción).

Desbloquea al instante tu primer emblema de suscripción y muestra tu apoyo.

Nivel 2

- Todos los beneficios del nivel 1
- **5** emoticonos exclusivos
- Adorno de emblema de **nivel 2**
- **1** modificador de emoticonos

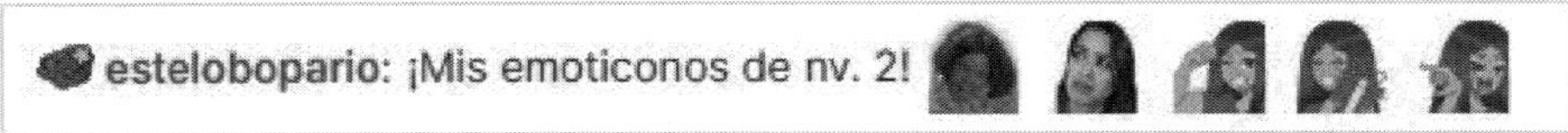

Nivel 3

- Todos los beneficios del nivel 2
- **2** emoticonos exclusivos adicionales
- Adorno de emblema de **nivel 3** mejorado
- **2** modificadores de emoticonos adicionales

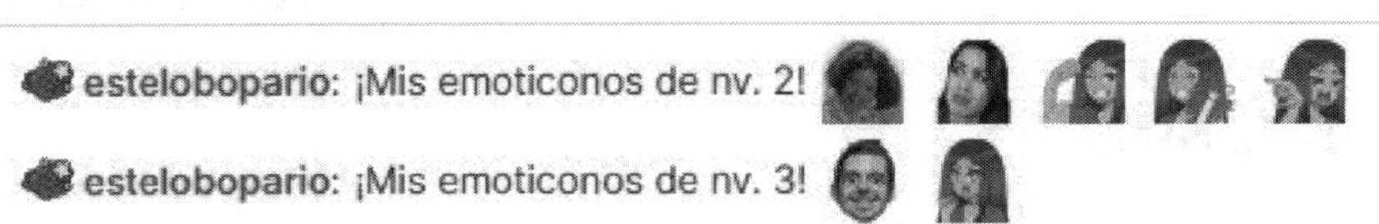

El chat

Si quieres conseguir que la gente hable y chatee contigo, reconoce y saluda a las personas que entran y agradece a los que donan o regalan subs. Sé accesible y respetuoso.

Si no estás hablando, necesitas estar haciendo o mostrando algo para mantener a la gente comprometida.

Una de las tareas que tendremos que abordar en algún momento es establecer las reglas del chat que queremos que los espectadores sigan.

Conforme te vuelvas más popular, necesitarás saber cómo manejar a personas y los trolls. Ayuda tener moderadores o bots. Puedes hacer que el chat esté en un modo lento para permitir que los moderadores eliminen comentarios.

▶ Insignias de chat

Todas tus interacciones con los espectadores ocurren en el cuadro de chat, hay insignias de chat / iconos que son visibles en el cuadro de chat junto a los nombres de las personas. Esto te ayuda a visualizar a tus mejores seguidores y cómo han contribuido específicamente a tu canal. Los fans ganan insignias para ser reconocidos por su apoyo.

▶ Tipos de insignias:

https://help.twitch.tv/s/article/twitch-chat-badges-guide?language=en_US (QR 1)

- **Insignias de chat de tipo de usuario** (moderador de chat, administrador, emisora).
- **Insignias de lealtad de suscriptor:** Cuánto tiempo se han suscrito los usuarios. Esto es algo que puedes empezar a personalizar una vez que llegue al estado de afiliado.

  https://help.twitch.tv/s/article/subscriber-badge-guide?language=en_US (QR 2)
- **Insignias de *cheer* Chat:** Cuántos aplausos se compraron.
- **Insignias de Sub *Gifter*:** Cuántos subs fueron regalados a otros espectadores.

1

2

- **Insignias de la tabla de clasificación superior** (*Gifter / Cheerer*): Si habilitas tablas de clasificación, tus espectadores pueden ganar estas insignias.
- ***Prime Gaming Badge:*** Muestra cuándo conectaste tu suscripción a Amazon Prime a tu cuenta de Twitch. Esto te da ciertos beneficios en Twitch, incluyendo una suscripción gratuita a cualquier creador una vez al mes. https://www.amazongames.com/es-es/support/prime-gaming (QR 3)
- **Twitch Turbo**: https://help.twitch.tv/s/article/twitch-turbo-guide?language=en_US (QR 4) Twitch Turbo es un programa de suscripción mensual que se ofrece exclusivamente en Twitch.tv con los siguientes beneficios:
  - Visualización sin anuncios en Twitch: Mirar con Turbo significa que no hay *pre-rolls, mid-rolls*, complementarios ni anuncios gráficos.
  - Conjunto ampliado de emoticono, elige entre dos conjuntos adicionales de emoticonos. *Glitch* o monos; elige sabiamente (siempre puedes cambiarlo más tarde).
  - Colores de nombre de usuario de chat personalizados, destaca en el chat con un color de nombre de usuario personalizado.
  - Insignia de chat: representa a Turbo con orgullo con una insignia de chat exclusiva.
  - Almacenamiento de transmisiones extendido, guarda las transmisiones anteriores en Twitch durante 60 días en lugar de los 14 estándar.
  - Atención al cliente prioritaria

3

4

Emotes (emogis)

Los gestos o emoticonos son esencialmente *emojis* que son exclusivos de Twitch y se utilizan en sus chats. Hay gestos predeterminados a los que todo el mundo tiene acceso. Y hay otros que sólo están disponibles en ocasiones especiales.

Si te suscribes a un creador de Twitch, es posible que ofrezcan su propio conjunto de gestos para que los uses. Estos emoticonos de suscriptor se pueden utilizar en cualquier lugar, incluidos los canales de otras personas.

Tener tus propios emoticonos de marca y personalizados es una forma divertida de animar el chat y a tus fans para representarte en otros canales. A veces, los creadores diseñan emoticonos basados en chistes internos que tienen con su comunidad. También suele estar ligado a temas comunes de tu transmisión en vivo o conectados a tu marca.

Para crear emoticonos personalizados se necesita ser Afiliado o Partner.

La audiencia

¿Cuántos espectadores puedes esperar? ¿Cuál es un buen número? De los artistas que veo en Twitch, entre 200 y 500 espectadores se considera más en el extremo superior. Por supuesto hay excepciones y algunos de los mejores *streamers* en Twitch pueden llegar a tener entre diez y veinte mil espectadores por secuencia. Pero si hablamos de artistas de música veteranos con alrededor de 40k seguidores, la audiencia promedio o espectadores simultáneos es de alrededor de 150 o 200.

Para los artistas más nuevos, conseguir de cinco a diez espectadores de forma regular puede ser un desafío. Llegar incluso a 50 espectadores podría ser visto como un gran éxito.

La métrica clave de Twitch es la audiencia o cuántas personas te están viendo. Así que, si estás empezando, transmitir durante 24 horas sin que nadie te mire no va a servir de nada.

Después de cada secuencia, tienes disponible un resumen de transmisión para que puedas ver la estadística de la retransmisión.

Reglas de obligado cumplimiento en Twitch

https://www.twitch.tv/p/es-es/legal/community-guidelines/

▶ Sobre los derechos de autor

https://www.twitch.tv/p/es-es/legal/dmca-guidelines/

Básicamente, no se te permite usar contenido protegido por derechos de autor. Por lo general, lo que sucede cuando tu transmisión se identifica como una infracción de DMCA (La Ley de Derechos de Autor de la Era Digital) segmentos de tu transmisión con el material protegido por derechos de autor se silenciarán o todo el vídeo puede ser eliminado directamente. Twitch tiene que hacer esto para cumplir con DMCA y protegerse de cualquier litigio de los titulares de derechos de autor para permitir a los usuarios usar y distribuir material protegido por derechos de autor en su plataforma.

Por ejemplo, reproducir la música de otra persona en segundo plano o la transmisión de un programa de televisión en *streaming*.

Las solicitudes repetidas de retirada de DMCA pueden conducir a suspensiones o prohibiciones de canal.

Este es un área que va a seguir desarrollándose, pero lo mejor es tomar el enfoque cauteloso. Por supuesto, si estás tocando tu propia música y tienes plena propiedad, no hay ningún problema, y en eso los músicos no deberíamos tener grandes problemas.

▶ Contenido sexual

Esto es lo que debes saber sobre el contenido sexualmente sugerente. No se permite la desnudez ni contenido pornográfico. La zona pélvica tanto para hombres como para mujeres debe estar completamente cubierta y no puede ser transparente. No puedes exponer las nalgas o los genitales, ni siquiera un contorno.

Ten cuidado con el comportamiento sexual, el lenguaje que utilizas y el atuendo. Se permite el escote para las mujeres siempre y cuando cubras los pezones, amamantar está bien visto.

▶ Drogas

Cuando se trata de drogas, incluyendo alcohol y tabaco, las pautas son un poco más laxas, siempre y cuando no sea ilegal.

Se permite fumar / vapear tabaco en la transmisión en vivo, pero Twitch aconseja no hacerlo. Simplemente tienes que ser consciente de quién es tu público y si los niños más pequeños pueden estar observándote.

Se permite beber alcohol casualmente como una cerveza, una copa de vino o un licor (suponiendo que esté en edad legal para beber). Sin embargo, Twitch no permite el consumo excesivo de alcohol porque puede conducir potencialmente a comportamientos que sean prohibidos.

▶ ¿Qué hay de fumar o consumir marihuana?

Algunos artistas lo han hecho y no ha pasado nada, aunque en Twitch desalientan fumar marihuana en tu transmisión en vivo, ya que sigue siendo controvertida. Sin embargo, no derivará en una prohibición a menos que sea ilegal en el estado o país en el que la estás fumando. En otras palabras, depende mucho de tus leyes locales y si la marihuana se legaliza desde donde emites la trasmisión.

Teniendo en cuenta que, para algunos artistas, la marihuana es parte de su marca, por lo que debería estar bien incorporarla a tu transmisión y canal siempre y cuando no estés violando las leyes locales.

Comenzando a usar Twitch

Ahora que entiendes cómo funciona Twitch, es hora de ¡comenzar! Técnicamente puedes transmitir en vivo desde tu *smartphone* a través de la aplicación Twitch. La transmisión en tu teléfono móvil va a ser una experiencia similar a la transmisión en Instagram o Facebook.

1. Regístrate

   https://help.twitch.tv/s/article/creating-an-account-with-twitch?language=en_US para obtener una cuenta y descarga la aplicación en iOS o Android. No olvides rellenar tu perfil y subir una foto. Tendrás que hacerlo en un ordenador de sobremesa o portátil para rellenar todos los detalles.

2. Haz clic en la esquina superior izquierda donde se encuentra la foto de perfil. Debería mostrarte ya la página de tu canal.
3. Haz clic en «¡*Go Live!*» .
4. Te pedirá que gires el teléfono hacia un lado antes de que empiece la cuenta atrás de tres y te permitirá saber cuántos datos utilizará la secuencia.
5. ¡Estás oficialmente en vivo! El cuadro de chat está en el lado derecho. Para finalizar la secuencia, simplemente haz clic en ‹Finalizar›.

La desventaja de la transmisión en vivo desde un teléfono inteligente es que puede consumir mucha batería y hacerla más débil con el tiempo. También puede usar una gran cantidad de datos si no está conectado a wifi.

Si te tomas en serio Twitch, debes considerar invertir en mejor hardware y mejorar tu configuración.

No tienes que invertir un montón de dinero en una configuración de transmisión en vivo óptima. **Esta es una descripción general de lo que necesitas básicamente:**

- Computadora / Portátil.
- Webcam / Cámara.
- Mezclador de audio.
- Conexión estable a Internet.
- Iluminación.

Además del hardware, necesitarás el software adecuado para transmitir en vivo desde tu ordenador. Para poder utilizar Twitch y otras plataformas similares, necesitas software de *broadcaster* para administrar tus transmisiones en vivo. Hay un montón de opciones diferentes, pero yo te recomiendo encarecidamente **OBS:** Esto se considera el estándar para el software de radiodifusión. Es gratuito, de código abierto y compatible con Windows, MacOS y Linux. Por sí mismo, es un software simple que hace su trabajo. Puedes descargarlo aquí: https://obsproject.com/

Comenzar con cualquier software nuevo puede ser intimidante, por eso voy a desglosar todos los **elementos comunes que vas a necesitas en tu trasmisión:**

- **Vista previa de vídeo:** Para ver cómo se verá tu transmisión en vivo desde la perspectiva del espectador. Puedes hacer clic en ciertos elementos / fuentes aquí para cambiar el tamaño y moverlos donde deseas colocarlos, incluso mientras estás transmitiendo en vivo.
- **Escenas:** Son esencialmente diseños de transmisión en vivo que puedes crear y personalizar para diferentes situaciones. Por ejemplo, es posible que desees tener una escena para el set «en vivo» con varias cámaras y superposiciones gráficas.
- **Fuentes**: Los diferentes elementos que encontrarías en una escena deben provenir de una fuente como pueden ser:
  - **Dispositivo de captura de vídeo**: Esto será tu cámara web.
  - **Captura de entrada de audio**: Esto será tu micrófono, interfaz, o mezclador si tienes una configuración con más micrófonos.
  - **Fuente de medios**: Esto es para un archivo multimedia, como un vídeo o una canción, que está en tu ordenador.
  - **Imagen:** Esto es para una imagen estática como una superposición gráfica.
  - **Captura de ventanas**: Esto es para agregar cualquier aplicación en tu ordenador para mostrar un navegador web y mostrar un software de producción de vídeo o audio de YouTube.
  - **Navegador**: Esto es un poco complicado porque no es lo que parece. Si deseas mostrar lo que hay en un navegador web, usaría el origen captura de ventanas. Esto realmente es para un elemento de naturaleza de dirección url en la web.
  - **Captura de pantalla**: Esto es para capturar lo que está en otra pantalla o monitor. Por ejemplo, si tienes una configuración de dos monitores, puedes agregar vídeo de lo que hay en otro monitor a la secuencia.
  - **Captura de juego:** Esto es para mostrar un vídeo del juego que estás jugando.

- **Mezclador de audio:** Aquí es donde puedes controlar los niveles de volumen de las diferentes fuentes de audio que tienes y aplicar filtros de sonido.
- ***Transitions***: Esta sección permite elegir el tipo de transición entre escenas. Puedes obtener una vista previa de su aspecto haciendo clic en diferentes escenas para verlo en acción.
- **Controles**: Aquí es donde puedes iniciar/detener la transmisión, grabar y cambiar la configuración.

Como alternativa Twitch está desarrollando su propio software de radiodifusión llamado Twitch Studio para PC con Windows y Mac. Actualmente está en fase beta. En mi opinión es menos flexible que usar OBS, pero si quieres algo rápido y sencillo, entonces esta puede ser la mejor opción para empezar.

Configuración para el *live streaming*

Una vez que decidas qué software utilizar, tendrás que configurarlo con los mejores ajustes posibles para tu equipo concreto. No puedo decirte exactamente cómo debes configurarlo ya que el equipo y la situación de cada configuración de cada uno es diferente, pero al menos puedo proporcionar algunas pautas sobre por dónde empezar.

El primer paso es conectar tu cuenta de Twitch a tu software. Puedes hacerlo con una clave de secuencia, que es un código único que permite a cualquiera que lo tenga transmitir a tu canal de Twitch. ¡No compartas esto con nadie!

Hay dos maneras de encontrar su clave *stream*. En el panel de control de tu canal, puedes encontrarlo en la configuración de «Canal» en «Preferencias». https://dashboard.twitch.tv/settings/channel También puedes encontrarlo en «Configuración» y en la pestaña «Canales y vídeos».

En OBS la sección donde introducirá la clave de transmisión está en «Configuración» y en «Stream». Sin embargo, una forma más fácil de vincular tu canal de Twitch a tu software de transmisión es iniciar sesión en tu nombre de usuario y contraseña de Twitch en el propio software. Deberías ver una opción para conectar tu cuenta de esta manera en esta misma sección.

Una vez hecho esto, tendrás que personalizar la configuración de *streaming*. Cuando se trata de ajustes, tendrás que probar y probar diferentes opciones para ver lo que funciona mejor para su configuración. Debido a que esta es una guía de inicio, voy a compartir lo que creo que es mejor para empezar.

Deberías ser capaz de hacer clic en «Configuración» o el icono de engranaje para llegar al menú donde se puede acceder a estos ajustes.

▶ *Outputs settings*

Velocidad de bits de vídeo: Esto controla esencialmente la calidad de vídeo que está transmitiendo. Querrás establecerlo en algún lugar entre 2500 kbps a 5000 kbps. 6000 kbps es la velocidad de bits máxima que Twitch permite y generalmente se utiliza más para los *streamers* de élite con conexiones estables. Recomendado a partir de 3000 kbps.

Aunque es posible que desees tener la mejor calidad de vídeo, hay desventajas de tener altas velocidades de bits de vídeo. Las personas que están viendo en el móvil o con una mala conexión a Internet pueden experimentar almacenamiento en búfer o retraso *issues* debido a que necesita transferir más datos, empeorando el problema si no tienes velocidades de carga lo suficientemente altas. Esta mala experiencia de visualización puede limitar el número de personas que pueden sintonizar tu transmisión en vivo.

Twitch nunca recomienda establecer la velocidad de bits de tu vídeo superior al 80% de tu velocidad de carga consistente como kbps.

Por ejemplo, si tu velocidad de carga es de 5 Mbps, no superes los 4 kbps. En un caso como este, 2500 kbps es un buen objetivo.

Las otras variables que deberás tener en cuenta para determinar tu velocidad de bits de vídeo ideal es la velocidad de fotogramas y la resolución de vídeo. Cuanto mayor sea la velocidad de fotogramas y la resolución de vídeo, más datos se deben codificar y transmitir.

Puedes utilizar las siguientes directrices:

- La velocidad de bits de vídeo para 1080p a 60 FPS debe ser 4500 - 6000 kbps.
- La velocidad de bits de vídeo para 1080p a 30 FPS debe ser de 3500 - 5000 kbps.
- La velocidad de bits de vídeo para 720p a 60 FPS debe ser 3500 - 5000 kbps.
- La velocidad de bits de vídeo para 720p a 30 FPS debe ser 2500 - 4000 kbps.

Codificador: Un codificador comprime y convierte tu vídeo y audio en un formato que Twitch puede usar para transmitir tu transmisión en directo a los espectadores. Esta configuración te permite decidir si deseas utilizar el Software (x264) para manejar la codificación, lo que significa dejar que la CPU haga el trabajo. Por otro lado, puedes elegir hardware para permitir que tu tarjeta gráfica dedicada o GPU integrada (unidad de procesamiento de gráficos) realice la tarea.

Para la mayoría de los casos está bien utilizar *Softwson* (x264).

▶ Ajustes de audio

Nunca he tenido que tocar nada en esta pestaña y he usado los ajustes predeterminados. Lo único que debes ajustar es la velocidad de bits de audio, que se encuentra en la pestaña «salida» y no en la configuración de audio.

- ***Bitrate* de audio**: Esto afecta a la calidad de audio. Twitch recomienda 128 kbps, pero depende de si tu ordenador y conexión a Internet pueden manejarlo sin problemas.
- **Frecuencia de muestreo**: Lo correcto es utilizar la misma frecuencia de muestreo que el resto de los dispositivos de audio conectados a tu ordenador. A menos que encuentres algún problema de sincronización de audio, puedes dejarlo en el valor predeterminado 48 kHz.
- **Dispositivos de audio globales**: En esta sección, asegúrate de que las entradas o fuentes de audio, como el micrófono, se muestren como «predeterminadas» o el nombre específico del dispositivo. Para el audio de escritorio, se refiere a la salida de sonido global de su ordenador. Por ejemplo, puede ser sonido de un vídeo de YouTube que estás viendo o de un videojuego que estás transmitiendo.

▶ Ajustes de vídeo

- **Resolución de lienzo base**: Para ello, solo tienes que seleccionar la resolución de la pantalla o el monitor. Lo más probable es que sea 1920 x 1080, que es muy común, y la resolución máxima que Twitch admite en este momento.
- **Resolución de salida**: Esta es la resolución de la salida de vídeo que Twitch recibirá de ti. Comienza con 1280 x 720 pero ajuste en consecuencia a la potencia de la CPU de tu ordenador y la conexión de velocidad de Internet. Mueve hasta 1600 x 900 o 1920 x 1080 si tu ordenador puede manejarlo.
- **Filtro de escala descendente**: Si la resolución de *output* que estableció anteriormente es menor que la resolución del lienzo base, el vídeo tendrá que reducirse con un filtro. En OBS, tiene cuatro opciones: *Bilineal, Área, Bicubic y Lanczos*.
- Prueba bilineal primero ya que es la mejor opción para los ordenadores que no son de gama alta. Será más rápido y tendrá un mejor rendimiento, pero puedes experimentar para ver lo que funciona y se ve mejor para tu configuración.
- **Fotogramas por segundo (FPS):** Se refiere a cuántos fotogramas o imágenes mostrarán cada segundo de vídeo. Sus dos opciones principales van a ser 30 o 60 FPS. 30 estará bien para lo que la mayoría de los músicos necesitan.

Elementos de diseño y funcionalidad en Twitch

Dejando de lado ya los aspectos más técnicos vamos a abordar los elementos de diseño y funcionalidad de tu canal. Ya sabes que la presentación y tu *branding* son muy importantes en la creación de una impresión positiva a tus espectadores.

Puedes editar la mayoría de las opciones y ajustes de configuración de tu canal en una página. Ve a tu Creator Dashboard https://dashboard.twitch.tv/ y haz clic en «Preferencias» y luego en «Canal».

▶ Lista de los conceptos básicos que te recomiendo configurar

- **Imagen de perfil:** Esta es la foto utilizada para representar su canal de Twitch.
- **Banner de perfil:** Este *banner* es lo que se muestra en la parte superior de tu canal de Twitch cuando no estás conectado. Normalmente, va a haber un vídeo (tu transmisión anterior, otro canal de Twitch que estás alojando automáticamente, aspectos destacados o un tráiler de canal) se muestra encima de su *banner* que cubre el medio, así que tenlo en cuenta cuando pienses en un diseño. El tamaño recomendado es 1200 x 480.
- **Color de acento de perfil:** Elige un color que coincida con su marca.
- **Breve biografía:** Tienes 300 caracteres para comunicar quién eres y lo que haces. Al igual que con una biografía de Instagram, usa este espacio para establecer expectativas sobre qué tipo de contenido haces para ayudar a las personas a decidir si deben seguirte o no.
- **Añadir enlaces a redes sociales**: Puedes enumerar hasta cinco cuentas, elige las principales en las que estás activo.
- **Video Player Banner (Offline):** Puedes establecer un gráfico grande para mostrar cuándo está fuera de línea. Por ejemplo, tus identificadores de redes sociales, programación de transmisión y lo que hace para aquellos que pueden ser nuevos en su canal. La resolución de este gráfico debe ser 1920 x 1080.
- **Programación de *streaming* de configuración:** Para aumentar las posibilidades de que las personas se unan a tus transmisiones en directo, debes tener una programación de transmisión establecida para que la gente pueda planificar con tiempo. Tu horario es visible para tus visitantes en tu canal de la pestaña «Programación». Configura esta opción lo mejor que puedas, de modo que si surge algo y no puedes entrar en línea, asegúrate de cancelarlo para que tus seguidores lo sepan. Si vas a dejar de transmitir en vivo durante un período prolongado, activa el «modo de vacaciones».

▶ Paneles de extensión

Tienes una sección de panel donde puedes agregar más texto, enlaces gráficos y widgets / extensiones. Normalmente, verás que los *streamers* agregan cosas como:

- Biografía más larga.
- Enlace para comprar *merchandising* y donar dinero.
- Acceso a su servidor de https://discord.com/ o cuenta de https://www.patreon.com/
- Fuentes de redes sociales (Instagram, Twitter).
- Programación de la transmisión.

Esta área está organizada por columnas con cada panel ocupando una columna. Dependiendo del tamaño de la pantalla en la que alguien esté viendo su transmisión, puede mostrar paneles en dos o cinco columnas para un máximo de cinco paneles. Para editar tus paneles, ve a la pestaña «Acerca de» de tu canal y, a continuación, haz clic en «Editar paneles» https://help.twitch.tv/s/article/how-to-edit-info-panels?language=en_US (QR 1).

En lugar de un panel, también puedes optar por instalar / activar una extensión en su lugar. Puedes navegar por el administrador de extensiones para ver todas las diferentes opciones que tiene https://dashboard.twitch.tv/extensions (QR 2).

▶ Channel vídeo layout

Puedes cambiar y reordenar cómo se muestran los tipos de vídeo en tu canal de forma muy parecida a como se hace en YouTube. En la página de inicio de tu canal, haz clic en la pestaña «Vídeos» y luego en «Personalizar diseño» para cambiar tus diseños de vídeo.

▶ Channel settings

En esta sección hay algunos ajustes que querrás considerar activar: https://dashboard.twitch.tv/settings/channel

- **Almacenar transmisiones anteriores**: Activa esta página para que tus transmisiones en directo anteriores estén disponibles para ver hasta 14 días (60 días para los *partner* de Twitch). Esto es ideal para personas que te siguen, pero no pueden conectar en vivo. Puedes restringir el acceso para ver tus VOD (vídeo a petición) solo a los suscriptores, una vez que llegues al estado de Afiliado.
- **Contenido para adultos:** Si tu contenido no es apto para niños debido al idioma o al contenido, puedes configurarlo solo para públicos adultos. No es necesario activarlo, sino para dar a los nuevos espectadores una advertencia inicial cuando revisen por primera vez tu canal.
- **Activar clips**: Activa esta opción si quieres permitir que las personas creen clips cortos y compartibles desde tus transmisiones en vivo. Estos clips pueden ser de hasta 60 segundos y almacenarse en tu canal para siempre a menos que los elimines.
- **Modo de latencia:** Para crear una experiencia lo más cercana posible al «tiempo real» establécela en «baja latencia». De esta manera, hay menos retraso entre tus acciones en directo y cuando los espectadores lo ven a través de Twitch.

Las donaciones

Vamos a repasar cómo configurar las donaciones o propinas, ya que la mayoría de las otras opciones de monetización aún no están disponibles para ti si estás empezando. Twitch tiene su propia moneda digital llamada «bits», pero solo podrás usarla cuando seas afiliado o *partner*.

La forma más fácil de aceptar donaciones es tener un enlace de PayPal-Me https://www.paypal.com/paypalme/ (QR 1) para que no tengas que dar tu dirección de correo electrónico. Si aún no tienes una cuenta de PayPal, puedes hacerlo desde aquí: https://www.paypal.com/es/home (QR 2)

1

2

Puedes mencionar verbalmente tu enlace, incluir un enlace/botón como panel en tu sección «Acerca de» o publicar el enlace en el chat.

El mayor problema con la aceptación de donaciones con PayPal es que generan gastos que pagas tú (el que recibe el pago). Ten en cuenta esto antes de gastar el dinero. Te aconsejo que te informes de los gastos que supone, por lo general es un gasto fijo por transacción + un porcentaje del total. (PayPal se lleva 1,9% de la donación + un fijo por operación de 0,35€.)

Moderación del chat

Internet puede ser un lugar implacable donde la gente no tiene ningún problema en dejar comentarios desagradables, groseros u ofensivos. Y es en el chat donde ocurre por eso, es importante regularlo y protegerlo con algún tipo de moderación de chat.

Hay dos tipos de moderaciones de chat (mods). Tienes bots y tienes mods humanos. Ayudan a eliminar comentarios no deseados u ofensivos y bloquean los mensajes que están spam.

Twitch tiene un Bot de moderación integrado llamado *Automod* que ayuda a filtrar ciertas palabras de entrar en tu chat. Para obtener más información sobre cómo configurar *Automod*: https://help.twitch.tv/s/article/how-to-use-automod?language=en_US (QR 1). También puedes establecer reglas que las nuevas personas de tu canal deban aceptar antes de que puedan participar en tu chat. Esto se encuentra en la configuración de moderación en «Privilegios de canal». https://dashboard.twitch.tv/settings/moderation (QR 2). Finalmente, hay ciertos comandos de chat que están integrados en tu canal de Twitch para ayudarte a moderar tu chat y ejecutar ciertas funciones del canal. Puedes ver cuáles son aquí: https://help.twitch.tv/s/article/chat-commands?language=en_US (QR 3).

1 2 3

Notificaciones en directo

Cuando entres en directo, puedes enviar una notificación para que tus seguidores sepan que estas trasmitiendo. Recibirán un correo electrónico o mensaje emergente en su móvil dependiendo de lo que establezcan ellos.

Antes de entrar en funcionamiento, comprueba y actualiza la información de tu transmisión si es necesario. Puedes hacer esto en *Twitch Stream Manager* y hacer clic en el botón «Editar información de *stream*» en el lado derecho.

- **Título:** Usa el título que describa mejor tu transmisión, es lo que verán las personas que estén navegando por la categoría de música o las que estén viendo tu transmisión en vivo, hay un límite de 140 caracteres.
- **Notificación *Go Live*:** Este es un mensaje corto que los *followers* verán cuando entres en directo. Tienes 140 caracteres para que la gente sepa de qué se trata tu

transmisión. Puede ser un mensaje sencillo o aprovecharlo como una oportunidad para crear algún misterio o intriga y que de este modo sean más propensos a aparecer, aunque sea por curiosidad.

- *Category*: Selecciona «Música» ya que es la categoría principal de contenido musical en Twitch.
- **Audiencia**: Tienes la capacidad de alojar transmisiones en vivo solo para suscriptores que el público en general no puede ver. Sin embargo, ya sabes que esta función solo está disponible si eres afiliado o *partner*. También debes transmitir al menos 90 días únicos como afiliado o *partner* y no infringir las Directrices de la comunidad de Twitch en esos 90 días. Dado que todavía eres nuevo, esta opción aparecerá atenuada.
- **Etiquetas:** El uso de etiquetas ayudará al descubrimiento y detección del tipo de transmisión de cara a los usuarios. Hay opciones predefinidas para músicos, DJ, producción musical, charlas musicales, composición y eventos musicales. Además, elije las etiquetas asociadas con el género o el tipo de música. Aquí puedes ver la lista completa https://www.twitch.tv/directory/all/tags puedes agregar hasta cinco etiquetas.

- **Idioma de transmisión**: Seleccione el idioma principal utilizado en su transmisión en vivo.

Ideas

Por supuesto que depende totalmente de ti decidir lo que quieres hacer. Pero una de las cosas clave que veo en los artistas de música en Twitch es que no siempre se trata solo de interpretar canciones. Los músicos tienen algunas bromas escénicas e incluso la interacción del público en el medio de cada canción.

La interacción es fundamental para la experiencia de Twitch, y a menudo incluso hay más preguntas / respuestas que música.

Aunque en última instancia quieres centrar tu canal en tu música, está bien mezclar el tipo de contenido que haces. Si necesitas ideas, aquí tienes una lista de sugerencias:

- **Conciertos Online.**
- **Solicitudes de canciones**: Puedes configurarla para que solo los suscriptores del canal o aquellos que donen puedan realizar solicitudes.
- ***Chating* / Preguntas y respuestas en vivo.**
- **Estreno:** De vídeo musical o fiesta de lanzamiento de álbum en línea.

- **Producción y grabación de música**: A algunos fans les encanta ver el proceso creativo y de grabación en vivo.

- **DJ Sets.**
- **Entrevistas:** Invita a invitados en tu canal y chatea con ellos.
- **Jugar videojuegos:** Esto sólo tiene sentido en Twitch porque es conocido principalmente como una comunidad de videojuegos. Y no necesariamente tienes que ser bueno en esto, piensa que podría haber un valor de entretenimiento en ser realmente malo jugando.
- **Grabar un podcast:** Lo transmites al mismo tiempo en vídeo.
- **Entrevistas de suscripción**: Permitir que los fans salten en tu transmisión a través de vídeo para chatear contigo.
- **Ver vídeos de YouTube o transmisiones en vivo en Twitch con tus fans**. Si tú y tus fans tenéis Amazon Prime, puedes ver un programa de televisión o una película junto con una *Amazon Prime Watch Party*.
- **Viajes o actividades al aire libre:** Retransmite estas experiencias en directo.
- **Cocina:** Retransmite en directo tus habilidades en la cocina.
- **Rap *freestyles***: El *freestyle* rap es un subgénero musical del rap que se realiza de manera improvisada, puedes hacerlo con palabras o temas propuestas en el chat.
- **Inventar canciones:** Componer en directo usando un *Looper*, o como tú trabajes habitualmente en este área.

- **Criticar o analizar música:** Puede ser por ejemplo música que te envían o proponen los propios fans, o una selección de tu playlist personal.
- **Dibujo, diseño:** O cualquier otro arte alternativo que domines además de la música.
- **Vídeo pregrabado** si lo tienes, como por ejemplo una actuación en vivo, incluye un pequeño vídeo en vivo para seguir creando diálogo e interacción con los que lo ven.
- **Improvisar con otros músicos**: Para improvisar con otros músicos en transmisiones en vivo. Necesita al menos 25 milisegundos de latencia. Esta es la mejor aplicación para esto que he podido probar: https://jamkazam.com/ Otra alternativa es si tenías un vídeo pregrabado de alguien cantando o tocando un instrumento. Puedes cargarlo en OBS como fuente para que puedan usarlo como pista de base a modo de karaoke para cantar o tocar sobre él mientras se está reproduciendo.

Tu primera transmisión

Antes de anunciar tu primera transmisión de Twitch haz una simulación de prueba para asegurarte de que todo funciona sin problemas. Durante una transmisión de prueba, haz que un amigo suba para verte en Twitch para asegurarte de que todo se ve bien desde el final del espectador.

1. Comprueba la calidad del vídeo para asegurarte de que la iluminación es adecuada.
2. Haz una comprobación de sonido y asegúrate de que los niveles de audio son buenos.
3. Haz la prueba durante al menos 30 minutos para asegurarte de que la conexión a Internet es estable.
4. Asegúrate de que no haya problemas de latencia ni retrasos prolongados.
5. Comprueba que el vídeo está sincronizado a tiempo con el audio. Pruébalo pidiendo a la persona que escriba una palabra específica en el chat tan pronto como la escuche.

▶ Antes de la transmisión

- Tu primera transmisión mantenla simple, no necesitas todo el equipo de lujo, superposiciones, efectos especiales y configuraciones de cámara elaboradas.

- Programa contenido para al menos una o dos horas de duración. Esto le da a la gente mucho tiempo para unirse y echar un vistazo a su canal. Según Twitch, el espectador promedio de su plataforma ve un promedio de 106 minutos de contenido al día, por lo que está acostumbrado a quedarse durante períodos más largos.
- Sé tú mismo: No intentes copiar a alguien con éxito.
- Como músico tener un buen audio es más importante que tener un buen vídeo, no lo olvides.
- Durante la transmisión, recuerda a los espectadores que te sigan para poder recibir notificaciones. Hazlo verbalmente y recordándolo en el chat, ten en cuenta que Twitch es aun relativamente nuevo para mucha gente, por lo que es importante guiarlos.
- Asegúrate de tener tu enlace de donación en algún lugar de tu canal, como un panel debajo de la transmisión. También puedes configurar un *chatbot* para publicar un enlace periódicamente.
- Reconoce e interactúa con las personas que chatean contigo. Y si las personas te siguen o donan, asegúrate de agradecérselo de la mejor forma que sepas.

▶ Después de la transmisión

Después de cada transmisión en vivo, obtendrás un resumen con estadísticas y recomendaciones para ayudarte a mejorar. También recibirás una breve versión por correo electrónico. Estas son las métricas, que en su mayoría se explican por sí mismos.

- **Duración de la transmisión**: Cuánto tiempo ha transmitido.
- ***Max Viewers*:** Número máximo de *viewers* simultáneos que tenías durante una secuencia o el mayor número de personas que te ven al mismo tiempo.
- **Visores promedio:** El número medio de espectadores simultáneos a lo largo de toda la transmisión en vivo.
- ***Chatters* únicos:** Cuántas personas diferentes escribieron algo en el chat durante su transmisión en vivo.
- **Visores únicos**: El número de espectadores diferentes que sintonizan. Esto significa que, si se fueron y regresaron un poco más tarde, sólo contaría como uno.
- **Vistas en vivo**: Número total de veces que se ha visto la transmisión mientras estás en directo. Si alguien se fuera y volviera, eso contaría como dos vistas, pero un solo visor único.

- **Seguidores:** Este es el número de nuevos seguidores que has ganado durante la transmisión en vivo.

Puedes acceder a los resúmenes de tu transmisión desde tu Creator *Dashboard* y encontrarlo en «*Insights*».

De todos estos parámetros comentados hay varios de ellos en los que merece la pena profundizar entre otras cuestiones varias que te voy a exponer:

▶ *Chatters* únicos

Aunque conseguir más espectadores y seguidores es genial para tu canal, también debes centrarte en aumentar las charlas únicas. Conseguir que los espectadores interactúen les ayuda a invertir en ti como marca y, lo que es más importante, como una persona con la que pueden conectarse y apoyar a largo plazo.

Tu objetivo no debe ser solo entretener y extraer dinero de los espectadores, sino también construir una comunidad en Twitch. Esto significa que necesitas que los espectadores hablen contigo y también entre sí.

▶ Duración de la transmisión

Una de las cosas que he notado es que los músicos populares que veo en Twitch se ponen en marcha aproximadamente la misma cantidad de tiempo en cada transmisión.

La razón principal por la que quiero recalcar este punto, siendo un consultor, es para poder analizar mejor los datos. Para comparar el rendimiento de cada secuencia, lo ideal es tener alguna variable constante que pueda controlar, como la duración de la misma, para evaluar mejor las diferentes métricas de una secuencia a otra.

Por ejemplo, si estás transmitiendo durante 30 minutos, es muy probable que tus charlas y espectadores únicos sean más bajos que cuando transmitas durante tres horas. Esto no significa que tengas que transmitir durante tres horas exactamente cada vez, pero sí ten en cuanta cómo afecta esto a tus datos finales.

Trata de ser coherente no sólo cuando se transmite, sino también cuánto tiempo para así poder hacer análisis más objetivos.

▶ Rendimiento de notificación en vivo

Twitch hará un seguimiento de cuántas personas hacen clic para ver tu transmisión en directo cuando reciban la notificación de que estás en vivo en tu canal. Este es un mensaje personalizado que los seguidores recibirán ya sea a través de una notificación móvil y / o un correo electrónico. Experimenta con diferentes textos para ver lo que motiva a la gente a hacer clic.

▶ ¿De dónde vienen mis espectadores?

Si estás recibiendo nuevos espectadores, puede ser útil saber de dónde vienen. Esta es una lista de fuentes que puedes ver en el resumen de la transmisión.

- **Seguidores:** Estos son espectadores que te siguen.
- **De explorar páginas:** Tu canal se puede descubrir en función de la categoría y las etiquetas que utilice.
- **Búsquedas**: Las personas pueden encontrar en tu canal la función de las palabras clave que usas en tus títulos de transmisión en vivo.
- **Otras páginas de canal:** Son los espectadores que vienen de otros canales de Twitch.
- **Notificaciones (correo electrónico):** Son los visores que hacen clic en el correo electrónico de notificación en vivo que reciben.
- **Notificaciones (en el sitio):** Son los espectadores que hacen clic en la notificación en vivo que aparece si ya están en Twitch.
- **Vistas fuera de Twitch**: Incluye Amazon Music si vinculas tu cuenta de Twitch a tu perfil de Amazon Music.

El uso más práctico de esta información es la retroalimentación para saber lo que está funcionando y lo que no. Por ejemplo, si te encuentras que recibes espectadores constantes que provienen de la navegación y las búsquedas, sabes que estás haciendo algo bien con el fin de obtener exposición gratuita en la plataforma.

▶ Análisis de canal

Aunque el resumen de transmisión ayuda a proporcionar información y métricas en un el nivel de las transmisiones, el análisis de canal ofrecerá una visión más macro del rendimiento de tu canal. Verás datos similares que encuentras en los resúmenes de tu transmisión, pero un enfoque más enfocado a la monetización si eres un afiliado o *partner*. Puedes establecer el período de tiempo semana, mes, etc.

Con el fin de crear datos sustanciales para extraer conclusiones, tendrás que seguir transmitiendo de forma regular.

Estas son las cosas a las que tienes que prestar atención:

- ¿Qué otros canales tienen espectadores en común con los míos?
- Twitch te ayudará a identificar cualquier superposición de espectadores/seguidores que tengas con otros canales. Esto es útil para crear redes y crear relacio-

nes con otros *streamers*. Por ejemplo, estas son personas con las que puedes entablar una relación de colaboración al finalizar tu transmisión.

- ¿Qué etiquetas filtran los usuarios para encontrar mi canal?
- Las etiquetas que más están usando tus espectadores son las que precisamente tienes utilizar más a menudo en tus títulos, descripciones y el *copy* en general.
- Revisar logros.
- Como *streamer* de Twitch, hay una serie de diferentes hitos que puedes alcanzar y que giran en torno a tu crecimiento en la plataforma. Algunos de ellos están ahí para guiarte, mientras que otros son requisitos reales que afectan tu capacidad para ganar dinero en Twitch. Los que son de su interés son el **«Camino al Afiliado»** ya que abre la capacidad para que puedas ganar dinero de anuncios y suscripciones, entre otras ventajas.

Y el siguiente paso sería conseguir el **estatus de *partner*.**

Puedes encontrar el progreso de tus logros en tu Creator *Dashboard* en la pestaña «Estadísticas» https://dashboard.twitch.tv/achievements

Recorte y resaltado de clips

Si tienes clips chulos o divertidos de su transmisión en vivo que deseas guardar, puedes recortarlos o resaltarlos. Ambos son muy similares en concepto, pero hay grandes diferencias.

- **Los clips** pueden tener de 5 a 60 segundos de duración y pueden ser creados por otros si ha activado el ajuste.
- **Los resaltados** pueden ser mucho más largos y solo pueden ser creados por ti.

La actualización más reciente de *Highlights* https://help.twitch.tv/s/article/creating-highlights-and-stream-markers le permite unir varios clips de la misma secuencia. Debido a que sus transmisiones en vivo sólo se quedarán durante 14 días, la creación de aspectos destacados permite que las mejores partes se almacenen en tu canal para siempre, de manera similar a los clips.

Los metadatos

Puedes volver a tus vídeos anteriores para editar títulos, descripciones y cambiar miniaturas mientras están disponibles en vídeo bajo demanda (VOD). Recuerda cambiar la configuración que permite almacenar tus emisiones anteriores durante 14 días en tu canal.

Para ello, ve a tu Creator *Dashboard* y busca «Productor de vídeo» en «Contenido» para encontrar tus emisiones anteriores. Haz clic en los tres puntos en el lado del vídeo y selecciona «editar».

Las nuevas etiquetas no se pueden agregar después de la transmisión, así que asegúrate de añadirlas y editarlas antes de empezar a emitir en directo.

¿Cómo promover tu canal Twitch?

Construir una audiencia es a menudo el mayor desafío que tienen los *streamers*. No es nada divertido tener un canal de Twitch sin espectadores.

Como en cualquier plataforma te va a llevar tiempo y trabajo. Hay algunas características y mecanismos en Twitch que pueden darte un impulso, pero aun así tienes que ser tú el que ponga las cosas en marcha y empujes.

Antes de nada, una advertencia general y muy importante: No envíes *spam* a tu enlace de canal en los canales de Twitch de las personas ni a las redes sociales porque eso va a molestar mucho. Al igual que nunca debes hacer esto con tu música. No es eficaz y empaña tu reputación y marca.

En su lugar, tendrás que implementar una combinación de estas cuatro cosas para llevar más espectadores a tu canal de Twitch.

▶ Promociona Twitch en otros canales

Cuando estás empezando, tienes que promocionar tu canal a tus fans actuales (e incluso amigos) en otras plataformas. Publica en tus otras cuentas de redes sociales y envía un correo electrónico a tu lista de correo para dirigir a los espectadores a Twitch.

Puedes crear un evento especial a partir de tu primera transmisión de Twitch combinándolo con una nueva versión de algún tipo. Puedes convocar una fiesta de vídeo musical estreno.

¿Necesitas contenido para promocionarte en Twitch? Hay una función en Twitch llamada «clips» que te permite crear un vídeo corto que se «recorta» de tu transmisión en vivo. Cualquiera puede hacer un clip y por lo general es algo divertido y entretenido. Puedes usar estos clips para promocionar en las redes sociales una forma de crear interés en tu canal de Twitch.

Si no tienes muchos seguidores aun en las redes, hazlo en otras comunidades como Grupos de Facebook, Reddit, foros en línea y *Discord*. Ojo, esto no significa soltar un enlace y marcharse. Se necesita una mentalidad orientada en ofrecer valor a la comunidad siempre como te decía al principio.

▶ Red y colaboración

Es un secreto bien conocido que una de las formas más rápidas de hacer crecer su audiencia es a través de *Influencers*. En Twitch, puede ser un *streamer* popular hablando de ti o trabajando con ellos en vivo en el canal. El problema es que no es realista ni fácil para la mayoría de los músicos. Tendrías que ser un artista o músico destacado que tengas suficientemente interés para que ellos también muestren interés por ti y tengan algo que ganar, no solo dar a cambio de nada.

Pero hasta para los artistas desconocidos hay opciones, aquí te sugiero una posible estrategia:

- Comienza por ser fan de otros que te pueden gustar en Twitch.
- Encuentra otros artistas en Twitch que sientas que comparten un ambiente y una audiencia similares contigo. No te límites a la música y a los artistas famosos, mira todos los diferentes niveles e intereses. Conócelos, pero no promociones tu canal de ninguna manera. Al revés, promociónalo tu a él e interactúa mucho con ellos para que te perciban como un fan especial y muy implicado.

No apuntes solo a las estrellas, apoya también aquellos con un par de cientos de seguidores o incluso un par de miles. Sigue su canal, interactúa con ellos en el chat, incluso apoyarlos con una donación o suscripción.

No esperes que quieran trabajar contigo solo por eso. Tienes que poner el tiempo necesario sin forzar para construir una relación de fan especial primero. Mientras tanto, continúa construyendo tu canal para que tengas algo que mostrar cuando llegue la oportunidad y estar preparado.

▶ Colaboraciones

Tener una mentalidad orientada a la comunidad significa que estás haciendo cosas no sólo para servirte a ti mismo. Con el tiempo, estas relaciones pueden dar lugar a posibles colaboraciones, dentro o fuera de Twitch.

Las colaboraciones con otros artistas en Twitch podrían ser una forma de promoción y hacer algo divertido. Pero ojo, no hagas esto de inmediato porque puede verse como algo muy egoísta e ingenuo. Deja que las cosas sucedan naturalmente en tu flujo de construcción de relaciones naturales.

▶ Auto *hosting* e incursiones

También puedes hacer algo llamado *auto hosting*, esto es una función del canal disponible para todos los usuarios del sitio. Este modo permite a todos los *streamers* alojar la transmisión en directo de otro canal tu propia página sin cambiar de chat, de modo que tus espectadores vean el contenido que tú eliges mientras interactúan contigo en tu sala de chat. Cualquier *streamer* puede alojar otro canal y cualquier canal puede alojarse. Funciona igual que cuando se utiliza un reproductor incorporado en otro sitio web, excepto que, en este caso, es directamente en Twitch. Puedes seleccionar una lista de *streamers* de Twitch para alojar en tu canal cuando no estés en vivo.

Las incursiones son otro gesto agradable que puede construir una buena relación dentro de la comunidad. Consiste en «asaltar» otro canal después de que hayas terminado con tu transmisión. He visto serpentinas de recibimiento y muestras de agradecimiento y gratitud, de la misma forma pueden otros artistas asaltar tu transmisión y compartir sus espectadores contigo.

Pero cuidado, las incursiones solo serán efectivas si hay un terreno común que une a ambas marcas. Tienes que asegurarte que tenga sentido lo que haces para los dos.

Por ejemplo, si una banda de rock ataca tu canal de Twitch de hip hop, no es tan probable que esos espectadores se queden en tu transmisión. Esto significa que deberías estar buscando activamente otros *streamers* que te gusten y que compartas una audiencia común.

https://blog.twitch.tv/en/2016/09/27/grow-your-community-with-auto-hosting-e80c1460f6e1/

▶ La función descubrimiento de Twitch

Una característica muy beneficiosa para los *streamers* es su algoritmo de descubrimiento y páginas de categoría. Twitch curará y recomendará otros *streamers* para que los espectadores revisen en función de a quién siguen, qué tipo de canales ven y los creadores con los que interactúan. Esto es algo que puede ayudarte a conseguir más espectadores con el tiempo.

En la página de inicio, Twitch proporcionará diferentes canales recomendados, desde los *streamers* que actualmente están en vivo hasta los que están en las categorías que tiendes a ver.

También en la pestaña «Siguiente» verás más recomendaciones para los usuarios. Este tipo de curación es muy similar a lo que YouTube hace para su página de inicio.

Los espectadores también pueden navegar por diferentes canales de Twitch en función de las etiquetas que los *streamers* aplican para sus transmisiones en vivo. Más recientemente, agregaron la categoría «Música» en la parte superior de la página de inicio también.

Todas estas características mejorarán la capacidad de detección para tu canal.

¿Cómo consigues que tu canal sea más recomendado en Twitch?

Por lo general, se recomiendan los creadores con seguimientos más grandes y con más espectadores simultáneos, pero no siempre es así cuando navegas por una categoría. Seguirás viendo *streamers* más pequeños con menos de 20 espectadores en la parte superior. No sólo lo ordenan por las transmisiones más vistas, y esto es una buena noticia para para los que comienzan y estos son los factores a tener en cuenta:

- **Título de la transmisión**: Asegúrate de titular tus transmisiones correctamente. Si alguien está navegando por una categoría, deseará asegurarse de que su título es descriptivo y crear alguna intriga para que haga clic. Incluso después de que la transmisión haya terminado, el vídeo todavía puede aparecer en la búsqueda.
- **Categoría y etiquetas:** La forma como está configurada actualmente es un tema más amplio, mientras que la ayuda de las etiquetas es más específica. Asegúrate de que ambos describan con precisión tu transmisión lo mejor y más específicamente que puedas. Las etiquetas son preajustes por lo que tienes que utilizar lo que está disponible como género y tipo de contenido musical. Puedes agregar hasta cinco etiquetas.
- **Configuración visualmente atractiva**: Cuando alguien está navegando por una categoría lo que tiende a destacar más es la miniatura de la secuencia. Esto se extrae de la transmisión en vivo real. Procura que esta cree suficiente intriga para que alguien sintonice tu transmisión.
- **Notificación en vivo**: Antes de entrar en funcionamiento, tienes la oportunidad de cambiar el título e incluir un mensaje corto para que tus seguidores sepan lo que estás transmitiendo. Conseguir que tantos fans se unan a tu transmisión puede atraer a más espectadores. Si alguien está navegando a través de los diferentes canales, es menos probable que pase por este lugar si no hay nadie allí. Incluso un puñado de espectadores pueden ayudar.
- **Temas de tendencias**: Incorpora el tema de tendencias en tu transmisión e inclúyelo en tu título para que se pueda buscar. Si alguien estaba buscando una transmisión alrededor de ese tema, es más probable que te descubran. ¿Cómo sabes lo que es tendencia? Puedes consultar Google *Trends* https://trends.google.com/trends/?geo=US (QR 1) o ver las tendencias en Twitter. https://twitter.com/explore/tabs/trending (QR 2).
- **Secuencias más largas**: La duración de tus transmisiones debe ser de un mínimo de una o dos horas para maximizar tu potencial

1

2

de audiencia. Cuando se trata de transmisión en vivo en general, por lo general no comienza a recoger resultados hasta al menos 20 - 30 minutos en él. Por lo general, los músicos que veo en Twitch transmiten al menos dos o tres horas al día en una sola sesión. No te sientas presionado para pasar tanto tiempo al comenzar, pero evita las emisiones más cortas.

Opciones de personalización del canal:

▶ Banner de perfil (en la parte superior de la ventana de transmisión en vivo)

Para editar el banner de tu perfil, ve a «Configuración» y verás la opción de la pestaña «Perfil». El archivo debe ser 1200x480 y en formato JPEG, PNG o GIF.

Ten en cuenta que el banner del perfil no se mostrará exactamente como lo hace en el escritorio. El tamaño es un poco más estrecho.

▶ Vídeo Player Banner

Este es un gráfico de pantalla completa que muestra dónde está el vídeo de transmisión en vivo cuando el canal está sin conexión. Puedes cambiar esto en el mismo lugar que el banner del perfil (Creator *Dashboard* -> Preferencias -> Canal).

El *banner* sin conexión de Twitch debe tener un tamaño de 1920 x 1080 píxeles. Se recomienda una relación de 16:9 para el *banner* del reproductor de vídeo para la mejor resolución. El tamaño máximo del archivo es de 10 MB. Al igual que el *banner* de perfil, el sin conexión puede ser gif, jpeg o png.

▶ Paneles / Extensiones

Debajo de tu transmisión en vivo, tienes la sección del panel, que consta de columnas para agregar extensiones, texto o imágenes. Normalmente verás botones de imagen utilizados como enlaces al sitio web de un *streamer*, tienda de *merchandising*, redes sociales o página de donación. Las imágenes deben tener menos de 2,9 MB. Las dimensiones no deben ser mayores que 320px de ancho y 300px de alto o Twitch la redimensionará para que se ajuste a esos límites.

Para las extensiones de panel, puedes añadir cosas como tablas de clasificación para tus principales donantes, tu *feed* de Instagram etc. Hay un montón de extensiones disponibles.

Para editar tus paneles, ve a la página principal de tu canal y haz clic en la pestaña «Acerca de». Deberías ver «editar paneles» en el lado izquierdo debajo de tu biografía de canal. Desde allí, puedes editar cada panel o acceder al administrador de extensiones.

▶ Chatbots

Aunque Twitch tiene un *AutoMod* para ayudar a moderar tus chats de spam y comentarios no deseados, los *chatbots* son herramientas útiles para ayudar a mejorar tus transmisiones en vivo.

Puedes automatizar ciertas funciones para no tener que preocuparte de ello y configurar comandos de chat personalizados.

Por ejemplo, si alguien hizo una pregunta común, como dónde puedo dar propina o donar, puedes decir "*tip*" para obtener el enlace. O si alguien pregunta, ¿cuál es tu Spotify o Instagram? En lugar de escribirlo o copiarlo/pegarlo, puedes tener una respuesta de *chatbot* con un enlace.

Incluso puedes establecer enlaces para enviar en el chat en un temporizador. Así que cada cinco minutos, puedes hacer que un *chatbot* envíe un mensaje sobre cómo dar propina o solicitar una canción.

▶ Herramientas de solicitud de canciones

Una herramienta muy útil te permite recibir solicitudes de canciones de los espectadores. Hay un montón de bots que te permiten hacerlo por ejemplo con esta herramienta https://www.streamersonglist.com/

Funciona incluyendo tu lista con canciones que puedes tocar, y los espectadores pueden ver una para que sepan lo que se ha solicitado.

Para que la gente sepa su funcionamiento durante tu transmisión, puedes programar un Bot para que envíe un mensaje en el chat cada cinco minutos sobre cómo funciona.

▶ Filtros *Snapchat* (cámara *snap*)

Si quieres puedes añadir filtros al estilo *Snapchat* en tu transmisión, puedes descargar el software Snap Camera en tu ordenador. Está disponible tanto para PC como para Mac.

Básicamente la forma en que funciona es la Cámara Snap, una app captura el vídeo, aplica el filtro elegido y luego vuelve a alimentar el vídeo filtrado en un destino como OBS. Incluso puedes utilizar esta aplicación para llamadas de zoom. A continuación, añadiría la *SnapCamera* como una fuente de «Dispositivo de captura de vídeo» en su software de radiodifusión igual que lo haría para una cámara web.

Si el vídeo no funciona o no aparece como un dispositivo en OBS, prueba a cerrar el software de transmisión y reinicia *Snap Camera*. Asegúrate de que la fuente de vídeo funcione primero en Snap Camera. Comprueba el *Snap Camera settings* y selecciona su cámara y la resolución de *streaming* que está utilizando (como 720p o 1080p). Después de que funcione en Snap Camera, luego carga OBS.

Descargar aquí: https://snapcamera.snapchat.com/ (QR 1)

Guía sobre cómo instalar: https://snapcamera.snapchat.com/guides/streaming/ (QR 2)

▶ Banda sonora de Twitch

Si necesitas música legal para tus transmisiones en vivo, Twitch ofrece una biblioteca de música con derechos, llamada *Soundtrack*, para usar en tus transmisiones. Para acceder a esta biblioteca, deberás instalar su *plug-in* al iniciar sesión en tu cuenta de Twitch.

La banda sonora de Twitch está actualmente en fase beta, pero puedes probarla ahora en Windows 10 para OBS. https://blog.twitch.tv/en/2020/09/30/introducing-soundtrack-by-twitch-rights-cleared-music-for-all-twitch-creators/ (QR 1)

Descargar aquí: https://www.twitch.tv/broadcast/soundtrack (QR 2)

Página de ayuda: https://help.twitch.tv/s/article/soundtrack?language=en_US (QR 3)

▶ Fondo de pantalla verde

Algunos *streamers* utilizan una pantalla verde para hacer su emisión más visualmente interesante y divertida. Para implementar, necesitará una pantalla verde y posiblemente una iluminación adecuada.

Servicio *multi-streaming*

Si desea transmitir su transmisión en vivo a varias plataformas al mismo tiempo, busca en un servicio de *streaming* múltiple. Este es el que yo uso: https://restream.io/ para transmitir de forma simultánea en Twitch, YouTube, y Facebook live.

Aunque el objetivo es conseguir que la gente te vea y te siga en Twitch, esta podría ser una estrategia para implementarte antes para que tus fans en otras plataformas sepan que estás en Twitch.

Sin embargo, una vez que llegues al estado de Afiliado, hay una cláusula de exclusividad que indica que no puedes transmitir tu contenido de Twitch en vivo en cualquier otro lugar durante 24 horas. En otras palabras, no puedes usar una herramienta de transmisión múltiple si estás transmitiendo en vivo a Twitch.

Una vez que la transmisión de Twitch haya terminado, puedes ponerte en directo en otras plataformas siempre y cuando no se transmita a Twitch al mismo tiempo. También puedes subir tu contenido de Twitch en vivo a otra plataforma como YouTube o Facebook 24 horas después de entrar en funcionamiento en Twitch.

Problemas y soluciones

▶ Hay largos retrasos o problemas de latencia

Latency es el retraso entre lo que transmites en vivo y cuando tus espectadores ven el vídeo. Lo deseable es una latencia baja para que la experiencia de transmisión en vivo se sienta tan cerca del tiempo real. Sin embargo, es posible que tengas un problema en el que la transmisión y cuando los espectadores ven el vídeo están separados por más de 30 segundos. Esto hace que sea difícil interactuar en tiempo real con un retraso tan largo.

Soluciones posibles:

- Una posible razón es que estás usando una cámara como cámara web sin una tarjeta de captura.
- Otra razón posible es que la configuración de «Vídeo de baja latencia» en Twitch esté desactivada. Actívala en el menú desplegable «Preferencias». Haz clic en «Canal» y encuentra «Modo de latencia» hacia la parte inferior.
- OBS o el software de difusión que uses puede tener un ajuste *Stream Delay*, desactívalo donde proceda.

▶ El audio y el vídeo no están sincronizados durante la transmisión en directo

Es posible que observes que el vídeo y la voz no están sincronizados. Puede haber un ligero retraso en el audio o el vídeo que causa esta discordancia.

Solución: Puedes solucionar este problema compensando el audio en OBS para que coincida con el vídeo. Puedes establecer el desplazamiento de sincronización en «Configuración avanzada de audio». Esto es algo que puedes probar sin tener que ir en vivo. Simplemente graba la sesión en OBS y mira si está sincronizada.

▶ Niveles de micrófono que se muestran en el mezclador de audio, pero el sonido no se está grabando en el vídeo de salida de transmisión en vivo

Solución: Lo más probable es que la configuración de salida no se configuró para grabar todas las pistas de audio, incluido el micrófono. Esto me pasó una vez y no estaba seguro de por qué no escuché mi voz en el vídeo de salida. Resulta que la pista del micrófono estaba desmarcada por alguna razón.

Para solucionar este problema, ve a «Configuración» y seleccione «Salida».

Si estás utilizando OBS, asegúrate que «Modo de salida» esté establecido en «Avanzado». Haz clic en «Grabación» en la pestaña. Deberías ver las casillas de verificación de «Audio *Track*» y asegúrate que todos los correspondientes a la pista de micrófono estén seleccionados.

Conecta tu Twitch a Amazon Music

Como sabes, Amazon es el dueño de Twitch. Así que tiene mucho sentido que conectes tu canal con Amazon Music. Uno de los grandes beneficios de hacer esto es la promoción adicional de tu canal de Twitch a tus fans en Amazon Music. Cada vez que entres en directo en Twitch, tu transmisión aparecerá en tu perfil de Amazon Music, así como en el categoría «en vivo» en la página Buscar.

Es muy fácil añadir tu canal de Twitch a Amazon Music:

1. Comprueba que has solicitado tu perfil de artista en Amazon *Music for Artists.*
2. Entra en tu cuenta de Twitch (o crea una) desde tu cuenta de Amazon Music.
3. Entra en tu cuenta de Amazon *Music for Artists.*
4. Presiona en Perfiles y Herramientas (*Profiles & Tools*) en tu cuenta de Amazon *Music for Artists.*
5. Selecciona y añade tu canal de Twitch o crea uno nuevo.

Siempre que quieras postear un vídeo, solo tienes que emitir en directo desde Twitch y tu transmisión en vivo automáticamente se integrará a tu página de Amazon Music para que todos lo vean! Cualquier vídeo que postees en Twitch será también publicado en Amazon Music, así que no tienes que activar nada para cada vídeo que crees.

SPOTIFY

Hoy en día Spotify es una plataforma indispensable para los músicos, un excelente lugar para hacer crecer tu base de fans, monetizar y promover tu música.

Spotify no ofrece una forma de subir música gratis como SoundCloud, YouTube y Bandcamp, sino que necesitas hacerlo a través de un sello discográfico, o de un servicio de distribución o agregador como Distrokid, Amuse, Tune Core, CDBaby etc.

Estos servicios gestionan la distribución de tu música no solo en Spotify, sino en el resto de las tiendas digitales, y se ocupan de pagarte una pequeña parte por cada escucha, cada servicio de distribución tiene sus costes del servicio.

Una vez hayas elegido un agregador y tu música esté disponible en Spotify, tienes que solicitar tu perfil de artista verificado para tener acceso a:

- Herramientas para administrar tu perfil para personalizarlo con imágenes y tu biografía.
- Estadísticas de tus fans.
- Capacidad para crear y enviar listas de reproducción de artistas.
- Posibilidad de enviar sus comunicados al equipo editorial de Spotify.
- Acceso a herramientas de promoción.

Las listas de reproducción «Playlist» son una de las formas más efectivas para que te descubran millones de potenciales fans. Pero no es fácil hacer que tu música aparezca en las listas de reproducción populares. Las mejores listas de reproducción están controladas por el equipo editorial de Spotify o por las principales discográficas.

La mejor técnica es crear tus propias listas de reproducción en las que incluyas también la música de otros artistas además de la tuya. Apoyar a otros artistas y compartir regularmente tus listas de reproducción aumentará las posibilidades de que te devuelvan el favor.

Es interesante agregar pistas a tus listas de reproducción regularmente, así tus seguidores recibirán notificaciones cada vez que actualizas tu lista de reproducción, esto hará que se dirijan a tu perfil ayudando a aumentar seguidores y las reproducciones. Eso te mantendrá comprometido con tus fans. Esta proactividad es vital porque los algoritmos de Spotify controlan tu actividad, cuanto más te lo trabajes más probabilidades tendrás de colocar tu música en listas de reproducción destacadas y más alto aparecerás en las búsquedas.

«Con trabajo y perseverancia, siempre se obtienen resultados.»

¿Cómo poner tu música en las listas de reproducción de Spotify?

- Existe la posibilidad de enviar tu música al equipo editorial de Spotify para que la escuchen y valoren su inclusión en una de sus listas oficiales, para esto lanza tu canción con cuatro semanas de antelación y pasados unos días tu canción estará aquí: https://artists.spotify.com en la sección Music/ *Upcoming* Disponible para rellenar y completar el «Pitch» y ser considerada por el equipo de Spotify. Aunque no te incluyan en ninguna playlist, te recomiendo que hagas el Pitch en todos tus lanzamientos porque esto te ayudará también a que se posicione en el radar de Spotify.
- También puedes enviar tu música a curadores independientes como https://soundplate.com/, https://indiemono.com/, https://www.spingrey.com/ etc.
- Puedes crear listas de reproducción temáticas con música de otros artistas y actualizarla regularmente.
- Comparte sus listas de reproducción en redes sociales, blogs y webs relacionadas con la música esto ayudará a ampliar su exposición.
- Anima a tus fans de otras redes a seguirte y a escuchar tu música en la plataforma.

Guía práctica de *Playlisting* en Spotify

En esta era digital moderna, la escucha de música en formato *streaming* se ha convertido en la principal forma de descubrir, escuchar y compartir música nueva y para los músicos independientes, esta accesibilidad ha permitido que sus canciones sean descubiertas por nuevos fans potenciales de todo el mundo.

Las playlist de Spotify son una de las mejores formas de ser descubierto como artista para exponerte frente a las personas que al menos potencialmente tienen más probabilidades de que les interese tu música, y quizá finalmente puedan llegar a convertirse en tus fans.

Sin embargo, como es normal, cuando algo tiene mucho valor suele estar muy competido, y no basta con incluir tu canción en una playlist, sobre todo teniendo en cuenta que diariamente se agregan alrededor de 30.000 canciones nuevas de media a Spotify.

Se puede hacer *playlisting* en muchas plataformas, pero nos centraremos en Spotify porque en 2020 es la plataforma dominante con 286 millones de usuarios activos de los cuales 130 millones están suscritos a Spotify Premium. Su competidor más cercano es Apple Music con 68 millones de suscriptores de pago.

Ahora bien, las playlist están bien pero tampoco hay que darles demasiada importancia. No pienses que estar en la playlist correcta es todo lo que necesitas para tener éxito.

Desarrollar un modelo de negocio rentable basado principalmente en las reproducciones de Spotify no es factible para la mayoría de los músicos incluso para artistas de sellos importantes.

Para tener un sueldo mensual de por ejemplo unos 3.000€ necesitas alrededor de un millón de visualizaciones mensuales.

Es innegable que Spotify es un gran componente de la carrera de un artista, pero debes tener bien claro que las playlist para un artista independiente es principalmente un vehículo para la exposición y el descubrimiento.

Si gastas 250€ en anuncios en redes para promocionar una canción en Spotify o pagas 500€ por un servicio de presentación para incluirte en playlist, no esperes recuperar ese dinero a corto plazo.

Estas estrategias por supuesto que pueden compensarse en el futuro, sobre todo si tienes un buen plan desarrollado, pero hay que considerar esta estrategia como una inversión a largo plazo.

▶ ¿Por qué es bueno estar en las playlist?

Estar dentro de una playlist con mucha actividad y seguidores te ayudará a ser descubierto por personas que nunca han oído hablar de tu música.

- Es una buena oportunidad para obtener más exposición y visibilidad de tu marca artística.
- Ayudará al mejor rendimiento de tu canción en el algoritmo interno de Spotify.
- Estar en una playlist es una señal importante para Spotify, el algoritmo analizará tu canción en relación con el resto canciones y artistas que hay en la playlist para comprender mejor a quién le puede gustar tu música y así hacer recomendaciones a otros usuarios.

▶ ¿Cuántos tipos de playlist existen en Spotify?

Hay un total de cuatro tipos diferentes de playlist en Spotify:

- **Algorítmicos:** Playlist creadas por Spotify para el oyente y basadas en sus hábitos de escucha.
- **De editorial:** Playlist seleccionadas por el propio personal de Spotify formado por expertos en música y especialistas en géneros de todo el mundo y también por empresas de *playlisting* asociadas con Spotify.
- **Personalizadas:** Es un híbrido entre playlist editoriales y algorítmicas.
- **De los oyentes (*Listener*):** Las que hacen los propios usuarios y oyentes de Spotify.

▶ Playlist algorítmicas

Las dos más importantes son ***Release Radar y Discover Weekly***, una tercera es ***Daily Mix*** menos relevante para los músicos independientes.

- **Release Radar:** Está formada únicamente por nuevos lanzamientos, generalmente de artistas que siguen los usuarios de Spotify. Se actualiza todos los viernes y Spotify notifica a los seguidores de ese artista sobre el nuevo lanzamiento por correo electrónico.

  Está diseñada para ofrecerle al oyente las últimas novedades, se mostrará a sus seguidores y también quizá a otras personas que no sean seguidores tuyos, todo dependerá de las métricas de tu canción y cómo funcione en los algoritmos de Spotify.

  Las canciones de *Release Radar* son canciones nuevas que van empujando y sacando de la lista al resto de lanzamientos más antiguos, es una lista viva que se renueva muy rápidamente.

  Cuando lanzas un nuevo tema puedes proponerlo para que Spotify considere incluirlo en *Release Radar*. Si lo que lanzas es un álbum escogerán una sola de las canciones, y a veces es posible que te den la ocasión de que tú mismo la elijas cuál de ellas propones.

  Ojo, tan sólo puedes realizar un envío a la vez. Hasta que no se publique la canción que has enviado no puedes realizar la siguiente. Si lo haces se anulará el anterior envío.

- **Discover Weekly:** Esta playlist ayuda a los oyentes de Spotify a encontrar nuevos artistas según sus preferencias de escucha. Es una playlist que se actualiza todos los lunes y solo sugiere canciones que el usuario nunca ha escuchado antes. Este tipo de playlist es una buena oportunidad de obtener exposición y visibilidad para potenciales nuevos fans.

  Lo bueno de Discover Weekly es que no tiene en cuenta la antigüedad de una canción, ni tampoco si tú como artista eres más o menos popular.

- **Daily Mix:** Es una playlist que se genera en torno a la música que ya escuchas, recomendándote canciones que ya has escuchado mucho en el pasado, otras canciones de esos artistas que ya escuchas, o de artistas relacionados.

  Si eres un artista emergente, es poco probable que aparezcas en este tipo de playlist, por eso no te consejo que le dediques tiempo ni atención.

Cómo colocar mi canción en una playlist algorítmica

La clave para entrar en playlist algorítmicas es tener métricas de *engagement* sólidas, como una alta tasa de «*save-to-listener*». Una especie de «me gusta» cuando un oyente hace clic en el ícono del «corazón», que lo agregará a una lista de reproducción privada de canciones de su biblioteca de música. Es equivalente a marcar como favoritas o «gustar» una canción. La descarga de una canción para escucharla sin conexión también contará como «me gusta».

▶ Playlist editoriales

Las playlist editoriales son seleccionadas y creadas por el personal y los asociados de Spotify. Son las más codiciadas, ya que tienden a tener más seguidores y son más visibles en su plataforma.

Hay miles de ellas categorizadas por estilos, estados de ánimo, temas, sonidos, eventos, situaciones, lugares, actividades, etc.

Aunque Spotify no lo dice, ni lo reconocerá, las tres grandes discográficas (Universal, Sony Music y Warner) controlan estas listas de reproducción, por lo que el artista independiente no tiene acceso a ellas.

Playlist muy populares como «Rap Caviar», «Hot Country», «Are & Be» y «Rock This» son Playlist en las que no te recomiendo que pierdas el tiempo. Y si alguien intenta venderte una ubicación garantizada en este tipo de playlist, te aseguro que te está estafando.

Mi recomendación es que te centres en las playlist editoriales más pequeñas de nicho y más específicas que incluyan otros artistas alineados contigo.

¿Cómo entrar en una Playlist editorial?

Es tan sencillo como enviar tu música inédita a tu cuenta de «Spotify for Artist» al menos siete días antes del lanzamiento. Aunque yo te recomiendo que no apures tanto y lo hagas dos o tres semanas antes para que en Spotify tengan tiempo suficiente para revisar tu canción.

▶ Playlist personalizadas

Son playlist editoriales, pero con un componente algorítmico para «personalizar» con algunas canciones que según el algoritmo son de tus gustos musicales. Todos los oyentes pueden ver playlist personalizadas en sus cuentas y ver diferentes canciones que se seleccionaron algorítmicamente en función de nuestros hábitos de escucha anteriores.

Por lo tanto, si una canción tuya se agrega a una de estas playlist, no es garantía de que tu canción aparezca en todas las versiones que elabora, digamos a medida de cada oyente.

Cómo ser incluido en una playlist personalizada

No hay mucho que puedas hacer para ingresar a estas listas de reproducción, aparte de enviar tu canción a Spotify Artist como antes hemos mencionado con tiempo suficiente.

▶ Playlist de los oyentes (*Listener*)

Las playlist generadas por el usuario (Spotify las llama *Listener*) pueden ser creadas por cualquiera que tenga cuenta en Spotify. Una persona puede crear tantas listas de reproducción como desee.

La mayoría de las playlist de oyentes no tienen interés para un músico independiente porque normalmente están creadas para un uso personal.

Por supuesto algunos usuarios las comparten, las hacen públicas y al estar disponibles en la plataforma pueden aumentar sus seguidores.

Por otro lado, algunas de estas listas de reproducción son creadas por *Influencers*, creadores de tendencias que tienen sus propios seguidores, estas playlist sí que son interesantes para los músicos independientes, aunque desafortunadamente y aun yendo en contra de los principios y términos de Spotify, algunos de estos creadores de tendencias de playlist cobran por incluirte en ellas, o por simplemente considerar si te colocan o no.

Cómo incluir tu canción en una playlist de oyentes (*Listener*)

La más fácil es usar plataformas de pago como «Indiemono», «SubmitHub», etc.

La otra es un trabajo más manual que pasa por:

1. **Buscar en Spotify** o incluso en Google Playlist aquellas que estén alineadas contigo, o cercanas a estados de ánimo, emociones etc. Ten en cuenta que, en una lista con menos canciones, tu canción tiene más posibilidades por lo que puedes centrarte más en que sea una playlist bien alineada contigo o tu canción. No te dejes deslumbrar por lo grande que es o los seguidores que tiene, pues el algoritmo te perjudicará si te asocia correctamente.
2. **Seguir la playlist.**

3. **Averiguar la forma de comunicarte con el propietario** de la playlist. Esto no es fácil, pero es posible investigando a partir de la única información que proporciona Spotify por el nombre de usuario, así que búscalo en Google, redes, etc., hasta que puedas encontrar la manera de enviarle el enlace de tu canción en un correo electrónico o un mensaje. Sé inteligente, empieza con un cumplido y no seas pesado, ni pedante, lo mejor es ser educado, breve, conciso y auténtico. Si les gusta tu música, que es lo principal, te ayudarán, pero la forma en que te acerques a ellos también tiene su importancia como es lógico.

Si finalmente incluye tu canción no está de más enviarle un mensaje de agradecimiento y por supuesto compártela en tus redes sociales, cultivar buenas relaciones nunca te va a perjudicar.

Para obtener listas de reproducción de oyentes más populares, necesitará tener una audiencia y seguidores propios. Esto lleva tiempo, pero con un plan consistente que te permita lanzar música con regularidad y promocionar canciones con anuncios en las redes sociales, tus números seguramente crecerán.

▶ Algunos consejos y advertencias:

- Cuidado con quién te garantice colocarte la canción en una playlist editorial, esto no es posible.
- Cuidado con las granjas de clics que aumentan tus seguidores de la noche a la mañana. Si Spotify detecta algún comportamiento inusual corres el riesgo de que elimine tu música y cierre tu canal. Observa de qué países provienen la mayoría de los oyentes en una playlist, si son de países como Arabia Saudita, o Haití hay más probabilidades de que sean falsos clics.
- No compres ofertas del tipo: 10.000 seguidores por 10€. Son una estafa y además dañarán tu algoritmo. La inversión mínima para obtener resultados ronda los 500€.
- No incluyas tus canciones en cualquier tipo de playlist. Las otras canciones pueden afectar el rendimiento de tu canción en Spotify. Agregar una canción que está fuera de lugar dentro del ambiente de la playlist puede generar tasas de omisión altas.
- Observa si los seguidores de la playlist en cuestión están activos. Si no tiene gente escuchándola o está llena de seguidores falsos no sirve de nada, en cambio si se actualiza con frecuencia es una buena señal de que los seguidores están activos y comprometidos.

- Ten en cuenta que si haces música instrumental tipo ambiental o con cualquier otra utilidad práctica es posible que obtenga reproducciones, pero la gente rara vez se va a involucrar en seguirte como artista.
- Asegúrate de optimizar tu perfil de artista de Spotify. Si llamas la atención de alguien con alguna canción tuya incluida en una playlist, probablemente quieran saber más de ti y visiten tu perfil de artista. Asegúrate de causar una buena impresión cuando hagan clic en su perfil.
- Por supuesto siempre que no comprometas lo artístico evita las introducciones largas, y si es posible empieza con el estribillo o algún arreglo realmente llamativo. Como dato informativo ten en cuenta que las canciones cortas son más «rentables». Por una canción de dos minutos recaudarás lo mismo que por una canción de cinco minutos. Se paga a partir de una escucha de 30 segundos, o más. Pero ojo no te obsesiones con esto, esto solo es un dato y lo artístico siempre tiene prioridad sobre todo lo demás.

Mi estrategia recomendada: Si dispones de dinero para gastar en promoción, crea tu propia playlist de oyente y coloca tu canción en la parte superior. Puedes completar la playlist con más canciones tuyas y canciones de otros artistas alineados. Si lo haces intenta elegir artistas más populares que tú para tener más probabilidades. Luego, dirige tráfico a esta lista de reproducción a través de tus anuncios para que la gente escuche estas canciones específicas.

Esto hará dos cosas por ti:

1. **Te ayudará a conseguir seguidores** para ti y tu lista de reproducción y también establecerás un punto de conexión para las próximas canciones que publiques.
2. Al colocar tus canciones en una playlist junto a otra música similar a la tuya, **Spotify usará estos datos para establecer conexiones** y evaluar mejor a quién le puede gustar tu música. Es más probable que Spotify recomiende tu música en sus listas de reproducción algorítmicas cuando un oyente es también fan de otros artistas similares.

▶ Conclusión:

Incluir tu música en listas de reproducción puede tener un impacto positivo en tu carrera musical, pero tampoco esperes milagros. La impaciencia de los artistas por el deseo de «triunfar rápido» puede llevarte a tomar malas decisiones de inversión. Si esperas que las playlist te lleven al éxito de la noche a la mañana te equivocas.

Todo el mundo cuenta historias sobre una canción que se incluyó en una playlist popular y cambió la vida de un músico. Por supuesto la suerte existe y puede suceder, pero es muy poco probable.

Las playlist tienen sus beneficios como herramienta de descubrimiento, pero si tienes poco presupuesto en mi opinión quizá estaría mejor empleado en anuncios de Facebook o Instagram. Y en cuanto a las playlist, si tienes poco presupuesto, concentra tu energía en cómo influir en las playlist algorítmicas para llevar tus canciones a oyentes relevantes.

Publicidad pagada en Spotify

▶ Ads Spotify

1

2

https://ads.spotify.com/es-ES/ (QR 1) es la plataforma de publicidad de Spotify para crear y administrar campañas de anuncios pagadas. Es una buena opción para acelerar tu promoción si dispones de presupuesto, ya que la inversión mínima permitida es de 250€. https://adstudio.spotify.com/signup/form (QR 2).

▶ Spoty marquee

3

https://artists.spotify.com/marquee (QR 3) es otra opción de promoción de pago de Spotify, pero bastante diferente a Adstudio. No está basada en anuncios, sino orientada a potenciar lanzamientos, es cara y está pensada solo para grandes presupuestos o discográficas. La inversión mínima es de 5.000€ por promoción y en el momento de escribir estas líneas está solo disponible en EE.UU. y Canadá.

En palabras de la propia gente de Spotify:

> **«Marquee es una recomendación patrocinada a pantalla completa que se envía durante la semana de lanzamiento a los oyentes de Spotify Free y Premium que han mostrado interés en tu música y tienen el potencial de escuchar más. Ya sea que lo hayan descubierto en una lista de reproducción editorial, a través de una recomendación algorítmica o de cualquier otra forma, Marquee inspira a los oyentes a explorar más su música.»**

▶ Discovery Mode

En el momento de escribir estas líneas Spotify está probando y experimentando con esta modalidad que consiste en dejar que una discográfica o un artista seleccione una pista que quiera promocionar, y que luego se reproduzca en la reproducción automática personalizada de los oyentes o en los canales de radio. Los artistas y los sellos discográficos no estarían obligados a pagar nada si aceptaran que se les pague menos en sus derechos por reproducción. Es una modalidad como digo aún en fase experimental y no se sabe si finalmente tendrá éxito.

Otras herramientas de promoción en Spotify:

- **Promo cards:** Esta herramienta te permite crear una especie de tarjeta promocional y personalizada para tus canciones, álbumes y perfil de artista y que puedes utilizar para compartir en las redes sociales. Se realizan visitando el sitio: https://promocards.byspotify.com/es. No es necesario iniciar sesión y el sitio está disponible en inglés, español, portugués y alemán. Una vez que esté allí, puedes crear tus tarjetas promocionales personalizadas en tres sencillos pasos:
    - Busca la canción, álbum, perfil o playlist que deseas promocionar.
    - Elige el formato entre cuadrado, horizontal o vertical y la paleta de color.
    - Descarga la tarjeta, o copia el enlace y comparte donde quieras.

- **Códigos QR de Spotify:** Realmente es una etiqueta «escaneable» similar a los códigos QR que puedes compartir en casi cualquier sitio: redes sociales, sitios web etc.... Puedes crear códigos de Spotify para perfiles de artistas, perfiles de marca, listas de reproducción, álbumes y canciones. Los fans podrán escanear este código usando el escáner incorporado en la aplicación de Spotify.

- **Incrusta un botón de seguimiento en tu web:** Los fans que hagan clic en el botón de seguimiento de Spotify se convertirán en seguidores de tu música y de tu perfil de artista y Spotify les enviará una notificación cuando lances nueva música o realices conciertos cerca de su ubicación. Es una manera muy buena de obtener exposición y reproducciones. Esto se gestiona desde: https://developer.spotify.com/documentation/widgets/generate/follow-button/

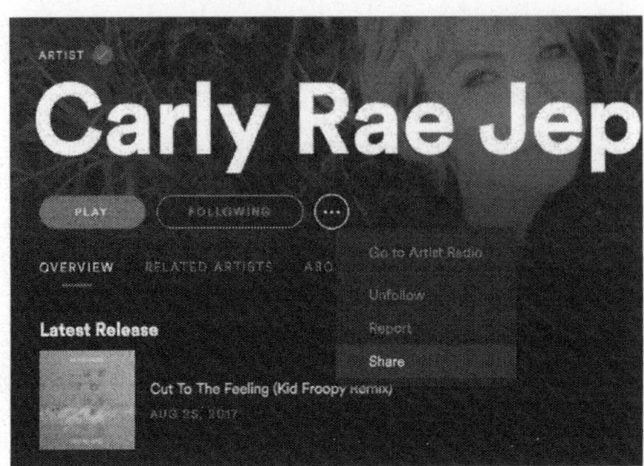

- **Incrusta un reproductor de Spotify en tu web:** Funciona con cualquier sitio web que admita HTML. Es tan sencillo como «copiar y pegar» un pequeño fragmento de código desde la sección compartir en Spotify.
- **Comparte enlaces de Spotify en Facebook y Twitter:** Puedes compartir enlaces de Spotify de una canción, álbum o lista de reproducción. En Facebook creará una vista previa de 30 segundos y en Twitter creará una tarjeta de audio para hacer play.

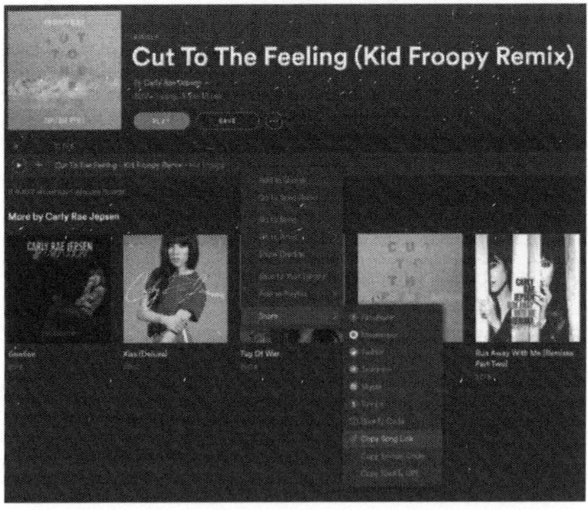

- **Versiones de otros artistas:** Para llegar o ser descubierto por a su base de fans.
- **Colabora con otros artistas:** Aprovechar el público de otras personas es una manera fácil de llegar a nuevos fans.
- **Etiquetar todo tu contenido:** Hazlo de forma inteligentemente para que sean encontrados de forma fácil por los buscadores y/o descubiertos por posibles fans.

¿Cómo incluir canciones que ya he publicado de forma individual en un álbum?

Muy sencillo, cuando vayas a subir tu álbum desde tu agregador, por ejemplo Distrokid, y subas tus pistas normalmente, hay un momento en que en algún campo te preguntará si dispones de código ISRC, copia y pega este código que lo encontrarás en el mismo *dashboard* de Distrokid en la información de la canción que proceda.

Mi consejo es que publiques las canciones una a una con su propia campaña de promoción, por supuesto que hagas el Pitch y las propongas todas para las playlist editoriales. Y después, si quieres englobar ciertos temas en álbumes, lo haces como te acabo de explicar, de esta forma tus temas estarán organizados dentro de tus álbumes, pero conservando todas sus *streams*, estadísticas, posicionamiento etc., que tenían como canción individual.

SOUNDCLOUD / BANDCAMP

No solo los fans de la música, también los profesionales de la industria musical y de los medios buscan regularmente en estos sitios descubrir nuevos talentos y artistas emergentes de modo que es una opción que debes contemplar, además este tipo de sitios ayudan a mejorar tu SERP.

Valora incluir tu música en estas plataformas, por supuesto no es imprescindible que estés en todas, pero valora su utilidad en tu caso particular. Casi todas disponen de herramientas propias de promoción, venta y monetización propias.

SoundCloud acaba de anunciar en el momento de escribir estas líneas que se convertiría en el primer servicio de *streaming* en comenzar a dirigir el dinero de los suscriptores solo a los artistas que escuchan, lo que se conoce en la industria como el modelo *user centric* (regalías impulsadas por los fans). Eso significa que la suscripción de cada oyente o los ingresos publicitarios se distribuyen entre los artistas que realmente escuchan, medida bienvenida por los músicos que hacen campaña por un pago más justo.

La práctica actual de los servicios de *streaming*, incluidos Spotify, Deezer y Apple, es agrupar los pagos de regalías, hacer una media y distribuirlos en función de los artistas que tienen más reproducciones globales. Muchos artistas y sindicatos han criticado este sistema, diciendo que favorece desproporcionadamente a las megaestrellas y perjudica a artistas locales y de nicho más pequeños.

El nuevo modelo comenzará a funcionar en SoundCloud el 1 de abril del 2021 y la plataforma sugiere que la medida beneficiará a los artistas independientes en ascenso con fans leales.

https://community.soundcloud.com/fanpoweredroyalties

OTROS CANALES DE PROMOCIÓN

Directorios

Los directorios son especialmente importantes cuando tu modelo de negocio incluye servicios, hay multitud de directorios de grupos donde puedes abrirte una ficha con tus datos: Fotos, vídeos, bio, etc. Cada uno tiene una finalidad diferente, la mayoría tienen opciones tanto gratuitas como de pago, en cualquier caso, elige los que más alineados estén con tu estilo u objetivos y regístrate.

Estar en un directorio te aportara posicionamiento (*link Bulding*) y presencia en la red sin apenas esfuerzo por tu parte, eso sí, que sea con buenas fotos, vídeos y textos, si no es así es preferible no estar.

A continuación, te damos un ejemplo de algunos directorios para que tú mismo valores en los que más te puede interesar estar o no:

- https://myjobmusic.es/
- https://www.lnkmsc.com/
- https://acqustic.com/
- https://www.lafactoriadelshow.com/
- https://conectamusica.com/
- https://lareverb.com/
- https://www.solomusicos.com/es

Concursos

Ganar un concurso, además del premio te aportará prestigio y visibilidad, y si no consigues ganar te aportará la experiencia que también tienes que valorarlo como una ocasión para aprender, reflexionar y quizá mejorar algunos aspectos. En cualquier caso, son oportunidades que puedes aprovechar, aquí va una relación de concursos para tener en cuenta:

- http://www.sgae.es/es-ES/SitePages/index.aspx (QR 1) La SGAE suele convocar durante todo el año concursos de todo tipo, si eres socio ellos mismos te informarán mediante su newsletter.
- https://indyrock.es/concursos.htm (QR 2) En esta web tienen una relación amplia de concursos para bandas independientes.
- https://www.girandoporsalas.com/
- http://www.soundsfromspain.com/
- https://www.premiosmin.com/

1 2

Los *Talent Shows*

Es un magnifico y efectivo método para darse a conocer. No se puede ignorar como muchos de los artistas musicales españoles del momento provienen de este tipo de programas y te pueden dar una exposición y popularidad a través de los medios masivos que no tiene precio.

Blogs de música

Hacer que tu música aparezca en los blogs es una forma efectiva también de promocionar tu música. Podrás llegar a nuevas audiencias, aumentar la exposición, establecer credibilidad y abrir nuevas oportunidades. A continuación, te ofrecemos una recopilación de los más importantes en habla hispana:

- https://www.indienauta.com/
- https://pop100.es/
- http://www.aireflamenco.com/
- http://www.altafidelidad.org/
- http://anecdotariodelrock.blogspot.com/
- https://www.aragonmusical.com/
- https://www.babelmagazine.es
- https://bachtrack.com/
- http://www.bandalismo.net/
- http://www.beatburguer.com/
- https://www.beatmashmagazine.com/
- https://www.beckmesser.com/
- http://www.bifmradio.com/
- https://www.binaural.es/
- https://b-sidemg.com/
- https://www.clasica2.com/
- https://www.clubbingspain.com/
- https://www.codalario.com
- https://www.crazyminds.es/
- https://www.deflamenco.com/
- http://www.disorder.cl/
- https://djmag.es/
- https://www.docenotas.com/
- https://www.dodmagazine.es/
- https://www.efeeme.com/
- https://elclubdelrock.com/
- https://www.elenanorabioso.com/
- https://elmundodetulsa.com/
- https://elperfildelatostada.com/
- https://www.elquintobeatle.com/
- https://elukelele.com/
- http://electrafm.com/
- http://www.elperfildelatostada.com/
- https://www.escenaindie.com/
- http://www.fantasticplasticmag.com/
- http://filtermexico.com/
- https://www.freim.tv/
- https://gladyspalmera.com/
- https://happyfm.es/
- https://www.hellpress.com/
- https://hipersonica.com/
- https://www.indierocks.mx/
- https://indiehoy.com/
- https://indiespot.es/
- http://www.infanmusic.com/
- https://jenesaispop.com/
- https://www.lahiguera.net/
- https://los40.com/tag/musica/a/
- https://majomontemayor.com/

- http://www.manerasdevivir.com/
- https://mariskalrock.com/
- https://www.mehaceruido.com/
- https://www.melomanodigital.com/
- https://metalcry.com/
- https://metaltrip.com/
- http://www.mindies.es/
- https://www.miusyk.com/
- https://www.mondosonoro.com/
- https://www.operaactual.com/
- http://www.musicaantigua.com/
- https://www.musicazul.com/
- https://www.musicopolis.es/
- https://musikorner.com/
- https://muzikalia.com/
- https://myipop.net/
- http://notedetengas.es/
- https://www.operaactual.com/
- https://planarteria.com/
- https://www.plasticosydecibelios.com/
- https://www.plateamagazine.com/
- https://www.popelera.net/
- https://portalternativo.com/
- http://puertoricoindie.com/
- https://www.rafabasa.com/
- https://redaccionatomica.com/
- http://revistakuadro.com/
- https://www.ritmo.es/
- https://www.rockandrollarmy.com/magazine/
- http://www.rockestatal.com/
- http://www.rockinspain.es/
- https://www.rock-progresivo.com/
- https://rock.com.ar/
- https://www.rockaxis.com/
- https://www.rockdelux.com/
- https://www.ruta66.es/
- https://www.scannerfm.com/
- https://scherzo.es/
- http://sineris.es/
- https://suenacubano.com/
- https://super45.cl/
- https://www.thebackstage.net/
- https://www.themetalcircus.com/
- https://thisisrock.es/
- http://www.tiumag.com/
- https://todoindie.com/
- https://www.todorock.com/
- https://unika.fm/
- https://viciousmagazine.com/
- https://vistarmagazine.com/
- https://www.wakeandlisten.com/
- https://warp.la/
- https://wololosound.com/
- https://www.zonadeobras.com/
- http://zonavertical.com/
- https://www.zona-zero.net/

Consejos para enviar tu música a un blog

- Envía pistas totalmente terminadas y masterizadas.
- Adjunta tu *press kit*.
- No envíes pistas que no estén protegidas por derechos de autor a menos que estés autorizado para su uso. Los blogs la rechazarán porque podrían llevarlos a problemas legales.
- Investiga el blog de música antes de enviarles tu música, no tiene sentido enviar música folk a un blog de música electrónica.
- Busca artistas alineados contigo y observa en que blogs aparecen.
- Busca información de los periodistas que escriben en los blogs que te interesan en redes como LinkedIn.
- Si el blog tiene un formulario y unas pautas de envío de música, respétalo.
- En general, cuanto más sepas sobre el blog de música, mejor podrás personalizar su mensaje durante el proceso de envío.
- A los blogs de música les gusta presentar música nueva que sea exclusiva de su plataforma, por lo tanto, hazles saber que así es para aumentar sus posibilidades de aparecer, y envíala con tres o cuatro semanas de anticipación a la fecha que hayas planificado el lanzamiento o estreno.
- Asegúrate de que tu información de artista se vea profesional, busca errores de ortografía, errores gramaticales, lenguaje inapropiado, oraciones mal estructuradas y otros problemas que puedan dar una mala imagen inicial sobre ti. Además, te aseguro que los escritores de blogs no quieren perder tiempo en arreglar un comunicado de prensa plagado de errores ortográficos y gramaticales.
- Usa el correo electrónico oficial. No envíes mensajes a través de las redes sociales para preguntar sobre cómo enviar tu música.
- Crea un asunto atractivo que invite a abrir tu correo electrónico.
- Personaliza el correo electrónico mencionando al escritor por su nombre.
- Hazle saber al escritor de alguna manera subliminal que lo sigues a él, y a su blog haciendo referencia a otros artistas alineados contigo sobre los que él escribió. Construir relaciones y redes en la industria de la música siempre es útil, sigue su contenido, comenta en sus publicaciones e interactúa con ellos en las redes sociales.

- Describe tu música en un párrafo o dos y proporciónale una historia buena de fondo.
- Asegúrate de que el correo electrónico sea una lectura rápida y fácil.
- Sé honesto y claro porque le estás pidiendo un artículo y ofrécele una buena razón por la cual presentar tu música es beneficioso para el blog.
- Incluye enlaces a tu música en Spotify, YouTube etc. Incluye también el enlace a tu *press kit*, página web o cualquier otro lugar donde pueda encontrar más información sobre ti y tu música. Pero no agregues demasiados enlaces y no incluyas nunca archivos adjuntos, porque es incómodo, anticuado e inseguro. Lo más probable es que lo eliminen por motivos de seguridad y vaya directo a la papelera de spam. 
- No envíes correos masivos a múltiples blogs de música. No es efectivo, ellos lo detectan y lo más probable es que lo consideren Spam, personaliza al máximo tu mail.
- Da las gracias al escritor del blog por su tiempo e incluye un agradecimiento.
- Dales tiempo para responder. Todos los días reciben muchos envíos y no es extraño que puedan pasar algunas semanas antes de recibir una respuesta. Ellos también necesitan tiempo para decidir si quieren publicar y ajustarlo en su calendario, si haces un seguimiento no seas pesado, sé breve y cortés.

▶ CAPÍTULO 5

MONETIZAR Y FIDELIZAR A TUS FANS

- Línea directa con nuestros fans
- El mail marketing
- Los superfans
- Artista en la onda
- Cómo financiar tu proyecto musical
- Tips e ideas sobre cómo monetizar tu actividad musical
- Fidelización, mantener la llama

5

MONETIZAR Y FIDELIZAR A TUS FANS

En esta fase veremos cómo conseguir los datos de contacto de nuestros fans con la técnica del anzuelo irresistible, aunque esto no nos garantiza que podamos mantener una relación más larga, y ni mucho menos que esté dispuesto a gastar su dinero, ya que es posible que solo estuviese interesado en el anzuelo y nada más, pero aunque así fuese este anzuelo nos ha servido para que sepa de nuestra existencia y quizá seamos un descubrimiento para él, con lo que ahora nuestro reto será cautivarlo para conseguir alargar nuestra relación, demostrarle que tenemos aún mucho que ofrecerle y conseguir su confianza y fidelidad.

LÍNEA DIRECTA CON NUESTROS FANS

Las cosas pueden suceder, pero si les das un empujón mejor

Como decía al principio, de esta fase puedes compartir contenido orgánicamente y esperar a que alguien lo vea, le guste e interactúe contigo, pero en una estrategia inteligente conviene dar un empujón a tu contenido y ayudar a que las cosas sucedan haciendo pequeñas campañas de pago en las distintas redes.

El coste es muy asequible y podrás comprobar cómo se acelera mucho el proceso de captación de seguidores en tus redes.

Puedes tener una comunidad de seguidores más o menos grande, pero de seguidores no se vive, necesitamos seguidores verdaderos que estén dispuestos a comprar tu disco, pagar por verte tocar, comprar tu *merchandasing*, comprarte un curso, etc.

Como cualquier empresa nunca hay que dejar de captar nuevos seguidores ya que estos de la misma forma que vienen, se pueden ir. En algún momento, cuando consideres que tienes una cantidad suficiente de seguidores y una audiencia segmentada a la que poder dirigirte, será el momento de validar y comprobar cuántos de esos seguidores son fans verdaderos y auténticos.

> **«Lo ideal para cualquier empresa es tener contacto directo con sus clientes, poder dirigirse a ellos sin intermediarios, enviándole propuestas de venta totalmente personalizadas a su correo electrónico, o a su teléfono móvil, ya que hoy en día la mensajería es uno de los mejores métodos de comunicación comercial.»**

En estas estrategias comerciales debemos siempre tener el consentimiento de nuestro cliente y ofrecerles siempre, en todas nuestras comunicaciones, la opción a darse de baja de forma fácil y sencilla.

En el caso del WhatsApp procurar que el cliente se ponga en contacto contigo él primero, no al revés. Además de que es ilegal no hay nada peor para la imagen de una empresa que la percepción de sentirse acosado por publicidad no requerida, y en el ámbito musical no es diferente.

Cómo conseguimos los datos de nuestros fans

Para conseguir algo tú tienes que ofrecer algo a cambio como todo en la vida, de modo que tenemos que pensar en algo escalable que podamos ofrecer a nuestra comunidad y que sea atractivo e interesante como para que estén dispuestos a darnos al menos su e-mail.

Para esto tendremos que aprender a usar y combinar distintas técnicas y herramientas que nos ayuden a conseguirlo de una forma masiva y automatizada, como son el e-mail marketing, la mensajería instantánea profesional y los embudos de venta.

¿Por dónde empiezo?

▶ La web oficial como cuartel general

Lo primero que necesitamos es un cuartel general, un centro de operaciones que va a ser nuestra web oficial. Hasta ahora nuestros fans estaban en las redes, y son esas empresas quienes tienen sus datos. Las redes, como empresas privadas que son, en cualquier momento te pueden cerrar la cuenta, cambiar sus normas o directamente quebrar como empresa y quedarte de la noche a la mañana sin la comunidad que tanto esfuerzo te ha costado conseguir, de modo que nuestro primer objetivo debe ser conseguir tener esos datos en nuestra base de datos, para no depender de estas empresas externas.

▶ El e-mail marketing

Una vez tengas tu web, lo siguiente es familiarizarte con el concepto de e-mail marketing y aprender a usar plataformas de gestión de correo electrónico como MailChimp, MailRelay, E-goi, Mail poet, etc. También mensajería profesional como WhatsApp business, Telegram, Facebook, Messenger, etc. Y entender el concepto de «embudo de ventas». Con estas técnicas podrás comunicarte masivamente y de forma automatizada con tu comunidad, conseguir sus datos, crear embudos de venta para tus productos, servicios, entradas para tus conciertos, etc. En definitiva, monetizar y hacer rentable y sostenible tu proyecto artístico.

Para que te hagas una idea rápida y global de todo esto sin entrar en tecnicismos vamos a ponerte un ejemplo:

Ejemplo de cómo conseguir los datos de tus fans

Paquito es un artista que ha conseguido a través de Facebook una comunidad de seis mil seguidores a los que les gusta sus canciones, le siguen y comentan sus actualizaciones.

Llegados a este punto considera que ya es hora de rentabilizar su proyecto, crea tu web oficial en la cual incluye una opción de suscripción, que no es ni más ni menos que un pequeño formulario donde los fans nos dejan su nombre, mail y WhatsApp para que los tengamos informados de todas nuestras novedades, lanzamientos, promociones y conciertos.

Paquito lanza una campaña en Facebook dirigida a sus seguidores en la cual les anuncia la creación de la web oficial, invitándoles a visitarla y a suscribirse. Para animarlos a todos los que se suscriban les ofrece algo interesante, en este caso pongamos que es la descarga de su álbum y un regalo exclusivo para suscriptores.

Con esta acción consigue una base de datos o lista con el nombre, mail y teléfono móvil de la mayoría de los seguidores. Ahora Facebook podría desparecer de un día para otro, o cerrar la cuenta a Paquito por cualquier motivo, pero Paquito podría seguir en contacto con sus fans sin depender de Facebook. ¿Entiendes el concepto y porque es tan importante tener los datos de vuestros fans?

A partir de ahora Paquito diseñará un embudo de ventas donde todas sus acciones de promoción que tengan como objetivo la captación de nuevos fans las redirigirá de una manera u otra hacia la sección de suscripción en su web oficial, ofreciendo incentivos interesantes a sus seguidores por hacerlo y poniendo en marcha la maquinaria para aumentar exponencialmente su lista de fans auténticos y verdaderos con los que tendrá línea directa sin intermediarios.

Ahora la web oficial de paquito es su cuartel general, con un *mix* estratégico de campañas orgánicas, de pago, e-mail marketing, mensajería etc. Y de esta manera puede crecer, captar constantemente nuevos fans y monetizar tu música.

▶ Los anzuelos de pesca

Como podéis intuir, para un artista desconocido que comienza, ofrecer simplemente su música puede que no sea lo más atractivo para un potencial fan. Necesitamos estimular ese primer contacto donde pedimos los datos de nuestro fan para que tenga la ocasión de descubrirnos ofreciendo algo a cambio que sea lo más irresistible y atractivo posible, un anzuelo. Aquí es donde entra en juego la creatividad de cada artista, que en teoría no os debería de faltar, de modo que imaginación al poder para pensar en posibles «anzuelos» cautivadores para «cazar» a vuestros potenciales fans verdaderos.

- Regalos de cualquier tipo
- Acceso exclusivo a algo
- Participación atractiva en algo
- Participación en la creación de algo
- Sorteos
- Concursos
- Test
- Conseguir recomendaciones de *Influencers*

Ejemplo de un embudo de ventas usando un anzuelo

Hacemos una campaña en Facebook donde a cambio de suscribirse a nuestra lista ofrecemos gratis la descarga de tu última canción en exclusiva antes de ser publicada en Spotify más un vídeo sorpresa del cual desvelaremos la sorpresa una vez que se han suscrito. De esta manera, aunque no tenga mucho interés en la descarga, seguro que tendrá curiosidad por el obsequio sorpresa que le has prometido con tanto misterio.

El vídeo podría ser una clase de ukelele donde le enseñas a tocar la canción, o cualquier otra cosa que se te ocurra que creas que puede ser atractivo para tu audiencia, échale imaginación, adáptalo a tus fortalezas y circunstancia procurando siempre no decepcionar con el regalo.

Una vez tengamos sus datos pondremos en marcha el envío programado de más contenido, procurando que sea lo más interesante y de valor posible para tu fan. El objetivo de estas campañas será cautivarlo de tal manera que finalmente consigamos que al final del embudo nos queden solo los auténticos y verdaderos fans, a los que cuando consideremos conveniente ofertaremos nuestro contenido de pago, como pueden ser conciertos, cursos, *merchandising*, proponerle participar en un *crowdfunding* para financiar tu próximo álbum, servicios de cualquier tipo, clases etc.

De esta forma pondremos en marcha «**La máquina de captar fans**». Ten en cuenta que por muy atractivo que sea un anzuelo, **al final lo que cuenta es que tú como artista gustes realmente a tu fan**, esto son solo maneras de empujar el proceso natural de promoción de un artista haciendo uso de la tecnología y las redes.

La máquina una vez puesta en marcha no puede parar, ni tú de generar nuevo contenido. Hazte a la idea que solo un 1% de los que consigas meter en tu embudo con tus campañas serán los auténticos fans verdaderos.

Recursos y tips para captación de nuevos fans:

- La aplicación «Social Unlock», de SoundCloud, te permite dar acceso a un seguidor a una descarga, a cambio de un tuit en Twitter.
- Noisetrade https://www.pastemagazine.com/noisetrade/music/ (QR 1) además de subir tu música a su extenso catálogo te permite capturar los datos de fans a cambio de descargas de canciones. Para registrarte, tiene que ser a través de este enlace: http://noisetrade.com/account/signup

1

- Haz «*Cobranding*», que consiste en llegar a acuerdos con webs o marcas que encajen con tus intereses, por ejemplo, puedes hacer colaboraciones con otros artistas afines con tu estilo (el típico *Feat*) o hacer un vídeo apoyando alguna causa alineada con tu audiencia.

- Haz «*Branded content*» que consiste llegar a un acuerdo con otra marca para generar contenidos vinculados con ella. Es como una forma de conectar esa marca con el consumidor final, por ejemplo, mostrar una marca de ropa en tus vídeos, que una marca de bebida patrocine tus actuaciones, conceder entrevistas a radios, magazines o cualquier medio, aportando así contenido para su público y tú beneficiarte de la visibilidad que te puede aportar.
- Usa la «Co-creación» con tu comunidad y anímalos a votar, dar su opinión e incluso participar en la creación de tus contenidos. Por ejemplo, pide ideas para el videoclip de una canción, o pide su participación en él, que voten entre varios diseños de *merchandising*, proponer retos etc. ¡Imaginación al poder!
- En vez de un videoclip de un tema completo largo y costoso, haz un vídeo corto con el Hook o enganche de tu nuevo tema como herramienta para invitar a tu audiencia a ir a Spotify a escuchar el tema completo. En YouTube se puede programar la reproducción de un vídeo en un punto concreto, buscar el momento más Hook y programar así su reproducción.
- Haz un concurso entre tus seguidores y premia a la mejor versión de un vídeo en TikTok usando una parte con gancho de tu canción. Por supuesto, también puedes hacer tu propia versión TikTok de tu canción, o ir más allá y crear un vídeo para tu canal en YouTube con una compilación de los mejores.
- Utiliza la técnica del «Continuará...» dentro de lo posible, deja la curiosidad por ver otro vídeo al final de cada video.

EL MAIL MARKETING

Qué es el e-mail marketing

Es una técnica de comunicación en la que se utiliza el correo electrónico para atraer a potenciales clientes, un canal directo de comunicación con tus fans que permite adaptar el contenido a cada segmento de estos y a sus intereses concretos.

Aunque esta técnica se refiere fundamentalmente al correo electrónico, en mi opinión es muy interesante y aconsejable utilizar estas técnicas en canales de mensajería como el WhatsApp business o Telegram.

Cómo utilizarlo correctamente

El marketing a través del correo electrónico es una herramienta fundamental para comunicarnos directamente con nuestros fans, cautivarlos, darles confianza para finalmente obtener ingresos con tu música.

Con los datos recopilados con la técnica del anzuelo, iremos acumulando una lista cada vez más grande de fans a los que de forma personalizada podemos seguir enviándoles contenido de valor a su propia bandeja de mail, o como hemos comentado a su WhatsApp o Telegram.

Elegir un canal u otro dependerá del tipo contenido, los permisos que tengamos y sobre todo de las preferencias de nuestro fan. Como ya hemos comentado en otras ocasiones, tenemos que ser tremendamente respetuosos en todas nuestras comunicaciones.

«Si crees que por el hecho de tener una dirección de correo electrónico todo vale, nada más lejos de la realidad.»

Lo cierto es que tenerla implica una serie de obligaciones que conviene saber, puede que todavía no hayas reflexionado en todas esas responsabilidades. Seth Godin lo define perfectamente:

«El permiso real es diferente del permiso presupuesto o del permiso legal. El hecho de que hayas conseguido de alguna manera mi dirección de correo electrónico no significa que tengas permiso. El hecho de que no me queje no significa que tengas permiso. El hecho de escribirlo en la letra pequeña de tu política de privacidad tampoco significa que tengas permiso.»

Seth Godin

Estoy muy de acuerdo con Seth Godin en el sentido de que el permiso es algo que debes renovar constantemente, además de cumplir la legalidad, tienes que ir un paso más allá y aprender a relacionarte con tus listas de correos de suscriptores de forma eficaz, porque si lo haces es una fuente inagotable de clientes.

En el símil con el amor, que venimos aplicando durante todo el libro, es como pretender que en una relación amorosa, en la que alguien que te ha elegido en algún momento, te seguirá queriendo siempre aunque dejes de aportarle lo que necesita.

En el e-mail marketing, como en el amor, debes esmerarte en ser merecedor de esa confianza que te han dado.

Existen multitud de herramientas y plataformas para gestionar tu lista de fans y poder hacer envíos más o menos automatizados y segmentados de contenido, estas son algunas de las más populares:

- https://mailpoet.com/
- https://mailchimp.com/
- https://es.sendinblue.com/
- https://mailrelay.com/es/
- https://e-goi.com/es/

Hay muchas en el mercado y todas hacen básicamente lo mismo, escoge la que más se adapte a tus necesidades y sigue aprendiendo todo lo que puedas sobre este tema.

- Tutorial para aprender a usar la plataforma de e-mail marketing mailchimp:

▶ Errores que no debes cometer nunca

- **No compres suscriptores, ni los obtengas sin el conocimiento del usuario**

  Piensa que hacer esto es el equivalente *online* de los típicos comerciales que se presentan en tu casa sin avisar y sin ser invitados, todos nos sentimos violentos, avasallados y nada predispuestos a escuchar lo que tengan que contarte. Es desagradable, intrusivo y violento. Recuerda: Es mejor tener 200 suscriptores verdaderos y convencidos de las razones por las que quieren pertenecer a tu lista, que mil que no saben por qué están recibiendo tus correos.

- **No cometas el error de no informar correctamente**

  Recuerda siempre que es mejor pedir permiso, que tener que pedir perdón. No temas a la transparencia, será tu mejor aliada es la base que sustenta la confianza.

- **No envíes de todo a todos**

  Tienes que intentar enviar mensajes y propuestas segmentadas y concretas, me explico: Por ejemplo, si lanzas una campaña de venta de entradas para un concierto local de aforo limitado en una ciudad concreta, envíala solo a tus fans de esa ciudad o cercanías, no tiene sentido enviarla a fans que sabes que no van a poder asistir de otro país.

Si lo que pretendes es comunicar y hacer ver que estás activo y tocando, el canal adecuado quizá es un post en tus redes sociales, tu web etc. Pero no un envío personal a todos tus fans, lo correcto es que segmentes tu público objetivo en función del contenido que envías. Sé empático y ponte en el lugar de tu fan, a nadie le gusta recibir correos que no le interesan, por el contrario, sí agradecen que envíes información realmente útil y atractiva.

Así es como se consigue la confianza de un fan, preocupándote sinceramente por él, trabajándotelo y sabiendo que te esfuerzas por enviarle solo lo que le interesa de verdad, no seas insistente con los correos o provocarás que se borren de tu lista.

Para saber todo sobre la legalidad vigente en España en cuanto a protección de datos acude a: https://aepd.es/es

LOS SUPERFANS

En la actualidad la figura del consumidor es muy relevante, es el centro de toda estrategia de marketing de una empresa. No basta tener un buen producto. Además, hay que crear una relación con el consumidor, los artistas deben crear un vínculo emocional y fuerte con el fan para que este potencie su carrera.

Hemos hablado mucho sobre cómo ganar exposición y construir una audiencia, algo esencial para la base de tu carrera musical. Pero no podemos cometer el error de tratar a todos los fans de la misma manera, de hecho, ahora es el momento de identificar y desarrollar el tipo más valioso de todos: **los superfans**.

> **«El fan no quiere limitarse solo a escuchar canciones, quiere vivir experiencias y que le aporten un valor.»**

Por lo tanto, los artistas deben poner en marcha estrategias para conseguir la fidelización del fan. Estas son las más utilizadas:

- Mostrar cercanía haciendo sentir al fan que pertenece a «algo» que es parte de una gran familia, tribu o club selecto.
- Producción de contenido personal que permita al fan conocer más de tu vida. El concepto ídolo ha estado siempre en el imaginario colectivo, los artísticas atraen la atención tanto por su trabajo como por su vida personal, los concebimos como personas alejadas de nuestra vida ordinaria, pero a la vez nos sentimos cercanos a ellos.

- Recompensando a los mejores y más fieles con el contenido de este tipo más exclusivo.
- Mostrarse siempre agradecido con los fans.
- Hacer comentarios personalizados sobre contenidos de los propios fans como pueden ser «*FanVideos*» o «*Artworks*» que los propios fans suben a las redes haciendo que otras personas lo conozcan ejerciendo estos así de auténticos evangelizadores del artista, estimular y valorar esto a los fans es fundamental.

Buscar esta relación de compromiso a través de otros métodos como el emocional te hará mantenerte en la industria gracias a la lealtad de tus fans.

¿Qué es un superfan?

Los superfans no son las personas que simplemente te siguen en SoundCloud, miran uno de tus vídeos de YouTube o les gustan tus publicaciones de Instagram.

Son las personas que juegan el papel más importante en la construcción de tu carrera musical porque no solo les gustan tu música, sino que también les gustas tú como artista. Los superfans quieren sentir algún tipo de conexión personal contigo y te apoyarán de cualquier manera posible, financieramente o de otras maneras, sin pensarlo dos veces.

Probablemente constituyan el subgrupo más pequeño de tu base total de fans, pero serán los que generen la mayor parte de los ingresos como artista.

¿Por qué son tan importantes los superfans?

Si dedicas tiempo y esfuerzo a fomentar la relación con tus superfans, podrían convertirse en seguidores acérrimos de tu música de por vida. No solo serán tus clientes más leales, sino que también serán tus evangelizadores, en el sentido de que hablarán de ti aprovechando todas las oportunidades que tengan.

Los superfans son aquellos en los que puedes contar para el poderoso marketing del boca a oreja que impulsará tu carrera musical hacia adelante más rápido y de manera más efectiva que cualquier otra cosa.

Una buena estrategia de fidelización y seguimiento de los superfans es la diferencia entre una carrera musical sostenible y próspera y una fallida. No importa el nicho que sea tu música, es completamente posible, y necesario, atraer y nutrir a los superfans.

¿Qué estrategia debo seguir para conseguir superfans?

Para convertir a los fans casuales de tu música en superfans leales, las dos grandes áreas a tener en cuenta son:

1. Utilizar los canales de comunicación adecuados.
2. Proporcionar el tipo de contenido adecuado.

Las redes sociales son excelentes para hacer crecer y atraer a tu audiencia, eso está claro y hemos hablado mucho sobre ello, pero solo hasta cierto punto. Nunca debes confiar exclusivamente en ellas como una línea directa con tus fans, porque en realidad mientras solo estén en las redes, no eres el propietario de sus datos y estás a merced de lo que la empresa considere que la gente debería ver orgánicamente. No eres dueño de la conexión y la comunicación con tus fans, te estás poniendo en riesgo de perder a tus potenciales superfans.

El canal más poderoso y directo que tienes para llegar a tus fans es el correo electrónico. Es crucial centrar tus esfuerzos en crear tu lista de correo electrónico desde el principio para que tengas la oportunidad de elevar a tus fans casuales al estado de superfan.

El marketing por correo electrónico es el único canal de comunicación que te permite ver la actividad detallada de cada fan individualmente:

- ¿Quién abre?
- ¿Quién hace clic?
- ¿Quién compra?

Y hacer un análisis del conjunto:

- ¿Qué nivel de participación tienen?
- ¿Cuándo es el mejor día y hora para enviar un correo electrónico?

Este tipo de datos permite una segmentación adecuada y así filtrar a tus superfans del resto de tu lista para brindarles contenido exclusivo y oportunidades que profundizarán en tu relación con ellos.

¿Cómo se hace crecer una lista de correo electrónico de fans?

Una manera de empezar podría ser ofreciendo descargas gratuitas de tu música, o cualquier otro contenido de valor a cambio de las direcciones de correo electrónico de tus fans.

Vas a necesitar una cantidad significativa de tiempo y esfuerzo para desarrollar superfans para tu música y aquí te relaciono algunas ideas que quizá te puedan ayudar a poner la maquinaria en marcha:

- Haz que tus superfans se sientan especiales enviándoles por correo electrónico un enlace privado a una nueva canción que aún no has publicado.
- Revisa los comentarios en las redes sociales y los mensajes directos diariamente, y responde, esto les hará sentirse importantes y escuchados. (A los *spammers* y *trolls*, ni caso por supuesto.)
- Etiqueta a los fans en tus publicaciones.
- Si ya estás haciendo conciertos sube una *selfie* con tus fans, y anímalos a etiquetarse ellos mismos.
- Quédate para saludar a tus fans en persona al final de tus actuaciones.
- Envía por correo electrónico a tus fans mezclas inéditas o remixes exclusivos de tus canciones exclusivamente para ellos.
- Saluda y menciona tus fans en tus *video-live* en *streaming*, podcasts o programas de radio si los tienes. Por ejemplo, leyendo en voz alta comentarios que hayas recibido de ellos o interactúa permitiéndoles elegir canciones si tienes un podcast o una radio *on line*.
- Publica *vlogs* semanales o quincenales en YouTube sobre tu proceso creativo, explicando cómo compones, cómo grabas, cómo produces etc.
- Realiza un sorteo para un artículo de *merchandising* exclusivo o de edición limitada, o cualquier otra cosa que se te ocurra que sea especial y exclusiva.
- Celebra una fiesta de escucha y micros abiertos solo por invitación antes de su próximo lanzamiento y pide opiniones a tus fans.
- Da a tus fans la oportunidad de participar en tu próximo vídeo musical.
- Deja que tus superfans voten sobre la portada de su próximo single o álbum.
- Usa Facebook Live o YouTube Live para realizar sesiones de preguntas y respuestas, encuentros virtuales y conciertos en línea.
- Ofrece a tu lista de correo electrónico de superfans un generoso código de descuento para todo lo que venda.
- Crea un grupo privado de fans en Facebook con acceso exclusivo para tus superfans.

- Incluye una nota de agradecimiento personalizada y escrita a mano para cualquier persona que te haga una compra, o incluso un vídeo personalizado

En resumen, trata a tus superfans más importantes como estrellas y dales la misma atención que ellos te brindan a ti.

ARTISTA EN LA ONDA

Si hemos hecho las cosas bien y hemos sido capaces de generar la confianza y la fidelidad de nuestros fans a base de entregarles contenido valioso para ellos, lo más probable es que estén encantados y por tanto unir vuestros destinos para siempre, deseosos de pagar por asistir a un concierto tuyo, colaborar en un *crowdfunding*, comprar tu *merchandising*, pagar por tener ciertos privilegios, etc.

Llegado a este punto es el momento de empezar a monetizar tu proyecto de forma independiente, aunque también es muy probable que algunas discográficas, editoriales, mánager y en general la industria de la música se percate que eres un artista con potencial para generar negocio y empieces a recibir ofertas.

CÓMO FINANCIAR TU PROYECTO MUSICAL

Por supuesto que podrías financiarte con tus propios medios o pidiendo un crédito al banco, pero esto en el mundo de la música no es lo más inteligente. En esta guía, como ya dijimos al principio, vamos a usar siempre **métodos *lean startup* y productos mínimos viables** procurando siempre que sea el propio cliente quien nos financie consiguiendo así una validación de nuestro proyecto musical, ya que no tendría ningún sentido invertir en un producto antes de saber si hay clientes interesados y dispuestos a pagar por él. Y no pienses que esto es la «Técnica de los pobres músicos independientes sin recursos» no te engañes, las multinacionales en todos los ámbitos y grandes artistas también lo hacen, no es cuestión de dinero, es simplemente la forma más inteligente de avanzar.

Crowdfunding

Se puede decir que el *crowdfunding* es pedir dinero a la gente para poder financiar y llevar a cabo una idea.

A partir de esta idea tan sencilla y básica el *crowdfunding* tiene miles de variantes, es un recurso de financiación que se utiliza no solo por emprendedores sino también por grandes empresas, partidos políticos, asociaciones, ONG, etc. Y no solo porque necesiten dinero, sino principalmente como método de validación de una idea o negocio.

Una de las variantes más interesantes para músicos es el *crowdfunding* recurrente, donde tus fans pagan cuotas normalmente mensuales a cambio de contenido premium o no. También puede ser simplemente para que puedas permitirte seguir creando a modo de mecenas. La plataforma más popular de esta variante de *crowdfunding* es https://www.patreon.com/ aunque como hemos visto en la sección donde hablamos de Twitch, en este canal podemos tener suscriptores con un pago mensual recurrente.

Como estamos en la sección de financiación, nos vamos a enfocar en la utilidad tan interesante que tiene el *crowdfunding* para ser utilizado como medio de preventa, financiación y sobre todo validación de nuestra música, producto o servicio.

Antiguamente, se hacían costosos estudios de mercado para intentar saber si un producto tenía futuro, demanda y posibilidades, pero por muy costoso y prestigioso que sea un estudio, nunca tendrás garantías de acertar. En la historia ha habido miles de casos de empresas con grandes estudios de mercado previos y que, sin embargo, después de invertir grandes cantidades de dinero finalmente fue un colosal fracaso.

Sin embargo, el *crowdfunding* te permite precisamente saber con certeza si un producto tiene demanda real sin arriesgar tu propio dinero.

Como puedes vislumbrar, el *crowdfunding* es una poderosísima herramienta para los músicos, pero te advierto que mal hecho no sirve para nada. Por ejemplo, no tiene ningún sentido iniciar una campaña de *crowdfunding* sin antes haber creado una comunidad de seguidores a la que poder dirigirte, una campaña de *crowdfunding* es todo un arte que tiene su método, si no lo sigues correctamente te puedes llevar una gran decepción.

Los patrocinadores

Cuando hablamos de patrocinio pensamos que el único que se beneficia es el «patrocinado» o quien recibe la financiación, pero ni mucho menos es así ya que esta forma de promoción también conlleva numerosos beneficios para la empresa patrocinadora.

«Nadie da duros a cuatro pesetas.»

▶ ¿Por qué una empresa de seguros pagaría por ser tu *sponsor*?

Tus seguidores tienen coche y necesitan un seguro. Por tanto puedes insertar publicidad de un seguro para coche en tus contenidos, recomendar a tus seguidores, decir que tú lo usas, etc. En tus conciertos puedes llevar un *banner* publicitario de tu *sponsor*, etc.

Principales razones para que una empresa quiera patrocinar

- **Porque impulsa sus ventas**

  La publicidad, en medio de un momento de ocio entre el público en un estado de relajación y de mayor recepción, se concentra en un *target* muy segmentado, podríamos decir que es «un disparo seguro a la diana».

- **Visibilidad y publicidad positiva**

  Las empresas buscar una amplia exposición en los medios de comunicación mediante el uso de herramientas «*Below the line*» (empleo de formas no masivas de comunicación dirigidas a segmentos de mercado específicos).

  Esto lo pueden conseguir patrocinando proyectos de gran alcance y temática relevante para los medios, y sobre todo para el público, el cual se pretende que se convierta en cliente potencial de las marcas patrocinadoras.

  Si el proyecto es bien visto por tu comunidad, también puede generar una imagen positiva para la marca.

- **Diferenciación de la competencia**

  El simple hecho de patrocinar es una manera de diferenciarse de la competencia, por lo que buscar patrocinadores es una lucha constante entre las marcas.

  Acontecimientos como eventos deportivos, festivales musicales, congresos o exposiciones son escaparates con mucho potencial para las marcas, para conseguir ubicarse por encima de su competencia, y si además es la única, además obtiene exclusividad.

- **Empatía con el target**

  Cuando el patrocinio es por una causa sin ánimo de lucro se establece un vínculo de empatía entre la marca y el target que no tiene precio. Incluso cuando se trata de un evento sin altruismo la empatía igualmente permanece porque genera la percepción de una marca comprometida en el ámbito del cual se trate la actividad o proyecto.

- **Alianzas estratégicas**

  Cuando dos partes trabajan de la mano se crean posibles precedentes para el futuro y relaciones o alianzas que pueden ser beneficiosas para ambas.

- **Desgravación fiscal**

  Existen incentivos fiscales para las personas, empresas e instituciones que contribuyen con sus aportaciones al desarrollo y ejecución de proyectos deportivos, culturales, científicos o de otro tipo.

En un momento dado, una empresa con beneficios le puede interesar más generar gasto en patrocinio que pagar los impuestos que ese beneficio les genera. De hecho, como bien sabéis, hay eventos que no son rentables, y solo son posibles gracias a los patrocinios, gracias a los cuales la empresa patrocinadora tiene la posibilidad de rebajar sus impuestos.

Es una estrategia donde todos ganan.

▶ ¿Cómo contactar con los responsables en las empresas?

Buscar el cargo en linkedIn. Podrás averiguar su nombre y apellido, y desde https://hunter.io/ indicas el nombre de la empresa y te muestra los mails. Con estos dos datos quizá obtengas la forma de contactar.

Los puestos a buscar en inglés son:

- *Brand manager*
- *Strategic partnership*
- *Community outreach*
- *Brand development*
- *District manager*
- *Unit marketing director*

Puedes utilizar esta técnica para buscar todo tipo de profesionales de la industria.

Becas y subvenciones

En muchas grandes empresas tienen fondos y becas para promocionar o patrocinar arte como responsabilidad civil/social o a través de una fundación y no solo las empresas tienen estos fondos, también los municipios, estados y naciones.

Suele haber subvenciones y becas para cosas como:

- Movilidad de artistas
- Creación
- Giras España y extranjero
- Festivales, ferias y congresos
- Partituras
- Viajes extranjeros
- Internacionalización
- Discos
- Producción de espectáculos
- Formación
- Distribución
- Avales

Si en vez de postularte por las existentes quieres tener tú la iniciativa de proponer una beca, ten en cuenta los siguiente:

- Las becas se piden para cosas específicas.
- Hay que reflejar un «por qué a esa beca» o sea un storytelling, la historia detrás de cómo llegaste a pedirles apoyo. Para ellos esto será una cuestión de marketing y querrán contar tu historia, también esperarán que sus becas estimulen la economía. Esperan de ti que en algún momento seas capaz de generar riqueza con esa ayuda.

TIPS E IDEAS SOBRE CÓMO MONETIZAR TU ACTIVIDAD MUSICAL

Organiza tus propias giras

Organizar pequeñas minigiras es una muy buena forma de promoción y dar vida a tu agenda.

Te recomiendo que elijas localidades pequeñas, así será «el evento del pueblo» y no tendrás competencia.

Hay mil razones por las que un local puede decidir no programarte, no te lo tomes como algo personal ni negativo, es normal. Cuando esto suceda manda una respuesta de agradecimiento incluyendo algo como: «si tenéis alguna cancelación de último momento, me avisan y la liamos». Planta semillas de buen rollo y te aseguro que de alguna manera obtendrás fruto.

Define antes bien los objetivos: ¿Quieres ganar dinero, seguidores, abrir mercado? Y en función de tus objetivos diseña las estrategias a seguir, por ejemplo:

- **Estrategia de «la Gira Concéntrica»:** tocas en un radio de 20 km. Cuando ya cubriste eso vas por un radio de 50 km, luego 100 km y así.
- **Estrategia de «Bolo ancla»:** cuando tengas una fecha fijada que cubra los gastos básicos, organiza otras cerca alrededor quizá sin rentabilidad asegurada, pero que igual te sirve para cubrir otros objetivos más relacionados con la promoción o la apertura de mercado.

Conciertos *on line*

Desgraciadamente, con la pandemia es algo de plena actualidad, usa este recurso para no perder el contacto con tus fans y aprovéchalos también para recabar *feedback* de tus fans. Esto es una ocasión buenísima que no tiene precio para conocer más a tu comunidad, recuerda que la clave de todo es conocer a tu fan ideal y verdadero.

Algunas plataformas como http://www.streetjelly.com/ tienen un sistema que incluso te permite monetizar esta modalidad de concierto *on line* y por supuesto no olvides las posibilidades que tienes en Twitch.

Charlas con música

Quizá no lo sepas, pero las empresas tienen presupuestos anuales asignados a formación que tienen que gastar sí o sí, ofrece tú mismo una propuesta de calidad o asóciate con conferenciantes, formadores, etc. E incluye una pequeña actuación antes o después de la charla.

Venderlo por ejemplo como una TED, en el ámbito empresarial, es más factible que vender un concierto y aunque la parte musical solo sea un valor extra añadido, es una excelente manera de conseguir atención, visibilidad y quizá nuevos fans.

A los políticos también les gusta apoyar sus mítines con una actuación musical.

Conciertos en casas particulares

Un formato muy atractivo para los particulares y una excelente manera para los nuevos artistas es darse a conocer, monetizar y conseguir verdaderos fans.

El anfitrión de la casa se compromete a un mínimo de gente, ellos son los que invitan y convocan al público, no el artista. Un mínimo de 20 invitados es lo que yo recomiendo.

Puedes hacerlo como estimes conveniente, pero mi consejo es que no pidas dinero, solo un mínimo de audiencia y al final del espectáculo dar la posibilidad al público de hacer una donación libre. Si la actuación es lejos de tu ciudad puedes negociar con el anfitrión los gastos de trasporte, la comida y el alojamiento en su propia casa.

Trabaja mano a mano con tu anfitrión, generarás un vínculo muy fuerte con él y con tu audiencia. Hay muchas posibilidades de que en este tipo de actuaciones obtengas verdaderos fans evangelizadores.

Los conciertos en casa son una tendencia hoy en día y hay plataformas dedicadas a ello. La más popular es: https://www.sofarsounds.com/

Tocar en la calle

Quizá no sea lo tuyo, tengas miedo, te produzca ansiedad o pienses que es algo que no está a tu altura. Pero si lo haces bien, cuando lo pruebes te aseguro que te arrepentirás de no haberte animado antes.

Pero ojo, si decides hacerlo asegurate de tener una propuesta realmente buena, de calidad, y si además es llamativa y original el éxito está asegurado. Si no reúnes todos o algunos de estos requisitos mínimos, el resultado puede ser mediocre y lo que consigas será simplemente dar pena, recuerda:

«La calle no es para los artistas mediocres.»

- Es importante revisar las cuestiones legales particulares del lugar donde lo vayas a hacer, cada ciudad tiene su normativa en este ámbito.
- Respeta a tu audiencia. No te pongas en lugares de paso o tapando algo que quieren ver.
- Ten una hoja impresa a la vista con tu nombre, mail, web etc. A la que tu audiencia pueda hacer una foto y después desde casa poder descubrirte como artista.

BBC

Si no tienes prejuicios y está dentro de tu estrategia el interpretar música popular de otros artistas en «bodas, bautizos y comuniones» esta es una de las mejores vías de ingresos, incluso si tu objetivo final es tu propia música. Utiliza este recurso como método de financiación de tu proyecto musical propio sin tener que trabajar en otras áreas fuera de la música con tus propios horarios, te aseguro que aprenderás mucho sobre el saber estar en un escenario y adquirirás «tablas» para tu proyecto propio.

Eventos de recaudación de fondos y sin fines de lucro

Casi todos los eventos de recaudación de fondos buscan un entretenimiento, así que no tengas miedo de acercarte a ellos, es posible que tú tengas justo lo que necesitan.

Enseña tus habilidades musicales a otros

Hoy en día, con la tecnología de la videoconferencia, puedes enseñar y tener alumnos en todo el mundo. También puedes crear cursos y venderlos en tu propia web o en infinidad de plataformas de venta de cursos.

Eventos corporativos

Las empresas y grandes corporaciones suelen tener un «retiro» o «celebración» anual de sus empleados, la típica cena de empresa o evento corporativo. Si tu música encaja bien con la imagen y marca de su empresa puedes ser el candidato ideal para proporcionarles entretenimiento.

Ferias y fiestas locales

España es un país con mucha tradición de verbenas populares y existen infinidad de profesionales vendedores que representan a artistas de todo tipo repartidos por todo el país, los llamados «representantes». Contacta con estas agencias de artistas y ofréceles tu espectáculo.

Sesiones de grabación *on line*

Es una tendencia proporcionar sesiones de grabación a distancia a otros artistas. Detecta si realmente eres bueno y especialízate enfocándote en un nicho, no seas generalista. Si haces de todo no te percibirán como bueno en nada.

Doblajes

Si eres cantante con experiencia, estos trabajos serán fáciles para ti, se necesitan todo tipo de voces y acentos para videojuegos, spots publicitarios en medios, audiolibros, podcast, tutoriales, anuncios de megafonía, juguetes, apps, himnos corporativos, radio, cine, etc.

Si trabajas desde casa te pedirán que graves en un ambiente «seco» por lo que es fundamental tener un *vocal booth* para matar la reverberación de tu habitación y un equipo aceptable en cuanto a calidad.

Produce para otros en tu *home studio*

Un *home studio* tiene el valor añadido de que no es tan intimidante como un estudio grande y la gente se siente más «como en casa».

Lo habitual es ofrecer programar todo, hacer arreglos y que venga el cantante cuando esté todo listo.

Puedes tener disponibles otros músicos de sesión especializados para tareas específicas que tú no domines, o simplemente para aportar variedad en tus producciones.

«A la gente le gusta trabajar con personas que les gustan. No es el equipo y no es el precio, la personalidad lo define todo. Trata bien a la gente, si te haces un "Don equipos" la cosa no te va a funcionar.»

No entres en la «guerra de precios». Cobra en función de lo que tu trabajo vale para tu cliente.

Sé organizado, trasparente, pónselo fácil y explica previamente a tus clientes de forma clara y detallada cómo sería el proceso de trabajo.

Si aún no tienes un portafolio de clientes famosos que te den prestigio, no te preocupes demasiado, casi siempre los clientes que buscan eso son «huesos duros de roer», y a veces te aseguro que es mejor que se vayan con la competencia -:)

No hagas de todo, especialízate en lo que eres bueno y encuentra tu nicho, al final te elegirán por las dos o tres cosas que haces muy bien.

Merchandising en los conciertos y *on line*

Vende con desapego de vender, no seas egocéntrico y un mal vendedor dando estos mensajes: «Cómprame esto, necesito dinero para el disco». En lugar de eso pon el foco del mensaje en lo que haría tu fan con lo que está comprando, puedes decir: «Después del show acercaos a charlar conmigo, estaré en la mesa de *merchandising*». El mensaje está así centrado en la experiencia del público y no en que te compren algo. Pide a los que compran que manden y/o etiqueten fotos usando el «*Merch*» para poder compartir.

Licenciar tu música

Puedes componer música y producirla exclusivamente para ser incorporada a otro proyecto concreto o para que cualquiera pueda usarla a cambio de una tarifa o pago único.

Actualmente existe mucha demanda de estos servicios y diversas plataformas cada una con su sistema, aquí tienes algunos ejemplos:

- https://www.taxi.com/
- https://artlist.io/
- https://audiojungle.net/
- https://www.beatstars.com/
- https://lickd.co/

Componer para otros

Si eres bueno haciendo canciones contacta con una editorial y llega a un acuerdo para que promocione tus composiciones para otros cantantes, o las explote para usos comerciales de otro tipo, estas empresas son a lo que se dedican y te aseguro que están ávidas de buenos compositores.

Encuentra mecenas que te paguen por crear

Las suscripciones son una tendencia cada vez mayor de generar ingresos.

Twich y la plataforma https://www.patreon.com/c/music son las mejores opciones para crear una suscripción donde tus fans sean tus propios mecenas que te generen unos ingresos estables y que te permitan dedicarte a crear para ellos.

En Twitch dispones de tres niveles de suscripción y con Patreon puedes crear tú los diferentes niveles de suscripción libremente y ofrecer diferentes beneficios.

Cada vez hay más artistas que generan «su propio sueldo» con este sistema, pudiéndose dedicar a tiempo completo a su música.

También puedes crear tu propio Patreon en tu propia web si no quieres repartir beneficios con ninguna plataforma.

FIDELIZACIÓN, MANTENER LA LLAMA

En el mundo de la empresa existen múltiples técnicas para estimular la fidelización de los clientes y por tanto mantener la llama de una relación duradera. En el mundo de la música mantenerse en el candelero es aún más difícil que conseguir un éxito momentáneo, requiere ser consistente en el tiempo como artista, haber consolidado muy bien tu marca personal, adaptarte a las nuevas tendencias, pero sobre todo seguir creando nuevo contenido atractivo que aporte valor a tus fans de modo que seas capaz de retenerlos y convertirlos en superfans.

▶CAPÍTULO 6

GESTIÓN Y ADMINISTRACIÓN

- Las tres etapas de un músico
- Diseñar un plan de empresa musical
- El plan de acción
- Los trámites
- La Seguridad Social
- Hacienda
- Los contratos
- Las facturas
- Los presupuestos
- Las nóminas
- La contabilidad
- La organización
- La gestión del tiempo

6

GESTIÓN Y ADMINISTRACIÓN

Desde el momento en que comienzas a realizar una actividad económica, independientemente de que sea de forma esporádica o habitual, tienes que mentalizarte que automáticamente y sin que tú lo decidas tendrás obligatoriamente dos nuevos socios en tu empresa que, aunque no trabajan, ni aportan capital, sin embargo tienes que rendirles cuentas de forma religiosa. Uno de ellos se llama **Hacienda Pública**, tendrás que darle una muy buena parte de tus beneficios, y otro llamado **Tesorería de la Seguridad Social** al que tendrás que pagar una serie de cuotas fijas independientemente de si tienes o no beneficios. Ah!, se me olvidaba, y si se te ocurre dar trabajo a otras personas te convertirás en un recaudador de impuestos implacable de tus trabajadores a las órdenes de tus dos socios, pero lo más divertido de todo es que tus trabajadores no lo saben y creerán firmemente que lo que tu recaudas para dárselo a tus socios te lo quedas para ti. Vamos, que te percibirán como un miserable explotador y a tus socios esto les trae sin cuidado.

La ley en cada país son las reglas del juego, a ellas hay que atenerse, y conocerlas bien es el primer paso para disfrutar del juego sin desesperarse. En esta fase vamos a enseñarte todo lo que necesitas saber para administrar y gestionar adecuadamente tu empresa musical. Yo lo llamo «Empresa musical» porque, aunque seas un asalariado por cuenta ajena, considero que cada uno es su propia empresa que realiza una actividad económica y por supuesto también paga Seguridad Social e impuestos a Hacienda.

LAS TRES ETAPAS DE UN MÚSICO

El proceso que sigue un músico desde la perspectiva de su relación con la legalidad y la actividad económica yo lo estructuraría en tres fases:

Etapa de no actividad económica

Es la etapa en la cual nuestro principal objetivo es crear una comunidad de fans, no pretendemos vender nada ni realizar ninguna actividad económica, solo promocionarnos en las redes y aumentar nuestra comunidad. Por lo tanto, no tendremos necesidad de darnos de alta como autónomos, emitir facturas, etc., y no tendremos obligaciones con el estado.

Etapa de actividad no habitual

Es la más dura, en la cual empezamos a necesitar realizar algunas actividades esporádicas, como por ejemplo actuaciones en las que nos exigen factura y estar dados de alta en la Seguridad Social. El problema de esta etapa es que lo que generamos no compensa con los gastos que supone darse de alta como autónomo, entonces... **¿Cuál es la solución?**

Hay 4 soluciones:

1. Hacerlo fuera de la ley (no recomendada por razones obvias).
2. Darte de alta en autónomos y asumir pérdidas hasta que consigas tener beneficios por encima de los gastos (poco inteligente y necesitas tener un colchón de dinero indefinido).
3. Hacerte socio de una cooperativa para facturar conciertos y trabajos de artistas donde te haces socio cooperativista y cuando tienes que emitir una factura, la cooperativa te da de alta como empleado de esta y emite la factura. Suelen cobrar un porcentaje de lo facturado, descontar la cotización a Seguridad Social y retención por IRPF de tu caché y, además, hay que pagar una cuota para entrar como socio cooperativista. La legalidad de estas prácticas está en duda, y la inspección de trabajo ya tiene en su punto de mira este tipo de cooperativas, exigiendo a los socios las cuotas de autónomos no pagadas de modo que ¡cuidado!.
4. Existe otra modalidad en la que el mánager o el agente de contratación dispone de artistas en nómina y es el que factura directamente a promotores y organizadores los espectáculos realizados por sus músicos. En estos casos el mánager adquiere cierta dimensión de promotor/productor del espectáculo y es quien dirige la labor del artista y del personal de apoyo dando de alta a esas personas en Seguridad Social por cada actuación. Esta fórmula tiene como ventaja la centralización de gestiones y personal que trabaja para el músico sin necesidad de que éste ponga en marcha una estructura empresarial propia.

Etapa de actividad habitual

Hay un momento en que el beneficio que generas supera los gastos que te supone ser autónomo, este capítulo de la guía llamado Gestión y administración está pensado precisamente para cuando llegue este momento estés preparado e inicies tu andadura empresarial sin miedo, sin dudas, y disfrutando. En esta fase de la guía trataremos los siguientes temas:

1. Los trámites
2. La Seguridad Social
3. Hacienda
4. Los contratos
5. Las facturas
6. Los presupuestos
7. Las nóminas
8. La contabilidad
9. La organización

De cada uno de los temas que tratamos, te daremos la información más relevante que necesitas, independientemente de que subcontrates a una gestoría o asesor externo, o si decides ahorrarte el coste del gestor y hacértelo tú mismo, conocer los conceptos básicos y saber cómo funcionan siempre es interesante, como decía mi padre:

«Estudia para que no te engañen.»

Toda la información sobre administración y gestión de empresas de esta guía está enfocada y hace referencia a empresas ubicadas en España teniendo en cuenta la normativa de este país.

DISEÑAR UN PLAN DE EMPRESA MUSICAL

Entramos en la parte donde vamos a decidir y establecer las estrategias a seguir, para ello te he preparado una plantilla que puedes descargar gratuitamente en https://guiadelmusico.es/, como verás todo gira alrededor de tres preguntas clave:

1. ¿Qué ofreces?
2. ¿A quién lo ofreces?
3. ¿Cómo vamos a financiarlo?

MODELO DE NEGOCIO MUSICAL (1 PARTE)

¿QUÉ OFRECES?

Propuesta de valor ¿Qué ofreces?

Hay que centrarse en el concepto del "Valor" ¿qué ofreces a tu comunidad?

Diversión, Deleite, Conocer gente
Experiencias emotivas o de otro tipo
Formación
Música funcional para relajarse, hacer deporte, viajar etc.
Marca y estatus
Sentido de pertenencia

Actividades clave ¿Qué haces?

¿Cuál es la actividad base que nunca delegarías o subcontratarías porque es el corazón de tu proyecto, lo que le dá valor y lo hace especial?

EJEMPLOS
La producción musical
La Composición
las letras
La Gestión de redes, comunicación directa con fans
El estilismo

¿QUÉ NECESITAS?

Relaciones clave ¿Quién te ayuda?

MOTIVACIONES PARA BUSCAR SOCIOS

Complementar habilidades que no poseo
Reducir el riesgo de la inversión
Beneficiarme de la experiencia de otros

EJEMPLOS DE SOCIOS

Que aporten inversión
De tipo Intelectual y creativo (compositores, letristas, arreglistas, estilistas, diseñadores etc.)
Tecnológicos (programadores)
Logísticos (distribuidores) etc.
Influencers con contactos

Recursos clave ¿Qué necesitas?

Analiza que necesitas para llevar a cabo tu proyecto

RECURSOS FISICOS
Instrumentos/Loal de ensayo
Estudio de grabación
Inversión
INTELECTUALES
Compositores/Arreglistas/Productores/Músicos
Marcas, Copyrigth, dominios
Diseñador web /community manager
Una agencia/Editorial
Un managuer/representante

¿A QUIÉN LO OFRECES?

Segmento de clientes ¿A quién ayudas?

El marketing dirigido a "Todos" no es una forma inteligente de construir una base de seguidores.

Mercado masivo
Nicho de mercado
Segmentos
Diversificado

¿Quién es tu cliente?

Lo más probable es que tus fans verdaderos se parezcan mucho a ti, cuanto más conozcas a tu audiencia ideal mejor podrás satisfacer sus deseos y necesidades.

EJEMPLOS

* Adolescentes despreocupados a los que le gusta la música alternativa
* Solteros "Viejovenes" con ganas de conocer gente en festivales y vivir experiencias
* Gente establecida laboralmente que escucha música mientras realiza otras tareas

¿CÓMO LO OFRECES?

Relaciones con los clientes ¿Cómo te relacionas?

CANALES

Mail marketing
Redes
WhatsApp
Personalmente en eventos o conciertos
Co-creación
Comunidad
Servicios automatizados
Embudos de venta
Asistencia Personal / Soporte

Canales de distribución ¿Cómo te conocen?

¿Cómo va a llegar tu música, tu producto o servicio hasta tu fan o cliente?

Spotify/YouTube/Web/Conciertos/Redes
¿Qué canales de comunicación prefieren tus clientes?
¿Cómo los estás contactando ahora mismo?
¿Cómo estamos integrando dichos canales?
¿Qué canales funcionan mejor?
¿Cómo los estás integrando en tu rutina?

MODELO DE NEGOCIO MUSICAL (2 PARTE)

ESTRUCTURA DE COSTOS

¿CUANTO TE CUESTA?	¿CÓMO LO FINANCIAS?

GASTOS DE LANZAMIENTO/INVERSION INICIAL

¿QUÉ?	¿CÓMO?
Instrumentos, equipo	Ahorros/Finiquito/Prestamo
Gastos de producción audio visual	Respaldo de un socio capitalista
Campañas de marketing,y promoción	Crowdfunding

GASTOS FIJOS

¿QUÉ?	¿CÓMO?
Local de ensayo	Recursos propios o respaldo de un socio capitalista
Suministros: Internet, Luz, Agua etc.	Mecenazgo
	Ventas

GASTOS VARIABLES

¿QUÉ?	¿CÓMO?
Gastos de desplazamiento en una gira: (Dietas, combustible, Alquileres, Músicos etc.)	Crowdfunding
	Mecenazgo
	Ventas

¿QUÉ OBTIENES?

Cartera de productos y flujos de Ingresos ¿Cómo va a entrar el dinero?

PRODUCTOS DE ESTRUCTURA	PRODUCTOS DE MARGEN	PRODUCTOS DE IMAGEN
Bajo precio	Alto precio	Aporta prestigio
Mucha rotación	Poca rotación	Amenta el valor de los de margen
Escalable	No escalable	Da Credibilidad, confianza

PREGUNTAS

¿por qué clase de valor tus clientes están dispuestos a pagar?
¿Por qué están pagando actualmente?
¿Cómo preferirían pagar?
¿Cuánto contribuye cada flujo de ingresos al total de tus ingresos?

Qué ofreces y qué necesitas

Hay que centrarse en el concepto del «Valor» que ofreces a tu comunidad, fan o clientes y qué vas a necesitar.

▶ Socios clave

Personas o empresas con las que debes asociarte como, por ejemplo:

- Socios que aporten inversión.
- Socios intelectuales (compositores, expertos en marketing, productores etc…).
- Socios tecnológicos (programadores).
- Socios logísticos (distribuidores), etc.

▶ Actividades clave

Es el corazón de tu negocio lo que le da valor y lo hace especial ¿cuál es la actividad base que nunca delegarías o subcontratarías? Por ejemplo, si eres un letrista excepcional puedes subcontratar la composición musical, los arreglos etc., pero nunca la letra, que es lo que aporta personalidad a tu producto, es tu sello personal.

▶ Recursos clave

Analiza qué necesitas para llevar a cabo tu proyecto artístico:

- ¿Una inversión de 10.000€?
- ¿Un productor?
- ¿Un compositor?
- ¿Músicos?
- ¿Un local de ensayo?
- ¿Un mánager?
- ¿Una agencia que te represente?
- ¿Un experto en promoción en redes?
- ¿Un diseñador web?

▶ Propuesta de valor

Explica en una frase cuál es la necesidad que tu proyecto cubre a tu audiencia o cliente:

- ¿Diversión?
- ¿Deleite?
- ¿Formación?
- ¿Conocer gente?
- ¿Música funcional para relajarse, hacer deporte o cualquier otra actividad concreta?
- ¿Experiencias emotivas o de otro tipo?

A quién y cómo vas a vender, ofrecer y comunicar tu producto

El marketing dirigido a «todos» no es una forma inteligente de construir una base de seguidores, aunque pueda parecer una autolimitación. Excluir a ciertos tipos de personas es algo realmente bueno, pues es mejor gastar tus recursos en llegar a las personas más receptivas e identificar a tus posibles fans verdaderos que matar moscas a cañonazos.

> **«Lo más probable es que tus fans verdaderos se parezcan mucho a ti, identifica sus características e información demográfica, eso te ayudará a ir directo al centro de la diana. Cuanto más conozcas y sepas sobre tu audiencia ideal, mejor podrás satisfacer sus deseos y necesidades a través del marketing.»**

En la sección Análisis ya identificamos a nuestro «fan ideal» o «superfan» con este «retrato robot de tu fan/cliente» que ya deberías tener hecho.

Ahora vamos a ver algunas formas de llegar hasta él:

Ejemplo 1:

Imagina que eres un músico vegano, no digo que sea algo seguro, pero sí será muy probable que el público vegano y/o animalista sienta una conexión más afín contigo y por lo tanto sea más receptivo y fácil de atraer por este detalle que no tiene nada que ver con la música, pero sí con un estilo de vida que os une.

Entonces, en las redes, además de tu música, podrías mostrar tus comidas veganas en tu día a día y compartir e interactuar con tus fans intercambiando recetas. En tu *merchandising* podrías incorporar temas y mensajes relacionados con el veganismo, contar tu historia o transición hacia el veganismo, usar *hashtags* relacionados con este tipo de público en tus publicaciones, unirte a grupos, foros, blog, comunidades etc. Alineados con esos intereses donde puedas también mostrar tu música de forma más o menos directa o indirecta.

Ejemplo 2:

Imagina que además de músico eres motero o aficionado a las motos. De la misma manera que en el ejemplo anterior, en las redes además de tu música, podrías mostrar vídeos de tus encuentros y viajes con otros moteros, opiniones sobre modelos de motos, igualmente en tu *merchandising* podría incorporar temas y mensajes relacionados con los moteros, usar *hashtags* relacionados, unirte a grupos, foros, blog, comunidades etc. Seguramente muchos moteros conocerán tu música de forma indirecta a través de tu afición y sientan una conexión especial hacia ti también como artista.

▶ Segmentos de clientes

¿Quién es tu cliente? Defínelo en una sola línea como en estos ejemplos:

- Adolescentes despreocupados a los que le gusta la música alternativa.
- «Viejóvenes» solteros con ganas de conocer gente en festivales y vivir experiencias.
- Gente establecida laboralmente que escucha música mientras realiza otras tareas como cocinar, hacer deporte, dormir, relajarse, trabajar, estudiar, etc.

▶ Canales

¿Cómo va a llegar tu música, tu producto o servicio hasta tu fan o cliente?

- Spotify
- YouTube / Twich

- Band Camp
- Desde tu web oficial
- En forma de experiencia en un concierto
- Si te dedicas a la formación es una formación por Skype, etc.

▶ Relación con los clientes

Debes comunicarte con tu audiencia o clientes de algún modo ¿Cuál será?

- Mail marketing
- Redes
- WhatsApp
- Personalmente en eventos o conciertos

¿Implica desplazamiento?, ¿es un producto virtual? etc....

Estos tres puntos deben ser coherentes entre ellos, quizá cada segmento o tipo de clientes requerirá de un canal distinto y te relacionarás con él de una forma diferente.

▶ Nichos de mercado

Una forma de aumentar tus seguidores es dirigirte a **nichos**. Para realizar esta técnica necesitas conocer la cultura del nicho en cuestión y saber qué tipo de aficiones y tipos de entretenimiento consumen.

La forma más evidente y que todo el mundo suele hacer es dirigirse a personas a las que ya les gusta tu estilo y género de música mediante campañas segmentadas, que además hoy en día es muy sencillo de conseguir con la información que las redes te proporcionan en cuanto a gustos musicales.

No digo que no sea correcto, pero sí es verdad que este sistema, por el hecho de que lo hace todo el mundo, digamos que está «abarrotado» y es poco efectivo a no ser que lo pongas en práctica con campañas de pago.

La forma que te propongo alternativa y menos «abarrotada» es la de apuntar a **nichos concretos no musicales.**

Un nicho es simplemente algo de interés que comparten un grupo de personas, como puede ser, una serie de televisión, una película, un género, una actividad, una filosofía, un deporte, una experiencia, o lo que sea que tenga una comunidad que lo respalda, y que en torno a estos temas las personas se reúnen y discuten en redes, foros, etc. La ventaja de esta técnica es que un contenido musical en un nicho no musical destaca por encima del resto de contenidos normalmente.

«Que un nicho sea pequeño no es ningún problema, al contrario, es una ventaja pues será menos competido y más fácil y barato será dirigirte y localizar los lugares específicos donde se encuentran tus seguidores.»

Cuando presentas tu música a un nicho pequeño, por ejemplo con una letra de la canción asociada de alguna manera con ellos, estos percibirán que te diriges a ellos de una forma más auténtica y cercana, por lo tanto, habrá más posibilidades de que compartan tu música, y seguramente estarán encantados de ver música y entretenimiento relacionado con los pasatiempos, intereses de sus causas. Es fácil comunicarse con ellos si te tomas el tiempo para entenderlos, conocer su cultura y saber qué les gusta y qué no.

A diferencia de los blogs de música, donde lo más probable es que por «abarrotamiento» ignoren tu música, a los *Influencers* de un nicho seguramente les encantará ver música nueva relacionada con su temática y querrán compartir tu música con sus seguidores.

▶ ¿Cómo conquistar estos nichos?

Podría ser tan simple como responder a una publicación de Twitter de un Influencer con un vídeo o audio relevante y usar los *hashtags* correctos, o ponerse en contacto directamente con las personalidades, blogs y canales más populares que gusten a los seguidores del nicho.

En cualquier caso, aquí van algunos consejos para comunicarte con ellos de una forma más efectiva:

- Descubre con qué palabra se definen a sí mismos y úsala en tu copy para llamar su atención. Estas palabras, al verlas escritas, captan la atención de las personas que se consideran dentro de ese grupo. Por ejemplo, yo podría dirigirme al nicho de los músicos independientes para ofrecer esta guía usando la frase «Hola Indies».
- Muchos nichos tienen con su propio idioma, jerga, cultura, historia, lenguaje, bromas internas, siglas etc. Y es posible que esto no tenga sentido para las personas fuera del grupo, pero sí y mucho para ellos. Usa de forma inteligente todo esto en tu copy, incluso inspírate en estas cosas para tu propia música.
- Cada nicho suele tener sus propias «Personalidades o estrellas» con opiniones relevantes en su mundo, o que son creadores destacados. Conoce quiénes son y dirígete a sus canales en redes sociales.

- En muchas ocasiones los nichos también tienen personajes que odian y cosas que no les gustan, investiga y entérate para evitar ofender, ya que de la misma forma que te aceptan te pueden cancelar si metes la pata.
- En todos los grupos hay memes asociados, úsalos para entender la cultura y humor del nicho.
- Dedica un tiempo a descubrir qué tipo de entretenimiento (qué música y vídeos musicales que ya comparten y les gusta) y de qué medios son habituales, o les prestan más atención.
- Averigua dónde pasan el tiempo en Internet (canales de YouTube, foros, grupos de redes sociales y blogs etc.), qué revistas leen, a qué conferencias, convenciones o festivales asisten, y descubre de esta forma los *hashtags* a los que prestan atención, los tipos de publicaciones a las que reaccionan y los tipos de discusiones que tienen.
- Puedes también incluso averiguar qué empresas tienen productos específicos para ese nicho. Quizá haya alguna forma de conectar tu música con esos productos, o incluso la empresa pueda estar interesada en usar tu música en alguna de sus campañas.

Cómo lo financias

▶ ¿Cómo gasto mi dinero?

Ninguna empresa puede crecer y desarrollarse sin invertir en ella, los proyectos musicales no son una excepción.

Es verdad que en la actualidad un artista con inversiones mínimas en dinero y mucho en tiempo tiene posibilidades y recursos que antes eran impensables, pero eso no quiere decir que no sea conveniente invertir. De hecho, las redes sociales como Facebook cada vez dan menos visibilidad a empresas de forma orgánica. Cada artista es el responsable de invertir en su proyecto de forma inteligente, aprovechando al máximo los pocos o muchos recursos que disponga.

Para que os hagáis una idea los presupuestos que manejan las discográficas en el lanzamiento de un nuevo artista estos van de 10.000 € a 80.000 € y la media está alrededor de 40.000 €.

¿Quiere decir esto que si no tenemos un mínimo de 10.000 € no tenemos posibilidades?

Un rotundo no, disponer de 80.000€ para gastar no te garantiza el éxito, de nada sirve salir en la revista *Rolling Stones*, en la tele o tener cualquier golpe de suerte si además de talento, no hay una estructura previa creada, ni una campaña alrededor del artista que sustente todo esto.

Entonces, ¿cómo y en qué tiene que invertir un artista el dinero disponible?. Si no tengo dinero ¿tengo alguna alternativa? Por supuesto que sí y vamos a ver unos ejemplos:

▶ Presupuestos muy bajos o cercanos a 0

En estos casos habrá que diseñar una estrategia basada en el *Inbound marketing*, donde se trata de usar técnicas de marketing y visibilidad orgánica no intrusiva que nos permita captar clientes o fans a base de dinamizar y aportar mucho valor principalmente en las redes sociales, y aplicando técnicas SEO en todas nuestras acciones, y sobre todo estar dispuesto a dedicarle mucho tiempo y cariño al proyecto.

▶ Presupuestos alrededor de mil euros

En este caso, el enfoque es crear el contenido inicial (audio, vídeos y fotos) con medios propios de bajo presupuesto, pero originales, sorprendentes y llamativos a base de mucha imaginación, que siendo artista no debería faltarte. Y el presupuesto invertirlo prácticamente todo en campañas de marketing *on line* de una forma muy inteligente dirigida a nuestro «fan ideal» y así tener la posibilidad de validar cuanto antes nuestro proyecto, que no es ni más ni menos que saber si el proyecto interesa a alguien y si es capaz de atraer a fans o no.

▶ Para presupuestos alrededor de los diez mil euros

En este caso nos enfocaríamos ya en la construcción de la marca o perfil de artista y en el crecimiento para llamar la atención de discográficas o inversores externos (si esta es nuestra intención).

Podríamos dedicar ya una parte importante del presupuesto a generar contenido profesional de más calidad, buenas fotos y vídeos profesionales, algo de *merchandising* y centrar nuestras campañas de marketing en aumentar de forma considerable nuestra audiencia

Aunque lo tentador para un artista es sacar todas las ideas que tiene en la cabeza y ponerlas en marcha todas a la vez, esto es un error, conviene planificar y focalizarse sobre todo en las acciones de marketing.

En la música existen cientos de vías para encontrar el éxito, pero hay que analizar, priorizar y dedicar nuestra atención y presupuesto a lo más importante en cada momento, como dice la sabiduría popular, «El que mucho abarca, poco aprieta».

El presupuesto disponible nos indicará en qué enfocarse y qué cosas ignorar en cada etapa. En cuanto a la inversión del presupuesto disponible en marketing de redes sociales este podría ser un ejemplo aconsejable:

- 40% de su presupuesto de marketing para Instagram y Facebook Ads.
- 20-30% de su presupuesto de marketing para YouTube.
- 20% del presupuesto de marketing para listas de reproducción de Spotify.
- El presupuesto restante para realizar pruebas y experimentos en el resto de las redes.

▶ ¿Cómo organizo mis gastos?

Al calcular tus gastos ten en cuenta que siempre hay unos costes asociados al lanzamiento inicial que normalmente se harán una sola vez, y otros relacionados con el mantenimiento que suelen ser recurrentes, trátalos siempre de forma separada.

- **Ejemplo de gastos de lanzamiento:** Gastos iniciales para empezar como la compra de instrumentos, inversión en estudio de grabación, en la construcción de un *Home estudio* para componer y producir canciones, cámaras de vídeo, etc.
- **Ejemplo de gastos de mantenimiento:** Gastos recurrentes que deberás pagar periódicamente como el alquiler y gastos local ensayo, sueldos, suministros (Internet, móvil, luz, etc.), membresías, impuestos etc.

▶ ¿Cómo organizo mis ingresos y creo una cartera de productos?

Si queremos tener unos ingresos equilibrados y estables debemos intentar diversificarlos, tener una especie de «**Catálogo de productos y servicios**» en función de los distintos tipos de cliente que seamos capaz de identificar y tener algo que ofrecerles.

> **«Tener una cartera de productos no es indispensable, ni obligatorio por supuesto, pero sí muy conveniente y aconsejable si quieres tener una estabilidad de ingresos y sobre todo una estructura que te dé tranquilidad, ya que si solo dependes de los conciertos tu negocio será muy inestable.»**

Hay que intentar diversificar tus ingresos de una forma equilibrada teniendo en cuenta estos tres tipos de productos.

1. Productos de estructura

Su objetivo es mantener la estructura del negocio, pueden ser de precio bajo, pero con mucha rotación y escalable. Un ejemplo podría ser un curso de guitarra *on line* en vídeo, el cual te genera ingresos pasivos y te cuesta el mismo trabajo vender cinco que un millón, no requiere de tu tiempo y puede ser capaz de generarte ingresos más o menos estables. Otros ejemplos serían el cobro pasivo de royalties por autor a través de la SGAE, Spotify, YouTube, etc.

2. Productos de margen

Su objetivo es aumentar el margen de beneficio, precio alto, mucho valor, poca rotación y quizá no sea escalable, pero hay posibilidad de ganar más dinero.

Un ejemplo evidente son los conciertos de un artista, son limitados no puedes dar mil conciertos en un año, por eso debe tener un buen margen, o por ejemplo la producción de un disco a otro artista por encargo que quizá no puedas hacer más allá de dos o tres al año.

3. Productos de imagen

Su objetivo es afianzar nuestro negocio dando confianza, credibilidad y prestigio, los productos de imagen harán que podamos cobrar más por los de margen.

Un ejemplo claro son las intervenciones de un artista en festivales de prestigio, programas de televisión, entrevistas en medios con reputación, etc.

Puede ser incluso que los hagas gratis sin ganar dinero, pero hará que tus productos de margen se coticen mucho más.

«Deberías contemplar los productos de imagen como una inversión.»

EL PLAN DE ACCIÓN

Ya tenemos una idea clara de nuestro proyecto y una estrategia definida sobre el papel. Ahora llega el momento de «Arremangarse y ponerse a trabajar». Vamos a pasar de la teoría a la práctica marcando paso a paso las acciones a seguir. Como ya vimos al principio el plan de acción no es algo estático que se hace una vez y ya sirve para siempre, sino que hay que ir adaptándolo en función de los resultados. Por tanto, debemos:

1. **Preparar** el plan inicial.
2. **Realizar** lo que hemos indicado en él.

3. **Revisar** periódicamente los resultados y el cumplimiento de los objetivos.
4. **Rediseñar** el plan si es necesario, considerando los resultados obtenidos.

Cómo diseño mi plan de acción

Básicamente se trata de marcarte objetivos y metas realistas y trabajar por alcanzarlas, me explico:

Un objetivo realista no puede ser: «Quiero ser el próximo Michael Jackson». No digo que sea imposible, pero si te marcas metas demasiado grandes, genéricas o abstractas, sin un camino claro a seguir, lo más probable es que no lo consigas.

> **«Al éxito no se llega por casualidad, ni te tropiezas con él, sino que lo obtienen aquellos que saben exactamente lo que quieren y dedican horas de trabajo para lograr sus objetivos, es así de simple.»**

Como decía Maquiavelo: «Divide y vencerás». Divide tu gran objetivo en pequeñas metas y para ello utiliza la metodología **S.M.A.R.T.** Establecer objetivos Smart te ayudará a aclarar tus ideas, enfocar tus esfuerzos, usar el tiempo y tus recursos de manera productiva y a aumentar tus posibilidades de alcanzar lo que te propongas.

Los objetivos SMART se caracterizan por ser:

- ***Specific***, específicos, no ambiguos.
- ***Measurable***, medibles, puedes comprobar si lo has cumplido o no.
- ***Attainable***, alcanzables, desde tu posición, posibilidades y circunstancias actuales.
- ***Realistic,*** realistas y sobre todo relevantes, porque te hacen avanzar en tu objetivo final.
- ***Time-bound***, acotados en el tiempo, les has impuesto un plazo en el cual deben realizarse y no procrastinar su ejecución.

Unos ejemplos de objetivos Smart podría ser:

▶ Ejemplo 1 de objetivo SMART: Lanzamiento de un álbum

1. **Específico**: Grabaremos en nuestro *home studio* un álbum compuesto de diez canciones.
2. **Medible**: Cada semana dejaremos grabado y mezclado un tema, la última semana la dedicaremos a masterizar y ultimar las artes gráficas que vamos a encargar a un profesional para después enviar a fábrica.
3. **Alcanzable**: Ya tenemos los arreglos musicales preparados, coordinadas las agendas de todos los integrantes del grupo para la grabación y el estudio de costes y la financiación resuelta.
4. **Relevante**: Tener un álbum completo en Spotify nos ayudará a que cuando un potencial fan nos descubra y quieras saber más, vea que tenemos más canciones y un trabajo conceptual completo. El formato físico lo usaremos para promoción en medios y ventas en nuestros conciertos.
5. **Tiempo**: El álbum deberá estar fabricado y subido a Spotify en un plazo máximo de seis meses.

▶ Ejemplo 2 de objetivo SMART: Conseguir actuar en un festival concreto

1. **Específico**: Queremos actuar en el festival «Madrid es negro» que se celebra durante los días 30 enero al 29 de febrero.
2. **Medible**: Nos pondremos a trabajar 17 meses antes preparando el material promocional más adecuado para la ocasión y 15 meses antes contactando con las personas concretas que toman las decisiones e iniciando nuestra campaña.
3. **Alcanzable**: Conocemos el festival como usuarios desde hace varios años y sabemos que tenemos posibilidades pues la temática del festival está alineada con nuestro estilo y características y tenemos un currículo y profesionalidad a la altura.
4. **Relevante**: El festival nos posicionará como referente en nuestro estilo de música y nos aportara currículo, prestigio y contactos.
5. **Tiempo**: Los contactos previos hay que realizarlos con 15 meses de antelación y la confirmación o no por parte de los organizadores se cierra con una antelación de seis meses. Si este año no lo conseguimos, analizaremos las causas y el siguiente año lo gestionaremos mejor preparados y con más posibilidades.

Establecer objetivos SMART te va a ayudar a comprender qué es lo que realmente estás buscando lograr. Es esencial establecer objetivos, alcanzarlos y pasar al siguiente, y si no lo alcanzas, ¡inténtalo de nuevo!

PLANTILLA DE OBJETIVOS S.M.A.R.T.	
NOMBRE	
Específico	
Medible	
Alcanzable	
Relevante	
Tiempo	
NOTAS	

Te aconsejo que establezcas un calendario de publicaciones por ejemplo semanal y ciclos que coincidan con tus lanzamientos.

Por ejemplo si en tu estrategia anual tienes pensado lanzar seis temas nuevos durante el año, diseña una ciclo mensual de dos meses con contenidos generados alrededor de cada canción y que incluya acciones de Pre-lanzamiento, Lanzamiento y Post-lanzamiento de modo que explotes al máximo todos los contenidos que seas capaz de generar relacionados de alguna manera con cada canción, dinamizando así tus redes y haciendo que tu promoción esté construida y planificada sobre un protocolo de acciones diarias y variadas a lo largo del ciclo que te mantengan actualizado y constantemente en el candelero.

Esta estrategia de perseverancia requiere tiempo y planificación previa, pero es una acción clave y te aseguro que merece mucho la pena pues con toda seguridad te reportará resultados.

Algunos ejemplos de contenido para tu calendario:

- Fotos de conciertos.
- Frases memorables de alguna canción tuya o de otro artista que te guste.
- Postea mediante un enlace inteligente a distintas url estratégicas según proceda.
- Publica tu agenda de conciertos y Ofrece descuentos puntuales por la compra de entradas.
- Comparte post de tu blog si lo tienes.
- Publica la letra de tu canción comentándola.
- Haz encuestas, concursos, juegos, sorteos, adivinanzas, etc.
- Campañas pidiendo la suscripción a tu canal de YouTube.
- Comparte memes o crea los tuyos propios.

CALENDARIO DE CONTENIDOS SEMANAL							
SEM	LUNES	MARTES	MIÉRCOLES	JUEVES	VIERNES	SÁBADO	DOMINGO
1							
2							
3							
4							

Metodología *lean startup*

Finalmente, antes de cerrar este capítulo quiero hablarte de un concepto básico, que en realidad es una metodología, la cual te aconsejo tengas en cuenta siempre, no solo en tus primeros lanzamientos sino también en todas las acciones iniciales que impliquen una inversión tanto en dinero como en tiempo. Se trata de la metodología *lean startup*.

Lean startup es una metodología para desarrollar proyectos que se basa en comenzar con lo mínimo e ir mejorando en función de los resultados, o sea, el llamado **P.M.V.** (Producto Mínimo Viable).

Un ejemplo de error típico que comenten muchos artistas es grabar un álbum completo gastando un dineral en un estudio de grabación, incluso fabricar cd's físicos pensando que es una acción indispensable antes de comenzar el proyecto, cuando quizá lo correcto sería grabar un solo tema + vídeo, gastar una gran parte del presupuesto en promocionarlo y mucho tiempo en dinamizar las redes con contenidos relacionados. Después, observar los resultados, escuchar el *feedback* de tu audiencia y en función de los resultados preparar la promoción de la siguiente canción que quieres lanzar, planificando los contenidos ya mejorados y adaptados a tus fans que al fin y al cabo son los que van a sustentar tu proyecto.

El **P.M.V.** es una primera aproximación o versión del producto que debe satisfacer la necesidad del cliente, pero con el mínimo esfuerzo, o sea que no es necesario grabar tu primer tema en un gran estudio, tus fans van a valorar la canción en sí y a ti como artista.

> **«Si la canción no es buena grabada en tu *home studio*, no va a ser mejor solo porque la grabes en los estudios Abbey Road. Por supuesto, tener un sonido profesional es importante, todo tiene su momento, pero te aseguro que cuando empiezas eso no es lo prioritario.»**

LOS TRÁMITES

En caso de que decidas operar como autónomo y poder emitir facturas de tus servicios debes saber que todas las relaciones que tengas a partir de ahora con Hacienda y la Seguridad Social obligatoriamente debes hacerlas *on line*.

Las altas iniciales en Hacienda, S. Social y R.O.I (Registro de Operadores Intracomunitarios) puedes hacerlas si quieres presencialmente, pero si no quieres perder una mañana o varias mi consejo es que lo hagas *on line*.

Una vez que te des de alta en la Seguridad Social debes ser consciente de que comenzarás a pagar mensualmente tu cuota de autónomos, factures o no y tengas beneficios o no.

Existen dos sistemas de operar *on line*. Uno llamado Clave PIN y el otro que es el que yo te recomiendo mediante un certificado electrónico. Solicítalo, y una vez que lo tengas, operar con Hacienda y la S. Social es más fácil y rápido.

Resumiendo, hay cuatro trámites iniciales necesarios para darse de alta como autónomo y poder comenzar a operar como tal:

1. Apertura de una cuenta en un banco si aún no la tienes.
2. Solicitud de certificado electrónico, o clave PIN si optas por este sistema.
3. Alta en la Seguridad Social y elección de una mutua.
4. Alta en Hacienda.
5. Alta en el R.O.I.

Si optas por crear una sociedad, aunque es verdad que tiene algunas ventajas, en general todo se complica bastante. Al principio no te lo aconsejo, o al menos hasta que tu empresa esté bien establecida y supere los 60.000 € de beneficio anuales. La razón principal es que a partir de esa cantidad te puedes acoger a otras formas de pagar impuestos que merece la pena valorar, en cualquier caso, cada circunstancia y empresa es distinta, y habría que hacer un análisis individualizado.

En esta guía nos vamos a centrar en la figura del autónomo porque es la más habitual en los músicos independientes.

LA SEGURIDAD SOCIAL

Hay que tener claro que la Seguridad Social no es un impuesto, sino un dinero al que estamos obligados a aportar al Estado y que el gobierno se ocupa de gestionar para ofrecernos una serie de derechos que tenemos como son la jubilación, bajas laborales de cualquier tipo, el paro, etc.

En el caso de los autónomos, es una cuota fija mensual y en el caso de los trabajadores por cuenta ajena una parte de la nómina del trabajador y otra mucho mayor de la empresa. Siempre es un porcentaje proporcional a su sueldo. Estas cantidades vienen reflejadas y desglosadas en la nómina que emite la empresa.

Vamos a exponer las tres situaciones más habituales que te vas a encontrar siendo un músico.

▶ Soy un músico dependiente a las órdenes de un empresario

Es el típico caso de los músicos de orquesta, músicos de estudio o profesores en una academia. En estos casos, como es el empresario quien decide y da indicaciones al músico sobre cómo tiene que realizar su trabajo, qué repertorio tiene que interpretar, etc., es el empresario el que está obligado a hacerle un contrato, darle de alta en la Seguridad Social y en emitir y pagar una nómina.

▶ Soy un músico independiente y dado de alta como autónomo

Si tu espectáculo y repertorio lo decides tú, no estás a las órdenes de nadie. Lo más sencillo es ser autónomo y simplemente facturar tus servicios al cliente que te contrate. En este caso eres tú el que está obligado a pagar tu cuota mensual a la Seguridad Social, y si llevas músicos a tus órdenes, darles de alta en la Seguridad Social, generar y pagar su nómina correspondiente. Si sois una banda donde nadie es el jefe del grupo, lo habitual es hacer una sociedad, una cooperativa o que uno del grupo se establezca como autónomo y se ocupe de dar de alta al resto. Esto y la creación de una sociedad puede ser algo a la larga muy conflictivo, os recomiendo que previamente hagáis un «**Pacto de socios**» por escrito en el cual se deje todo bien claro en cuanto a derechos y obligaciones de cada socio.

▶ Soy un músico o banda independiente, no estoy a las órdenes de un empresario, pero tampoco soy autónomo

Es el típico ejemplo de banda que toca en locales, y actualmente se están dando varias soluciones que, aunque no son totalmente adecuadas, son las menos malas y al menos permiten estar razonablemente dentro de la ley.

- **Solución 1:** El empresario dueño del local opta dar de alta a los músicos, por lo tanto tiene que emitir y pagarles una nómina. Es la solución más sencilla para la banda siempre que el dueño del local esté por la labor, ya que salvo excepciones el dueño de la sala se limita a alquilarla o cederla para organizar allí un espectáculo. No tiene la consideración de empresario organizador de espectáculos públicos, solo se limita a contratar un acto ya predefinido en el que él no interviene en su producción sin asumir la responsabilidad y la burocracia que en este país conlleva el mantener una relación laboral con la banda.
- **Solución 2:** El músico o la banda contrata los servicios de una empresa externa de facturación o productora que lo que hace realmente es contratar a la banda, dándolos de alta y emitiendo las nóminas, facturando al dueño del local la actuación como un espectáculo de producción propia. De modo que quien cobra realmente la actuación es la empresa o productora externa y esta a su vez paga a los músicos su sueldo correspondiente a través de una nómina.

HACIENDA

La Agencia Estatal de Administración Tributaria (AEAT) es el ente público encargado de la gestión de los tributos, o sea, de los famosos impuestos.

¿Qué son los impuestos?

Los impuestos son tributos que cada persona, familia o empresa debe pagar al Estado para costear las necesidades colectivas, contribuyendo así con una parte de sus ingresos a la construcción de infraestructuras del país, pagar los gastos de administración, la prestación de servicios públicos, etc.

Existen multitud de impuestos, en una primera clasificación sería la que los diferencia entre impuestos directos e indirectos.

- **Impuestos directos:** Son los que recaen directamente sobre la persona o empresa y se basan en la capacidad económica. Por ejemplo, pagas por tener una casa, un coche o por ganar dinero, algunos ejemplos:
  - IRPF (impuesto sobre la renta de las personas físicas) la famosa renta que se hace una vez al año.
  - Impuesto sobre sociedades (para las empresas).
  - Impuesto sobre sucesiones y donaciones (pagas por heredar).
- **Impuestos indirectos:** Esto es un poco más enrevesado y difícil de entender. En contra de los anteriores, los impuestos indirectos se imponen a bienes y servicios, o sea, a las transacciones que se realizan con ellos, es decir, cuando se realiza una compra de bienes o servicios.

  Por ejemplo, cuando echamos gasolina al coche estamos pagando un sobrecoste por el hecho de ser gasolina, o si compramos comida un sobrecoste por ser comida. O sea, que el producto en sí tiene un impuesto específico. Esto se aplica también a los servicios, de modo que, si por ejemplo contratamos un grupo de música para nuestra boda, también ese servicio tiene un impuesto.

  Las empresas que venden los productos o prestan los servicios hacen de recaudadoras para el estado, al que ellas después pagan ese sobrecoste. En resumen, el impuesto no recae sobre la persona específica, aunque sea esta la que lo abona, sino que recae sobre el bien o servicio que se adquiere.

  El ejemplo típico de este tipo de impuesto es el famoso IVA (impuesto sobre el valor añadido).

  En una segunda clasificación podríamos diferenciarlos entre proporcionales, regresivos y progresivos.
- **Impuestos proporcionales:** La cuota a pagar se calcula a través de un porcentaje fijo, como por ejemplo el IVA.
- **Impuestos regresivos:** Depende de la tendencia de los contribuyentes. De modo que si la actividad gravada es más probable que sea ejecutada por personas pobres y menos probable que sea ejecutada por ricos, el impuesto puede considerarse regresivo. Un ejemplo sería el IVA a los bienes básicos, ya que afecta en mayor proporción a los individuos con menores ingresos.
- **Impuestos progresivos:** A mayor ganancia o renta, mayor es el porcentaje de impuestos que se debe pagar.

  Un ejemplo es el impuesto sobre la renta. Una persona que gane más de 60.000 euros al año paga más impuestos que una que no supere por ejemplo los 40.000

euros y menos que una que gane 20.000 euros. Así sucesivamente se aplican una serie de tramos y porcentajes.

TRAMOS IRPF 2021				
RENTAS DE TRABAJO		**Tipo impositivo**	**Diferencia a la que se aplica el tipo impositivo**	**Pagarías**
Desde	**Hasta**			
- €	12.450 €	19%	12.450 €	2.366 €
12.450 €	20.200 €	24%	7.750 €	1.860 €
20.200 €	35.200 €	30%	15.000 €	4.500 €
35.200 €	60.000 €	37%	24.800 €	9.176 €
60.000 €	300.000 €	45%	240.000 €	108.000 €
300.000 €	Infinito	47%		

Tabla de los impuestos progresivos sobre el IRPF que se aplica en España actualizados al 2021.

▶ ¿Cómo funcionan los tramos del IRPF?

Aplicar los tramos del IRPF no es tan sencillo como calcular el porcentaje correspondiente sobre el total.

Se hace de forma progresiva por lo que, por ejemplo, una persona que cobra 21.000€ brutos al año no pagará el 30% de estos en forma de impuestos.

En su caso, el cálculo sería el siguiente:

- Primer tramo: paga el 19% de 12.450€ = 2.356,50€.
- Segundo tramo: paga el 24% de 7.750€ (diferencia entre el primer y segundo tramo) = 1.860€
- Tercer tramo: paga la diferencia entre sus ingresos (21.000€) y el límite del tramo (20.200€) = 240€.
- Total, a pagar: 4.465,50€.

Por lo tanto, como se puede observar, el contribuyente no paga la totalidad de sus ingresos al tipo de retención más alto por «pasarse» de tramo por 800€, sino que se va calculando progresivamente.

Como puedes ver estamos rodeados de impuestos y aquí nadie se escapa. Todos pagamos, seas o no empresa, trabajes o estés en paro, seas español o inmigrante.

LOS CONTRATOS

Un contrato es simplemente un acuerdo por el que dos o más partes se comprometen recíprocamente a respetar y cumplir una serie de condiciones.

En el ejercicio de tu actividad musical los contratos es algo fundamental y los vas a necesitar tanto para ofrecer tus productos o servicios como para relacionarte con tus proveedores y socios.

Algunos ejemplos de tipos de contrato más habituales:

- Contrato de actuación.
- Contrato de socios si sois una banda.
- Contrato discográfico.
- Contrato de distribución.
- Contrato editorial.
- Contrato de representación artística.
- Contrato de trabajo con tu empresa, o con tus trabajadores si los tienes.

Aunque un contrato en teoría puede ser oral, ya se sabe que las palabras se las lleva el viento y son difíciles de demostrar en caso de conflicto, por lo tanto, la práctica habitual y aconsejable es hacerlos por escrito.

Un contrato para que se considere como tal debe tener estas tres cosas básicas:

1. Identificación y consentimiento de las partes.
2. Descripción del objeto o finalidad del contrato.
3. Establecimiento de las obligaciones a las que se comprometen las partes.

Mientras respetes estas tres condiciones básicas puedes redactarlo tú mismo como consideres.

▶ ¿Cómo se firma un contrato?

La forma tradicional es firmándolos físicamente ambas partes sobre el papel y en función de la trascendencia o importancia opcionalmente se pueden elevar a escritura pública mediante un notario. Si las partes están físicamente alejadas o simplemente no quieren perder tiempo existen también métodos electrónicos perfectamente válidos, rápidos y fiables.

LAS FACTURAS

Una factura es un documento de índole comercial, con validez legal y fiscal que indica la compraventa de un bien o servicio y el pago de sus impuestos si procede. Este documento debe incluir toda la información de la operación y acredita la transferencia de un producto o servicio tras la compra de este.

▶ ¿Qué datos imprescindibles debe contener una factura?

Una factura, para ser válida, debe contener la información que refleje las circunstancias del producto o servicio:

- Número de factura.
- Fecha de emisión de la factura.
- Forma de pago y fecha de vencimiento.
- Datos fiscales del emisor y del receptor de la factura.
- Concepto, importe e impuestos de la factura.

FACTURA

TU LOGO

TU NOMBRE
Tu direccion
Tu NIF
Tu telefono Tu mail
Tu cta de banco

Factura nº:

Fecha:

Datos cliente

Fulanito de tal
Calle
CP Localidad
Provicia
NIF

F.Pago.........
F.Pago.........

Concepto	Cantidad	Precio	Importe
	1	1.000,00	1.000,00
		Importe bruto	1.000,00
	Retención:	15%	150,00
	Iva	10%	100,00
		Total	**950,00**

Gracias por su confianza

LOS PRESUPUESTOS

No es ni más ni menos que el cálculo anticipado del coste de un producto o servicio.

A nivel interno es una práctica fundamental para calcular de forma adecuada los precios de venta de nuestros productos o servicios. Pero un presupuesto bien presentado y atractivo, presentado a un cliente, puede ser un factor decisivo de venta y manejado con inteligencia también una estupenda técnica de marketing.

Para confeccionar un buen presupuesto a nivel interno hay que tener claro y saber cómo calcular correctamente dos cosas:

1. El umbral de rentabilidad.
2. El precio de venta.

El umbral de la rentabilidad

El umbral de rentabilidad es el momento en el que en un negocio los costes totales igualan los ingresos totales por ventas. Es importantísimo conocer este valor para calcular el precio de venta y poder saber a partir de qué momento tu actividad empieza a generar beneficios.

El parámetro principal para calcular es el llamado «Punto muerto» P.M. que sería el número de ventas necesario para no perder dinero, la fórmula para calcularlo es la siguiente:

$$\text{Punto Muerto} = \frac{(\text{Coste Fijo})}{(\text{Precio venta unitario-Coste variable Unitario})}$$

Donde:

- **Coste fijo**: Son costes que no varían y son independientes de la actividad productiva de la empresa. Por ejemplo, el alquiler de un local es un coste fijo porque vendas o no vendas, lo tienes que pagar todos los meses.
- **Precio de venta unitario**: Es el precio por cada unidad de bien o servicio prestado. Por ejemplo, el precio final que vas a cobrar por una actuación en concreto.
- **Coste variable unitario:** Estos costes solo se producen cuando existe una venta, estos varían y son diferentes en función de cada producto o servicio concreto. Por ejemplo, los gastos en dietas, combustible, alquiler de equipos etc. Solo se producen cuando actúas y son diferentes si actúas en tu ciudad, o a 600 Km de distancia, o si en la sala hay equipo a tu disposición o por el contrario tienes que aportarlo tú.

¿Cómo calculo el precio de mis productos?

Para saber cuánto tienes que cobrar por tu producto o servicio, necesitas primero hacerte una serie de preguntas para partir de unas premisas y saber cuál es nuestro objetivo:

- ¿Necesito y/o quiero vivir de mi actividad?
- ¿Cuánto necesito ganar para vivir?
- ¿Qué beneficio quiero obtener?

Las respuestas a estas preguntas como puedes ya imaginar lo cambian todo en función de tu circunstancia, pero para dar respuesta partiremos del supuesto de que efectivamente deseas vivir de la música y de que como aconsejábamos en el plan de acción dispones que una cartera de productos y servicios variada y que por supuesto quieres obtener un beneficio.

Te he preparado una herramienta muy útil que te recomiendo encarecidamente que uses a la hora de poner precio a tus productos o servicios con la que podrás hacer simulaciones de distintos escenarios en función del precio que decidas poner a tus productos, el número y ventas que estimes. Teniendo en cuenta tanto los gastos variables como los fijos, las instrucciones a seguir son las siguientes:

Anota todos los gastos fijos que tienes en la cuadrícula correspondiente, indicando el periodo de pago si es anual, mensual, diario, etc.

Después calcula los gastos variables que tienen asociados por cada uno de los productos que tengas, y el precio de venta al público que estimas vas a poner (la plantilla admite hasta diez productos).

Por último, solo tienes que indicar en la sección «simulación» el número de unidades que estimas vender de cada producto.

La herramienta automáticamente te dirá cuánto dinero ganarías o perderías teniendo en cuenta los datos que has introducido, y a partir de ahí prueba a cambiar parámetros como el precio de venta, o el número de unidades, hasta que obtengas la cifra deseada de beneficios o la que tú necesitas para vivir.

La herramienta te hará tener una visión muy clara y global de tu empresa, de lo que es rentable y de lo que no lo es tanto, y a partir de ahí con esa información te garantizo que podrás tomar con toda seguridad mejores decisiones. La herramienta puedes descargarla en: https://guiadelmusico.es/

LAS NÓMINAS

Tanto si trabajas a sueldo como si eres tú el empresario al menos deberías como mínimo entenderlas, y si te atreves y no quieres pagar o depender de un gestor, por qué no, hacerlas tú mismo.

¿Qué es una nómina?

Es un recibo individual que justifica el pago de sueldo o salario de un trabajador en el que se detallan todos los conceptos implicados en él. Al empresario le sirve para poder justificar el pago de este y al trabajador conocer las diversas partidas que integran y justificar sus ingresos ante Hacienda.

¿Qué elementos debe contener una nómina?

El formato estándar de una nómina está regulado por ley y los elementos mínimos que debe contener son estos:

- Los datos identificativos de la empresa, la dirección del centro de trabajo y el Código Cuenta Cotización en el que está incluido el empleado.
- Los datos básicos del empleado, incluidos la categoría y la antigüedad en la empresa.
- El periodo de liquidación al que corresponde la nómina.
- La retribución bruta del trabajador, con desglose del detalle de las percepciones salariales (salario base, complementos y parte proporcional de paga extra si se prorratea) y extrasalariales (como, por ejemplo, las dietas).
- El detalle de las deducciones practicadas al salario bruto, como pueden ser anticipos o embargos, y especialmente las obligatorias por la legislación vigente:
    - Los pagos a cuenta del trabajador a Hacienda en concepto de IRPF.
    - Las cantidades destinadas al pago de la Seguridad Social por parte del trabajador, es decir el porcentaje que corresponde al empleado de las cotizaciones por contingencias comunes, desempleo e incapacidad temporal, FOGASA y formación laboral.
    - Las cantidades destinadas al pago de la Seguridad Social por parte de la empresa.
    - El detalle de las bases de cotización de la nómina, junto con el detalle de las bases de IRPF.

- La cantidad neta total por percibir el empleado.
- El lugar de emisión de la nómina, la firma y sello de la empresa y la firma del trabajador (esta última no es necesaria si la nómina se paga por medios bancarios que puedan demostrar la percepción salarial por parte del trabajador).

¿Cuál es la diferencia entre salario bruto y salario neto?

El salario bruto es el dinero total que (en teoría) percibe un trabajador por el trabajo que desempeña antes de que al mismo se le resten las correspondientes retenciones y cotizaciones que el empresario, haciendo de recaudador para el estado, se ocupa de pagar. Por eso he indicado entre paréntesis en teoría, porque ese dinero, aunque forma parte de su salario, de ello el empleado no es consciente pues en ningún momento se le entrega a él.

El salario es una retribución dineraria, pero el empleado puede recibir otras retribuciones en forma de especie (como pueden ser: viajes, cesión de una vivienda, pensiones privadas, etc.).

El **salario neto** es el sueldo (real) percibido por el trabajador una vez que se le han aplicado las mencionadas retenciones y cotizaciones, es decir, es el dinero que el trabajador recibirá efectivamente en mano o el que se depositará en su cuenta.

Por tanto, el salario bruto siempre será mayor que el salario neto.

Retenciones y cotizaciones que el empresario te descuenta del salario bruto y entrega al estado

Hay de dos tipos: los descuentos obligatorios por ley y los que se aplicar en virtud de cualquier otro tipo de normativas o circunstancias.

Descuentos por ley: Son obligaciones fiscales del trabajador y que la empresa debe aplicar y entregar al estado, unas se destinan al pago de las cotizaciones a la Seguridad Social a cargo del trabajador, y otras correspondientes a los pagos a cuenta del IRPF del trabajador. Estas últimas son un pago por adelantado a cuenta de la declaración de la renta anual del trabajador. Por eso a final de año es posible que la declaración te salga «A devolver». Esto realmente significa que te devuelven lo que previamente se te ha retenido y no has llegado a cobrar. Las cotizaciones a la Seguridad Social a cargo del trabajador se calculan mediante la aplicación de un porcentaje sobre la base de cotización. Este pago cubre tres conceptos distintos con un porcentaje máximo del 6,35% sobre la base de cotización. El porcentaje que se abona se distribuye entre:

- **Contingencias comunes 4,70%:** Es un porcentaje destinado a cubrir las contingencias derivadas de accidente no laboral, enfermedad común y maternidad
- **Desempleo e incapacidad temporal 1,55%:** Porcentaje destinado al desempleo y a la prestación por incapacidad temporal, que es un subsidio diario que

cubre la pérdida de rentas del trabajador producida por enfermedad común o accidente no laboral, enfermedad profesional o accidente de trabajo y los períodos de observación por enfermedad profesional.

- **Formación profesional 0,10%:** Porcentaje destinado a aportaciones que se realizan para que los trabajadores puedan beneficiarse de cursos de formación para su reciclaje y calificación profesional.

¿Qué son los complementos salariales?

Los complementos salariales incluyen todas aquellas percepciones que, no formando parte del salario base, son percibidas por el trabajador y conforman la totalidad de la estructura salarial a causa de determinadas circunstancias que concurren en su persona, puesto de trabajo, situación o resultados de la empresa:

Ejemplos:

- Toxicidad, peligrosidad.
- Nocturnidad.
- Productividad.
- Horas extras
- Incentivos (primas) fomentadas por la empresa como por ejemplo en función de los buenos resultados de la empresa, por trabajar en días festivos, etc.

LA CONTABILIDAD

No pretendo con esta guía que seas un experto en contabilidad, simplemente que establezcas un sistema de control, archivo y registro de los gastos e ingresos y demás operaciones económicas que realices en tu día a día, ya que si este tema lo externalizas o delegas, inevitablemente hay ciertas tareas básicas relacionas con la contabilidad que tendrás que hacer y entender tú, sí o sí, sino quieres ser un pringado en tu propia empresa.

No vamos a ahondar en este tema ya que es muy denso, tan solo decirte que necesitarás llevar una contabilidad de cara a la exigencia del gobierno y pago de impuestos, además de un archivo de tus transacciones de los últimos cinco años.

No obstante, te aconsejo que no enfoques este tema como una obligación molesta y tediosa, sino que lo veas como una información útil que puedes y debes usar para tomar mejores decisiones sobre tu empresa, haciendo lo que se llama una contabilidad analítica.

LA ORGANIZACIÓN

La palabra organización de una empresa, así en genérico es muy amplia y se puede desarrollar desde múltiples perspectivas, pero aquí en esta guía vamos a centrarnos en los aspectos prácticos que más afectan a los resultados.

Los procesos

▶ ¿Qué es un proceso?

Es algo tan simple como una secuencia de tareas que se realizan una detrás de la otra para alcanzar un objetivo. La suma de varios procesos tendrá como resultado la entrega de un producto o servicio al cliente. Al fin y al cabo, el trabajo de hacer funcionar una empresa se compone de una serie de procesos que tenemos que:

1. **Detectar:** Pensar e identificar cuáles son los procesos que necesita nuestra empresa y qué objetivos tienen cada uno de ellos.
2. **Establecer**: Diseñar cómo, cuándo y quién lo va a llevar a cabo, estableciendo los protocolos necesarios.
3. **Controlar su calidad**: Todos los procesos requieren de retoques y mejoras continuas que seguro se van a detectar en base a la observación, análisis de los resultados que estamos obteniendo, la propia evolución de la empresa, los clientes y el entorno cambiante en el que operamos.

▶ Tipos de procesos

1. **Promocionales**: Incluye todas las acciones que vamos a hacer para dar a conocer nuestra marca, productos y servicios.
2. **Comerciales:** Desde que un cliente se interesa o solicita un producto o servicio nuestro hasta la forma en que atendemos su solicitud.
3. **De producción:** En el cual se prepara el servicio o producto que se va a entregar al cliente.
4. **De entrega:** En el que se hace llegar al cliente nuestro producto o servicio.
5. **De posventa:** En el cual se ofrece un soporte para las dudas, sugerencias, quejas o reclamaciones que puedan existir una vez entregado el servicio/producto y también se fideliza para que siga siendo cliente nuestro, o un evangelizador de nuestra empresa o marca.

> **«Para ser productivo en los procesos necesitas gestionar muy bien tu tiempo, automatizar todo lo que sea automatizable, externalizar todo lo que no forme parte de tu actividad clave y delegar procesos en otras personas.»**

LA GESTIÓN DEL TIEMPO

El tiempo es el activo más importante que disponemos, es algo que no se puede comprar, ni recuperar, es un parámetro que nos iguala a todos, y de cómo lo gestionemos (la disciplina) no hay duda de que obtendremos unos resultados u otros en la vida y por supuesto en nuestra empresa.

La disciplina nos sirve para gestionar el tiempo, es la autoimposición del orden necesario, especialmente si tiendes a ser perezoso, distraído, o simplemente no te has marcado objetivos. Quizá nadie aun te ha retado, empujado o animado a ir más allá en este concepto clave. Pues bien, considérate empujado/a y desafiado/a desde ahora mismo. La autodisciplina no es un castigo como piensa casi todo el mundo cuando escuchan esta palabra, te aseguro que cada parcela de libertad que consigues en la vida se compra a precio de disciplina.

Cuanto más repites algo, más bueno te vuelves en ello, es solo entrenamiento, y no debería ser algo arduo, sino algo que ames, algo que te apetezca hacer porque te acerca a tus objetivos. Quizá al principio requiera esfuerzo, pero cuando empieces a obtener resultados, esos mismos resultados crearán el círculo vicioso que te proporcionará la motivación suficiente para convertirlo en una disciplina que vas a desear y disfrutar.

Sobre la gestión del tiempo se ha escrito mucho y podríamos desarrollar una guía entera dedicada a ello. Pero aquí, siguiendo mi principio de simplificar las cosas, vamos a sintetizar las ideas clave y más importantes, que en realidad son muy sencillas. Podríamos resumirlo en que existen cuatro tipos de tareas y un momento específico del día para realizarlas con una herramienta indispensable: **la agenda.**

¿Cuáles son los cuatro tipos de tareas que existen?

▶ Tareas importantes y urgentes:

Son las que se tienen que hacer sí o sí y además de forma urgente. Este tipo de tareas pueden ser provocadas por:

- **Factores externos**: Que no dependen de ti, como por ejemplo un incendio en el local de ensayo. Hay que dejar todo y dar prioridad a la tarea de salvar tu vida e intentar apagar el incendio y rescatar los instrumentos.
- **Factores internos:** Causados por una mala gestión, como por ejemplo que llegue el último día para hacer la declaración y no la tengas preparada con antelación o simplemente te hayas olvidado.

▶ Tareas importantes no urgentes:

Son las más importantes y las que realmente te hacen avanzar para conseguir los objetivos. Como no son urgentes, aunque no las hagas la vida sigue, por eso solemos postergarlas y decir: «ya lo haré cuando tenga más tiempo o encuentre un momento de tranquilidad».

Por ejemplo, imagínate que eres cantante y de momento tienes trabajo y te va bien. Pero sabes que para tener una mayor proyección en tu carrera a largo plazo te conviene saber tocar un instrumento como la guitarra o el piano, aprender a componer tus propias canciones para no depender de otros autores y mejorar tu estatus como artista más completo y auténtico. Pero como de momento todo te funciona bien, lo vas dejando, el tiempo pasa, finalmente te estancas, no avanzas ni consigues tu objetivo de ser un artista más completo.

▶ Tareas urgentes, pero no importantes:

Son las que no te hacen avanzar en tus objetivos importantes, pero sin embargo es necesario hacerlas y por lo tanto inevitablemente consumen tu tiempo.

Por ejemplo escribir la partitura de una canción en papel para registrarla en la propiedad intelectual. Puede ser algo que es necesario e incluso urgente hacer porque tu canción va a formar parte de un anuncio en la televisión pero la tarea específica de escribirla en papel no es importante. Lo puedes delegar en otra persona y tú dedicar ese valioso tiempo que quizá si no eres experto te tome una tarde completa. Por ejemplo componer una nueva canción, que sí es algo realmente importante y te acerca a tus objetivos.

La partitura puede escribirla cualquiera, pero componer una canción solo tú puedes hacerlo. ¿Entiendes el concepto de lo que es realmente importante?

▶ Tareas ni urgentes, ni tampoco importantes:

Estas tareas simplemente no las hagas. Un ejemplo típico de hoy en día es el tiempo que perdemos en ver las notificaciones en el móvil que no nos aportan nada pero que sin embargo al cabo del día nos roban mucho tiempo que pasa y no podemos recuperar.

¿Cómo organizo mi tiempo para acometer estas cuatro tareas?

La cosa es tan sencilla como que las cosas se hacen haciéndolas y punto, esto que es fácil de decir, sin embargo, muy poca gente es capaz de llevar a cabo, salvo una excepción: los dentistas.

▶ El método del dentista:

Un dentista reparte su jornada asignado un tiempo determinado a cada paciente. Al cabo del día cumple con todos sus pacientes que previamente les ha asignado una cita. Esta cita, que salvo excepciones o fuerza mayor está fijada, es inamovible y se cumple.

Nadie concibe que un dentista te cite y que cuando acudes a tu cita el dentista te diga: «perdona, no te atiendo porque no tengo tiempo, pásate en otro momento a ver si estoy menos liado». ¿Verdad que no? Pues nosotros tenemos que considerarnos un dentista y las tareas de nuestros pacientes a los que les hemos asignado una cita y no les podemos fallar.

No busques métodos mágicos, ni herramientas supermodernas, te aseguro que este es el único método efectivo que existe y requiere tan solo de identificar las tareas, priorizarlas, asignarles un tiempo en tu agenda y simplemente hacerlas como hacen los dentistas, estés de buen o mal humor, sea su tratamiento preferido, o el que más odias. Tu agenda es sagrada y te debes a tus pacientes porque eres su dentista.

¿Cómo gestionar cada tipo de tarea?

- **Tareas importantes y no urgentes:** Identifícalas, lo sabrás porque son las que realmente te acercan a tus objetivos a largo plazo y bloquea un tiempo en tu agenda para hacerlas. Me da igual que sea un tiempo diario, semanal o mensual, eso lo decides tú, pero ese tiempo debe ser sagrado e intocable. Cuanto más tiempo le dediques menos tiempo tardarás en alcanzar los objetivos que te marques. Cuando una tarea sea muy grande y te abrume simplemente divídela en tareas más pequeñas, estructúrala en fases lógicas que ordenen tu mente.

- **Urgentes, pero no importantes:** Son las que ocupan la mayor del día a día de nuestra actividad. Lo ideal sería que este tipo de tareas las delegaras todas o externalizaras, y así podrás dedicar la mayor parte de tu tiempo disponible a las importantes, pero no urgentes. Esto en la mayoría de los casos es una quimera, siempre habrá cosas de las que tengas que ocuparte, aunque no sean importantes, sobre todo cuando estás empezando. De modo que hazlo en la medida de lo posible y organízate siguiendo estas buenas prácticas:
    - Automatizar todo lo automatizable, usando *Autoboots*, macros, etc., y herramientas como https://zapier.com/ O https://ifttt.com/ o cualquier otra que te aporte productividad real en tus procedimientos.
    - Muchas de ellas con toda seguridad sean tareas periódicas. Crea una tarea periódica en Google calendar, probablemente casi todas requieran de un explicación, check-list o protocolo sobre la forma correcta de llevarla a cabo, pasos a seguir etc. Google calendar te da la posibilidad de indicar esta información dentro de la tarea y te recomiendo encarecidamente que lo hagas, de forma que además de servirte a ti de recordatorio sobre cómo se hace sin perder tiempo, si en algún momento te puedes permitir delegarla, será también entendible para la otra persona. Este pequeño hábito es muy recomendable y es la clave que te permitirá expandirte y poder crecer cuando llegue el momento. En resumen, anota todas tus tareas, asígnales un tiempo y respétalas como si fueras un dentista.
- **Tareas importantes y urgentes:** No hay mucho que decir, en su gran mayoría las provocarás tú mismo si no gestionas bien tu tiempo, procura que esto no suceda y el resto serán inevitables a causa de fuerzas mayores o de factores irremediables que no dependen de ti.
- **Tareas ni urgentes, ni importantes:** Tampoco hay mucho que decir, simplemente no las hagas, no malgastes lo más preciado que tienes: Tu tiempo. Si tienes que emplear tiempo en ellas que sea solo para identificarlas, detectarlas y poner los medios para eliminarlas de tu jornada laboral.

CAPÍTULO 7

MISCELÁNEA

- ¿Ser un artista independiente o firmar con sello discográfico?
- De dónde proceden los ingresos de la música
- Tipos de negocio en la industria musical
- ¿Cuál es el número de componentes ideal para una banda?
- Estrategia de foco

7

MISCELÁNEA

En esta sección trataremos temas variados e inconexos que creo que debes conocer porque pueden ser claves para el desarrollo de una carrera en la música.

¿SER UN ARTISTA INDEPENDIENTE O FIRMAR CON SELLO DISCOGRÁFICO?

Esta guía, como su propio nombre indica, está focalizada en los artistas independientes. Podría parecer una contradicción que ahora recomendáramos la conveniencia de fichar por una discográfica, pero en mi opinión todo tiene su momento y sobre todo depende de tu estrategia de crecimiento.

Lo primero que hay que decir es que todos los conocimientos que puedes adquirir con la guía son compatibles, convenientes y yo diría que muy necesarios independientemente de que seas un músico independiente, o hayas fichado por discográfica.

Lo segundo es que, si tu objetivo es traspasar fronteras, exportar tu música y trabajar a un nivel más o menos top, no puedes hacerlo solo, necesitarás financiación, recursos, red de conexiones, medios e influencia de una discográfica más o menos grande en función de tu mercado, y también estar dispuesto a ceder gran parte de tus beneficios a estas. Nada es gratis, todo tiene un precio, ninguna opción es intrínsecamente mejor o peor, todo depende de tu estrategia y objetivos.

Nadie va a apostar por ti si tú no te lo trabajas previamente, mentalízate que existe una parte del desierto que tienes que cruzar solo, demostrar que tu proyecto tiene consistencia antes de que alguien externo invierta en ti.

La decisión es tuya en cada momento de tu carrera y para ayudarte vamos a clarificar todo lo bueno y lo malo de ambas opciones:

Ventajas de firmar con un sello discográfico

- Las discográficas **son un acelerador de tu carrera**, y pueden ser fundamentales para impulsar y amplificar el trabajo de un artista, poniendo a su disposición grandes campañas de marketing para llevar tu carrera un paso más allá.
- Disponen de **recursos, y un presupuesto** para cada artista, aunque ojo, no es ilimitado, cada artista tiene el que estima la empresa, tú no tienes la decisión.
- **Acceso a una red de conexiones, audiencias y oportunidades** que de otra forma serían más limitadas, como pueden ser bases de fans y relaciones con otros profesionales de la industria editorial, agencias de *booking*, *management* y representación, salas de conciertos, empresas de marketing, medios, etc.
- **Reputación e influencia**: Dependerá de cada sello discográfico, pero especialmente los más grandes tienen influencia y conexiones bien arraigadas y establecidas en la industria de la música. Por lo tanto, parten de una muy buena posición para negociar y asegurar acuerdos de licencias y publicaciones en las mejores condiciones, así como para gestionar la realización de espectáculos en lugares y festivales más grandes, cobertura de medios, etc.
- **Una estrategia de marketing** ya implementada y sólida que te ayudará a llegar a nuevos fans mejorando tu carrera musical. Estas empresas suelen tener también implementado un plan de e-mail marketing y envían boletines regularmente a su lista de correo global beneficiándote de la sinergia de otros artistas de la misma empresa.
- Por supuesto tienen **una fuerte presencia en las redes sociales** y, lo más importante, experiencia acumulada en la industria de la música.

Inconvenientes de firmar con un sello discográfico

- **Control creativo limitado** que, aunque dependerá de los términos establecidos en el contrato inicial, siendo realistas inevitablemente siempre tendrán un control sobre tu música con el que podrán hacer tratos y tomar decisiones sobre tu música sin tu aprobación 100%, ya que lo habitual y lógico es que tengan un control total sobre la distribución, el marketing, las licencias y los mensajes en redes si tu cuenta es gestionada por un community manager de la empresa.
- **Menos beneficios:** los sellos discográficos se quedarán como es lógico un porcentaje de los beneficios generados por las ventas de música, transmisiones, acuerdos de licencia y resto de ingresos que generes como artista. Todo depende de los términos del contrato, pero es habitual dedicar parte de tus ingresos ge-

nerados por venta de música para financiar los costes asociados a un nuevo lanzamiento, o retenerte futuros ingresos del primer lanzamiento a la espera de conseguir un retorno de la inversión inicial.

- Tendrás que **compartir o ceder ciertos derechos de propiedad de autor**, el sello discográfico como mínimo tendrá los derechos de la grabación de tu música. Por lo tanto tendrá libertad de negociar licencias de música y acuerdos de publicación sin tu aprobación. En ocasiones se genera más beneficios por estos derechos que por el de la autoría artística de una canción u obra. Las discográficas siempre han intentado ser las dueñas del máster para siempre, lo cual si el artista tiene éxito, genera unos ingresos pasivos que pueden extenderse incluso tras la muerte del artista.

DE DÓNDE PROCEDEN LOS INGRESOS DE LA MÚSICA

Detrás de cada canción, nacida de la mente de un compositor, se encuentra toda una industria musical que mueve mucho dinero. Esta aparente simpleza creativa contrasta con el complejo mundo en el que se ha convertido la industria de la música, donde proteger los derechos del compositor, artistas ejecutantes y los dueños de los fonogramas derivados es bastante complejo.

En los distintos países se contemplan distintos derechos, y se aplican diferentes normas, pero para que tengas una visión global, a continuación, te muestro un gráfico y un cuadro para que entiendas la procedencia y el flujo de todas las fuentes de ingresos posibles que emanan directamente de la música para los creadores, compositores, artistas intérpretes y productores.

El concepto de productor en la industria musical tiene dos significados muy distintos y que quiero aclarar. Habitualmente, en el ámbito de las entrevistas a los músicos, revistas musicales, etc., nos referimos al productor del disco, al ingeniero de sonido y/o la persona que dirige el desarrollo de una grabación en el ámbito artístico, aportando un sonido concreto a la banda. A veces, ese productor también se ocupa de componer, realizar arreglos, asesorar sobre la viabilidad comercial del trabajo etc. Que incluso en ocasiones tendrá también la consideración de autor si aporta arreglos musicales, o adaptaciones que se consideren obras en sí mismas.

Pero desde el punto de vista legal, el verdadero productor musical es el dueño y el que ha financiado el coste del fonograma, que no siempre coincide con la persona a la que el músico se refiere en sus entrevistas en prensa como su «productor».

El concepto legal de productor musical o productor de un fonograma es el de aquella persona física o empresa que ha financiado la grabación o master del fonograma.

Por lo tanto, **el productor o dueño del fonograma recibirá regalías por cada venta, reproducción o sincronización de dicho fonograma**. De hecho, actualmente, con el gran consumo de música en *streaming*, este es uno son los más importantes y valiosos activos que una discográfica posee, y que bien gestionados suelen ser más lucrativos que los que recibe el propio autor, y por supuesto el artista ejecutante.

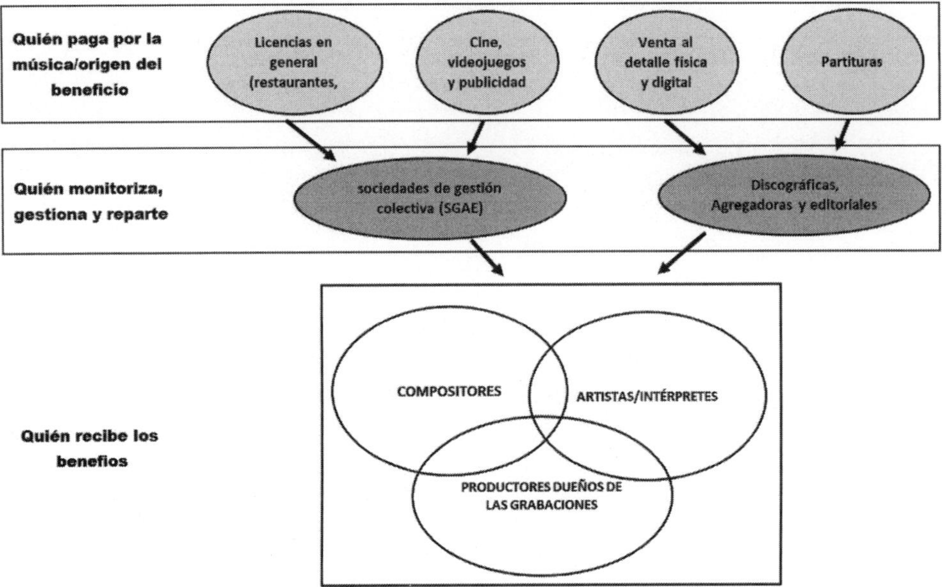

Fuentes de ingresos para los autores

- Ingresos procedentes de interpretaciones, o ejecuciones públicas en radio, televisión, descargas y *streaming*. Así como ingresos procedentes de interpretaciones o ejecuciones públicas en directo, conciertos, bares, tiendas, peluquerías y cualquier lugar donde se toque la obra o esta se escuche en público.
- Ingresos procedentes de licencias por reproducción mecánica, cuando las grabaciones se distribuyen para su venta al público en soportes físicos de sonido, como CD, casetes, vinilos y DVD. Ese tipo de licencias es otorgada por los autores y por quienes publican la obra a los productores de fonogramas, permitiéndoles explotar legalmente las grabaciones y producciones audiovisuales que contienen una obra.
- Ingresos procedentes de licencias por reproducción mecánica cuando las obras son objeto de descarga, trátese de obras sonoras o audiovisuales, *streaming*, o cuando las obras se usan como tonos de llamada, tonos varios o melodías para teléfonos móviles.

- Ingresos procedentes de licencias de sincronización cuando la obra se sincroniza con imágenes, vídeos o películas.
- Ingresos procedentes de la venta de partituras impresas o de descargas de partituras digitales en línea.
- Ingresos procedentes de cánones por copia privada.
- Ingresos procedentes del préstamo público de soportes de sonido que contienen la obra.

Fuentes de ingresos para intérpretes y ejecutantes

- Ingresos procedentes del pago por sus interpretaciones o ejecuciones en directo ante un público, en festivales, salas de conciertos, clubes, lugares públicos y eventos privados.
- Ingresos procedentes de regalías cuando un productor de fonogramas (un sello o una casa discográfica) vende al público una interpretación o ejecución fijada (una grabación) en soportes de sonido como vinilos, casetes o CD.
- Ingresos procedentes de regalías cuando un productor de fonogramas vende una grabación digital por Internet como descarga, mediante transmisión continua de secuencias, o la vende como tono de llamada, tono o melodía para teléfonos móviles.
- Ingresos procedentes de interpretaciones o ejecuciones públicas cuando una grabación se transmite por radio o televisión o es audible en lugares públicos (como un estadio, discoteca, club, jukebox, fábrica, tienda, peluquería, etc.).
- Ingresos procedentes de la «reutilización de la obra original» cuando una grabación se sincroniza con imágenes, vídeos o películas.
- Ingresos procedentes de cánones por copia privada.
- Ingresos procedentes de patrocinio y de promoción de marcas.
- Ingresos procedentes del préstamo público de soportes de sonido

TIPOS DE NEGOCIO EN LA INDUSTRIA MUSICAL

La música es un sector muy amplio a partir del cual se desarrollan múltiples modelos de negocio.

Analizando todas las actividades alrededor de la música, como puedes ver en el gráfico, se observa dos grandes categorías:

Los que crean o producen el contenido musical o artístico

PRODUCCIÓN			
INTANGIBLES			TANGIBLES
Creación	**Ejecución**	**Formación**	**Fabricación**
Compositor	***Eventos***	***Presencial***	Fonogramas
Cantautor	Bodas	Academia	Editorial (libros/ partituras)
Para otros artistas	Celebraciones	Musicoterapia	Instrumentos musicales
Banda de temas propios	Fiestas		Equipos sonido
Videojuegos	Eventos	***On Line***	Flight Cases
Publicidad	Festivales	Academia	
Bandas sonoras	Conciertos		
Escritor	***Músico***		
Libros	Músico de orquesta		
Crítico musical	Músico de sesión		
Letrista	Músico clásico		
Diseñador	Músico Callejero		
Sonidos	***Grupos***		
Instrumentos	Versiones		
Tecnología/ Patentes	Tributos		

Instrumentos virtuales	Música propia		
Procesadores Virtuales	***Dj***		
Contenidos	Dj productor		
Blog / Blog	Dj móvil		
Podcast	Dj residente		

Los que se dedican a su comercialización

COMERCIALIZACIÓN		
REPRESENTACIÓN	SERVICIOS	
Mánager	**Elaboración contenido**	***Matching***
Bookers	Arreglista	Clasificados
Comerciales	Productor	Directorios
Editora musical	*Videomaker*	Bolsas trabajo
Gestión derechos de autor	Estudio grabación	Redes
Discográfica 360	Fotógrafo	***Otros***
Promotor de conciertos	*Samples*	Agregadora
Locales	Magazine/revista	Tienda música digital
Sala conciertos	Radio/TV	Apps
Bar musical	***Marketing***	Seguros
Karaoke	Community manager	Afinador pianos
Locales de ensayo	*Marketer digital*	Lutier reparación
Tienda discos	Programador	Seguros

Librería	Diseño web	Gestoría
Segunda mano	Moda/estilismo	Abogados
Instrumentos	Consultor	Road manager
		Montador
		Empresa de sonido
		Técnico sonido
		Conductor

Los gráficos hablan por sí mismos y te ofrecen una visión global estructurada de la industria musical y sus posibles modelos de negocio en función de si produces, o comercializas

¿CUÁL ES EL NÚMERO DE COMPONENTES IDEAL PARA UNA BANDA?

Por supuesto, no existe un número mágico de miembros para formar una banda exitosa, hay bandas de solo dos componentes y otras que en sus shows utilizan grandes orquestaciones con muchos componentes. Al final todo se reduce a una pregunta fundamental:

¿Qué necesitas para presentar un espectáculo en vivo que sea convincente?

Básicamente hay dos tipos de bandas:

1. Bandas que contratan a otros músicos auxiliares para que les apoyen en las giras. En este caso suelen ser artistas solistas, dúos o tríos que producen y componen juntos. Son los que realmente arriesgan, participan y toman decisiones en el negocio real.
2. Bandas cooperativas donde todos los músicos son componentes oficiales y de pleno derecho en el grupo.

Y cada tipo de banda tiene sus ventajas y desventajas.

Las primeras suelen ser artistas solistas, dúos o tríos que producen y componen juntos, son los que realmente arriesgan, participan y toman decisiones en el negocio real, y que contratan a músicos de apoyo para las actuaciones en vivo. No necesitan repartir los beneficios (derechos de autor, sincronizaciones, conciertos, *streaming*, *merchandising*, ventas etc.) pero sí tienen que pagar sueldo y gastos a los músicos que contrata independientemente de que haya o no beneficios.

Al principio de una carrera puede ser frustrante, costoso, y probablemente en la mayoría de las actuaciones donde necesitéis contratar músicos todos ganarán menos vosotros. Sin embargo, como parte positiva, se simplifica enormemente la toma de decisiones en el ámbito creativo y estratégico. Digamos que cuanta menos gente opinando, más fácil es tomar decisiones.

Para las bandas cooperativas, el gran reto que supone sacar adelante un proyecto musical es más llevadero si todos los miembros trabajan codo con codo por la banda. Aunque esto por desgracia en muchas ocasiones es muy desalentador si algunos miembros de la banda solamente dan la cara para lo bueno y no ponen todo su esfuerzo en empujar del carro.

En las bandas cooperativas, cuando comienzan, todos tienen voz y voto, éxitos y fracasos serán compartidos y todos tienen un interés relativamente igual. Esto significa que cuando la banda gana dinero, todos ganan y cuando hay gastos, se dividen en partes iguales. Sin embargo, existen muchas probabilidades de que la banda se rompa por falta de acuerdo y discrepancia en asuntos creativos y de todo tipo, incluso no musicales. Por esta razón en la guía del musico aconsejamos encarecidamente hacer un pacto de socios al principio donde se refleje una visión común del proyecto y se dejen claro todos los asuntos que pueden desembocar en futuros conflictos.

▶ Cuantas menos personas haya en la banda, más fácil es hacer una gira

Efectivamente cuantas menos personas haya en la banda, más fácil será hacer giras, ensayar, planificar, organizar y, quizás lo más importante, pagar a todos de manera justa. Por eso se ven tantas bandas saliendo de gira con configuraciones ajustadas. Pocos músicos y que tocan varios instrumentos, porque alimentar y alojar en una gira a una banda de diez personas puede ser demasiado caro. Sin embargo, una banda de tres personas es mucho más fácil ya que caben en una camioneta que es fácil de conseguir en cualquier empresa de alquiler con espacio para los instrumentos. Además, se puede compartir una sola habitación de hotel, alimentarse fácilmente e incluso repartir beneficios.

Tener las personas necesarias en tu banda para poder realizar tu visión creativa en directo por supuesto es importante. Sin embargo, hay que poner los pies en el suelo y ser realista. Si puedes montar un buen show con menos miembros, «menos, es más».

▶ Pistas pregrabadas de apoyo

Muchos artistas usan pistas pregrabadas en sus shows en vivo por dos razones:

1. Reducir los músicos necesarios para lograr un sonido completo.
2. Lograr ciertos sonidos que son difíciles de lograr con una configuración de banda tradicional en vivo.

No hay nada de malo en usar pistas si potencian la experiencia en vivo de tu público, que al final es de lo que se trata, aunque como todo hay que hacerlo bien:

- Asegúrate de que el uso de pistas tenga sentido para tus conciertos y el género o estilo que practiques. Usar pistas en una banda de blues, folk o un cantautor sería extraño, pero si tocas rap o hip-hop o lo haces solo acompañado de un DJ, el público lo verá totalmente normal.
- Como norma a seguir, la audiencia no debería darse cuenta de que estás utilizando pistas, no deberían utilizarse para remplazar músicos sino para ayudarlos y que sirvan de apoyo al show.

▶ Equilibra tu visión creativa teniendo en cuenta las consideraciones prácticas

Pink Martini es una banda en vivo increíble, a menudo tienen entre 15 y 18 miembros. Esto funciona porque es la realización de la visión creativa de la banda. Se necesitan todos los miembros para que la banda cree el sonido que quieren, pero funciona porque la banda es conocida y se le paga lo suficiente para alimentar, albergar y transportar a los 15 miembros.

https://www.youtube.com/watch?v=sCbzWiJLVhk&list=OLAK5uy_keblKTFZ3vcxu-PxIEPZS3EtldpRR8nzo (QR 1)

La realidad es que, si esta banda estuviera comenzando, probablemente tendrían dificultades para hacer giras.

Por el lado opuesto está el caso de Tash Sultana https://www.youtube.com/watch?v=bWgWKdqoJmo (QR 2) o de Elise Trouw https://www.youtube.com/watch?v=gyw-9Yf8tAE (QR 3) interpretan solas en directo, usando pistas y colocando múltiples instrumentos uno encima del otro con la técnica del *live looping*, usando sintetizadores y cajas de ritmos de manera creativa, pero lo más importante es que son multiinstrumentista talentosas y experimentadas que ha descubierto cómo hacer esto.

No tengas miedo de experimentar y probar cosas diferentes. Sabrás cuando tu show funciona observando a tu público, se trata de equilibrar su visión creativa con la realidad de las giras y los espectáculos. Ten en cuenta que se necesita ser muy solvente financieramente para montar un buen espectáculo.

1 2 3

▶ Los beneficios de un show potente en solitario

Si eres el cantante o artista principal de tu banda deberías tener preparado un espectáculo en solitario fuerte.

Tener un show individual resultón hará que las giras sean más viables. Si tienes una buena oportunidad, pero esa oportunidad no viene con mucho presupuesto, podrías ir solo, cubrir gastos y no dejar pasar buenas oportunidades. Tocar en solitario abre un montón de puertas para la promoción, presentaciones, entrevistas, festivales etc.

Un artista de la talla de Ed Sheeran no ha triunfado en sus inicios con una banda de apoyo como tal, sino a través de su talento tocando la guitarra acústica y cantando. Normalmente, utiliza un *loop station* para hacer *live looping* en algunas presentaciones acompañándose a sí mismo.

https://www.youtube.com/watch?v=84GwOw-QVIQ

▶ Conclusión:

Debes equilibrar tu visión creativa con la realidad práctica del espectáculo.

Tu show en vivo debe ser increíble y memorable, pero también debes poder pagar las facturas y mantenerte a flote. Descubre cómo hacer esto compatible, tocando varios instrumentos, usando pistas de apoyo, tocando solo, o lo que sea.

Y si sois una banda cooperativa, no olvides firmar un pacto de socios dejando claro los derechos y obligaciones de cada uno, asegúrate de que todos remáis con fuerza e implicación en la misma dirección, y de tener la división de gastos e ingresos resuelta con anticipación, ya que cuando comencéis a ganar dinero, será importante, todos debéis estar comprometidos, compartir metas, y distribuir el trabajo.

ESTRATEGIA DE FOCO

La estrategia de foco es altamente poderosa y efectiva para artistas independientes pues requiere de mucha imaginación, pero poca inversión.

Se trata de optimizar y focalizar los recursos que disponemos en objetivos muy concretos y en zonas geográficas muy concretas también. Por ejemplo, hacer un concierto en una ciudad concreta donde a priori no te conocen.

1. **El primer paso sería definir tu objetivo, ya que no tiene por qué ser un concierto:**
   - Visibilidad, dar a conocer tu marca.
   - Conseguir un patrocinio. Necesitas previamente posicionarte y demostrar que tienes presencia en esa ciudad.
   - Crear alianzas de cualquier tipo en esa ciudad.
   - Participar en un festival que se celebra en esa ciudad.
   - Organizar un evento a modo de experiencia.
2. **El siguiente paso es generar contenido que de alguna forma esté relacionado con la ciudad, algunas ideas:**
   - Una canción que hable de esa ciudad.
   - Un videoclip rodado en la ciudad.
   - Vídeo *feat* con otro artista local.
   - Contenido de cualquier tipo con algún personaje popular de la ciudad, actores, futbolistas etc.
   - Contenido de cualquier tipo relacionado con festividades típicas de esa ciudad.
3. **El tercer paso:**
   - Hacer campaña orgánica en redes etiquetándola correctamente para que sea visible por publico de esa ciudad.
   - En función de los resultados de esta campaña orgánica, hacer una campaña de pago tipo embudo con nuestra propuesta de valor indicando a Facebook desde el panel de gestión de campañas que cree un público personalizado basado en los usuarios que han interactuado con tu contenido orgánico y al menos han visualizado un 75% del vídeo (para eliminar los que por ejemplo han cortado el vídeo antes, lo cual es un indicativo de que no les ha interesado).

- Para hacer un cálculo de las captaciones reales que puedes hacer, ten en cuenta siempre previsiones conservadoras. Por ejemplo, si para tu concierto vas a necesitar un aforo mínimo de 100 personas, vas a necesitar llegar a un público objetivo en tus campañas del 10.000 personas, estadísticamente solo el 1% estará interesado.

Si has conseguido llegar hasta aquí y poner en marcha tu proyecto musical, enhorabuena, el objetivo de esta guía ha sido dar una visión global del negocio de la música, iniciarte en las buenas prácticas empresariales y que adaptes esta metodología a tu circunstancia concreta.

Como dijimos al principio, esta guía no contiene fórmulas mágicas, estas no existen, ya que si así fuese todos seriamos estrellas de la música. Pero sí es una excelente herramienta para guiarte paso a paso en el desarrollo de tu proyecto musical.

Espero que lo hayas conseguido, y en cualquier caso disfruta del viaje.

«La felicidad es un camino, no un destino.»

DICCIONARIO DE TERMINOLOGÍA

A continuación, explico el significado contextual que doy a algunos de los términos, palabras y abreviaciones que uso en el libro para que quede claro el significado que tienen o que yo le doy en el contexto.

- **Producto:** Nuestro producto en la mayoría de las ocasiones lo habitual es que sea la propia música, que en algún momento queremos vender en forma de discos, descargas, conciertos etc. Pero puede ser cualquier otra cosa en forma de servicio como por ejemplo clases guitarra.
- **Audiencia:** Se refiere a la gente o público al que nos dirigimos, mostramos y ofrecemos nuestro producto, y como consecuencia de esto puede llegar a ser nuestro fan si nos escucha, nos sigue en las redes, etc. O de hecho nuestro cliente.
- **Clientes, fans**: Un fan es parte de una audiencia a la que le gusta tu producto, y es nuestro objetivo que en algún momento se convierta también en un cliente, que además de gustarle tu producto está dispuesto a pagar por él.
- **Segmento/ Segmentar:** Es un parte concreta y definida de la audiencia con unas características concretas a la que apuntamos como objetivo de nuestras campañas. Por ejemplo, un segmento de la población sería: Mujeres de entre 18 y 30 años que vivan en Madrid y les guste *Juego de tronos*.
- **Valor, o contenido de valor:** Se refiere a las cosas que ofrecemos a nuestra audiencia, fans o clientes y que a estos les resulta interesante porque es útil, les entretiene o simplemente les gusta. Cuando ofrecemos algo que no resulta interesante se dice que «no estamos aportando valor».
- **Inbound marketing:** Es una técnica de atracción de clientes potenciales ofreciendo información de su interés a través de diversos medios propios del marketing de contenidos (blogs, vídeos, boletines, SEO, redes sociales...), generan-

do así conocimiento de marca e interés en sus productos. En lugar de centrarse directamente en la venta a base de campañas de pago se enfoca en proporcionar información al potencial consumidor, de forma que este tome a dicha empresa por una experta en el tema.

- **Embudo de venta:** El embudo de ventas es la forma en que una empresa planea y establece procesos para ponerse en contacto con los diferentes usuarios, audiencias, fans o clientes y así llegar a cumplir un objetivo final, como puede ser: Recopilar sus datos, que se suscriban a tu canal, venderles una entrada de concierto, etc.
- **SEO:** SEO o *Search Engine Optimization* (Optimización en Motores de Búsqueda) es un conjunto de técnicas y de herramientas que sirven para optimizar todo el contenido que hay en Internet sobre ti como artista y sobre tu producto, con el objetivo de que tu audiencia encuentre y obtenga la información que tú quieres y de la forma que tú quieres a través de buscadores como Google.
- **Palabras clave, o *keywords*:** Son las palabras, frases y conceptos semánticos que usan los usuarios en un buscador como Google, YouTube, etc., para encontrar la información que buscan.
- **Url:** Significa *Uniform Resource Locator* (Localizador de Recursos Uniforme). Una url no es más que una dirección que te dirige y apunta sitio o recurso único en la web. Dichos recursos pueden ser páginas HTML, documentos CSS, imágenes, etc. Suelen mostrarse en forma de texto con un color distinto, y cuando clicas sobre ellas te dirigen al sitio o recurso en cuestión.
- ***Merchandising***: Aquí nos referimos a las típicas camisetas, gorras, tazas, etc., que los artistas comercializan usando motivos relacionados con su marca.

BIBLIOGRAFÍA

ACEDO MUÑOZ, GEMMA. *Gestión administrativa y tributaria de PYMES*, Ediciones Anaya multimedia, 2011.

COLL I RODRÍGUEZ, JOSEP. *Manual de supervivencia*, Asesoría jurídica de las artes ediciones, 2007.

GODIN, SETH. *La vaca purpura: diferénciate, para transformar tu negocio*, Ediciones Gestión 2000, 2011.

MCCARTHY, JEROME. *Basic marketing*, McGraw Hill Higher Education, 2002.

MILLER, DONALD. *Como construir una storybrand: clarifica tu mensaje para que la gente te escuche*, Empresa activa, 2018.

OSTERWALDER, ALEXANDER. *Generación de modelos de negocio*, Deusto s.a. ediciones, 2011.

RIES, ERIC. *El método de lean startup*, Deusto s.a. ediciones, 2012.

ROBINSON, KEN. *El elemento*, Debolsillo, 2017.

ROMERO FILLAT, JOSEP MARÍA. *Todo lo que hay que saber sobre el negocio musical*, Alba editorial s.l.u. 2006.

SANAGUSTIN, EVA. *Marketing de contenidos*, Anaya multimedia, 2013.

WEBGRAFÍA

YOTUBE FOR ARTIST (QR 1)

https://artists.youtube.com/

TIK TOK FOR BUSINESS (QR 2)

https://www.tiktok.com/business/es

1

2

SPOTIFY FOR ARTIST (QR 3)

https://artists.spotify.com/

FACEBOOK FOR BUSINESS (QR 4)

https://www.facebook.com/business

INSTAGRAM FOR BUSINESS (QR 5)

https://www.facebook.com/business/m/instagram-promotions/getting-started

AYUDA Y DOCUMENTACIÓN OFICIAL DE TWITCH (QR 6)

https://help.twitch.tv/s/

COSTES LABORALES (QR 7)

https://www.eleconomista.es/economia/noticias/11177411/04/21/El-empresario-paga-169-euros-por-cada-euro-que-se-lleva-el-empleado.html

CUÁNTO CUESTA SER AUTÓNOMO (QR 8)

https://blog.cofike.com/cuanto-cuesta-ser-autonomo-al-mes-ejemplos-practicos/

Todos los títulos de la colección Taller de música:

Cómo leer música - Harry y Michael Baxter
Lo esencial del lenguaje musical - Daniel Berrueta y Laura Miranda
Apps para músicos – Jame Day
Entrenamiento mental para músicos – Rafael García
Técnica Alexander para músicos – Rafael García
Cómo preparar con éxito un concierto o audición – Rafael García
Las claves del aprendizaje musical - Rafael García
Técnicas maestras de piano - Steward Gordon
El Lenguaje musical - Josep Jofré i Fradera
Home Studio - cómo grabar tu propia música y vídeo – David Little
Cómo componer canciones – David Little
Cómo ganarse la vida con la música – David Little
El Aprendizaje de los instrumentos de viento madera – Juan Mari Ruiz
La técnica instrumental aplicada a la pedagogía – Juan Mari Ruiz
Cómo potenciar la inteligencia de los niños con la música – Joan María Martí
Cómo desarrollar el oído musical – Joan María Martí
Ser músico y disfrutar de la vida – Joan María Martí
Aprendizaje musical para niños - Joan María Martí
Aprende a improvisar al piano - Agustín Manuel Martínez
Mejore su técnica de piano – John Meffen
Musicoterapia - Gabriel Pereyra
Cómo vivir sin dolor si eres músico – Ana Velázquez
El artista sin dolor - Ana Velázquez
Guía práctica para cantar en un coro – Isabel Villagar
Guía práctica para cantar – Isabel Villagar
Cómo enseñar a cantar a niños y adolescentes - Isabel Villagar
Pedagogía práctica de la Guitarra - José Manuel González
Produce y distribuye tu música online - Aina Ramis
Cómo formar una banda de rock - Aina Ramis